第二届中华战略文化论坛文集

改革开放与中华战略文化

——纪念中国改革开放30周年

主　编：徐根初

副主编：俞　源　彭光谦

时事出版社

前　言

由中国政治学会政治与战略文化专业委员会、北京大学国学研究院、中国人民大学国学院、中国现代国际关系研究院、上海交通大学国家战略研究中心、中国社会科学院项目评估与战略规划研究咨询中心共同主办，上海黄埔文化咨询有限公司承办的第二届中华战略文化论坛，于2008年11月16日在北京会议中心隆重举行。

这次论坛旨在贯彻落实党的十七届三中全会精神，纪念改革开放30周年，回顾在党中央正确领导下改革开放30年来所取得的辉煌成就和成功经验，对进一步深化改革开放和弘扬中华战略文化进行理性思考和深入探索，为国家安全和经济社会发展服务。为此，论坛以《改革开放与中华战略文化——纪念中国改革开放30周年》为主题，重点研讨了三个方面的问题：1. 中华战略文化传统中的兼容思想与革新精神；2. 中国改革开放30年思想观念的变革与创新；3. 弘扬中华战略文化，深化改革开放。

这次论坛，得到中共中央宣传部、中央党史研究室、国务院发展研究中心、国家教育部、新华社和中国社会科学院、北京大学、中国人民大学、上海交通大学、中国现代国际关系研究院、中国政治学会等单位领导的关心和支持，得到众多专家、学者的积极参与和支持。同时，也得到《人民日报》、《光明日报》、中央电视台、《中国国防报》、《环球时报》和五洲传播网络中心等新闻媒体的关心和支持。一百多名专家、学者出席了会议，高朋满座，精英荟萃。其中有10多位领导和专家分别作了主题报告或专题演讲，就改革开放30年来的观念变革、实践创新、经验成就和未来发展，深入地进行了交流和研讨。会前，论坛组委会专程拜访了学界敬仰的一代宗师季羡林先生，他对这次论坛的召开寄予殷切嘱托和期望，并就改革开放与战略文化问题作了精辟阐述。

大家在发言中指出，1978年党的十一届三中全会，开创了我国改革开放的历史新时期。30年来，中国共产党人和中国人民，以一往无前的进取精神和波澜壮阔的创新实践，谱写了中华民族自强不息、顽强奋进的新的壮丽史诗，社会主义中国的面貌、中国人民的面貌，都发生了翻天覆地的变化。事实雄辩地证明，改革开放是决定当代中国命运的关键抉择，是发展中国特色社会主义、实现中华民族伟大复兴的必由之路。

大家强调，改革开放30年也是中华文化复兴的30年。中华民族的复兴必然伴随中华文化的兴盛，中华文化的发展是国家发展和民族振兴的重要源泉。中华战略文化作为中华民族悠久历史和在民族文化传统基础上形成的战略思维和战略理论，为我们提供了一种有别于西方主流文化传统的理念和价值取向。现时代我们强调的包容和谐、统筹兼顾、协调发展、构建和谐社会与和谐世界，既有着中华文明的深厚根基，又体现了时代发展的进步精神。这些都是值得认真地加以研究思考和发扬光大的。

"中华战略文化论坛"作为中国政治学会政治与战略文化专业委员会的学术平台，旨在弘扬中华战略文化的优良传统，构建中国战略思维的主体意识，强化民族的核心价值体系，促进世界多样性文化的对话与交流，为国家安全和经济社会发展提供政策咨询。大家表示，实践永无止境，创新未有穷期。继续解放思想，勇于创新实践，是推进改革开放的内在要求，是实现科学发展的迫切需要，是促进社会和谐的必然选择。我们将继续以对祖国兴盛和发展的历史使命感和责任心，努力探索，为弘扬中华战略文化，深化改革开放，不断增进人民福祉，做出新的更大的贡献。

会议共收到各方面论文 28 篇。这些论文各具特色，各有风格，反映的都是作者个人对改革开放与中华战略文化的理论分析和学术思考，不代表任何单位或部门的观点。编者在收入本书时，本着求同存异、追求真理的方针，除个别技术处理外，未对文章本身进行实质性改动。对于编辑工作中的疏漏，欢迎读者批评指正。希望本书的出版能继续引起各方面对战略文化问题更多的关注与思考。

目 录

季羡林先生谈战略文化

今年8月6日是社会科学界泰斗季羡林先生的97岁华诞。徐根初、糜振玉、俞源3人于8月9日下午16时至17时，在中国人民解放军总医院康复楼拜访了季老。

“中华战略文化论坛”主席徐根初将军代表论坛祝贺季老97岁华诞，并感谢季老对“中华战略文化论坛”的关爱和支持。

在一个小时的谈话中，季老精神矍铄，思路敏捷，警语连珠，谈锋甚健。他首先从军事战略思想谈起，一再说，毛泽东的“打得赢就打，打不赢就跑”，“你打你的，我打我的”是军事战略思想的精髓，是战争指导的最高境界。他说，战争是人类智慧中找不出更好解决问题办法的最后手段。战争是以取胜为目的的，你打你的，我打我的，打赢了就是胜者，不能跟着对方的路子走，概括起来就是四个字：“争取主动”。他还说，既然战争是解决问题的最后手段，在战场上就不得不死人。宋襄公提出的“不擒二毛”，即不杀敌方头发花白的官兵，是“蠢猪式”的作战思路。他进一步说，战争是不得已的最后手段，既然是暴力，怎么又能用伦理道德来束缚自己呢？季老的这些观点，言简意赅地阐明了他对战争指导的基本观点。

谈话中，季老又一次阐述了他在《我的人生感悟》论文集中关于世界文明“三十年河东，三十年河西”，中心必然会转移的基本观点。他说，世界文明的中心不可能固定在一个国家，它的转移是不以人们的意志为转移的客观规律。任何一个国家，不可能永远是最强大的。19世纪世界力量的中心是英国，号称“日不落帝国”。20世纪世界力量的中心逐渐转移到美国，20世纪中期后，它是不可一世的唯一超级大国。21世纪呢？经过全中国人民的奋发图强，世界力量的中心可能会转向中国。

当论坛主席徐根初将军谈到第二届中华战略文化论坛主题是改革开放与“中华战略文化”，请季老给予指导时，季老说，中国改革开放的目的，说到底是为了改善人们的生活，让老百姓日子越过越好，这就是“以人为本、改革开放靠人民，改革开放为人民”。而中国人民要过好日子，不靠去侵略别的国家，损害别国人民的利益，而是靠全国人民的积极性，全国人民的艰苦奋斗。这就是为了人民，也就是依靠人民。他特别提出今年“5·12”汶川大地震的例子。他说，大地震、自然灾害是难以避免的。但是，“这一场巨大灾害，却带来两个‘提高’”：一是大地震后，我国政府反应非常快，指挥有方，最大限度地减少了灾害中人民的生命财产损失，使全世界都看到了中国政府的效率。我国政府在国内外人民中的威信大大提高。二是大地震后，灾区人民临危不惧，相互救助，全中国人民、全世界华人八方支援，使全世界华人的“大团结”观念大大提高。这两个“提高”，震撼了世界。

与学界泰斗季老的一个小时谈话，使我们对“与君一席谈，胜读十年书”又有了新的体会和感悟。

第二届中华战略文化论坛开幕词

中华战略文化论坛主席 徐根初

各位领导、各位专家，新闻界的朋友们：

大家好！

由中国政治学会政治与战略文化专业委员会、北京大学国学研究院、中国人民大学国学院、中国现代国际关系研究院、上海交通大学国家战略研究中心、中国社会科学院项目评估与战略规划研究咨询中心主办，上海黄埔文化咨询有限公司承办的第二届中华战略文化论坛，今天在北京会议中心隆重开幕了。

这次论坛的主题是：改革开放与中华战略文化——纪念中国改革开放30周年。论坛将重点研讨三个方面的问题：1. 中华战略文化传统中的兼容思想与革新精神；2. 中国改革开放30年思想观念的变革与创新；3. 弘扬中华战略文化，深化改革开放。这次论坛的主旨是贯彻落实党的十七届三中全会精神，纪念改革开放30周年，回顾在党中央正确领导下改革开放30年来所取得的辉煌成就和成功经验，对进一步深化改革开放和弘扬中华战略文化进行理性思考和深入探索，为国家安全和经济社会发展服务。

这次论坛，得到了中共中央宣传部、中央党史研究室、国务院发展研究中心、国家教育部、新华社和中国社会科学院、北京大学、中国人民大学、上海交通大学、中国现代国际关系研究院、中国政治学会等单位领导的关心和支持，得到了众多专家学者的积极参与和支持。同时，也得到《人民日报》、《光明日报》、中央电视台、《中国国防报》、《环球时报》和五洲传播网络中心等新闻媒体的关心和支持。今天，高朋满座，精英荟萃，其中有10多位领导和专家将分别作主题报告或专题演讲，许多专家也将作发言交流。会前，我们专程拜访了学界敬仰的一代宗师季羡林先生，他对这次论坛的召开寄予殷切嘱托和期望。在此，我代表论坛组委会，向各位领导、各位专家，向新闻界的朋友们，表示热烈的欢迎和衷心的感谢！

1978年党的十一届三中全会，开创了我国改革开放的历史新时期。30年来，中国共产党人和中国人民，以一往无前的进取精神和波澜壮阔的创新实践，谱写了中华民族自强不息、顽强奋进的新的壮丽史诗，社会主义中国的面貌、中国人民的面貌，都发生了翻天覆地的变化。事实雄辩地证明，改革开放是决定当代中国命运的关键抉择，是发展中国特色社会主义、实现中华民族伟大复兴的必由之路。

为纪念改革开放30周年，我们组织了题为《外交家的视角，企业家的感悟——30人谈30年》系列访谈，集中对改革开放30年间10位中国著名的前驻外大使、10位中国知名企业家、10位国际知名跨国公司中国区总裁进行了深度访谈。他们分别工作在改革开放的前沿岗位，他们的经历、视角、感悟和期待，为我们提供了一幅生动、具体、丰满、形象的历史画卷，从不同角度展示了改革开放30年中国经济社会腾飞和崛起的发展变化，预测了下一个30年将面临的机遇和挑战，以及他们的期待。

今天，来自各方面的专家、学者齐聚一堂，共同研讨改革开放与中华战略文化30年的观念变革、实践创新、经验成就和未来发展，是一件极具意义的事情。希望大家继续解放思想，畅所欲言。因为继续解放思想，勇于创新实践，是推进改革开放的内在要求，是实现科学发展的迫切需要，是促进社会和谐的正确选择。

中华民族的复兴必然伴随中华文化的兴盛，中华文化的发展是国家发展和民族振兴的重要源泉。我们中华民族之所以历经磨难一直发展至今，其根本原因就在于这个民族在五千年的发展中，历经磨难而信念弥坚，饱经艰辛而斗志更强，开发了祖国的大好河山，创建了灿烂的中华文明。我们今天在这里所说的战略文化，是有别于一般意义上文化概念的一个宏大而深刻的命题，即在运用战略手段实现国家战略目标过程中，所表现出来的一种持久的、稳定的理念、价值取向与持续发展的行为模式。也有人将其通俗地表述为：从战略的高度看待文化现象，从文化的视角研究战略问题。我看有一定的道理。中华战略文化作为中华民族悠久历史和在民族文化传统基础上形成的战略思维和战略理论，为我们提供了一种有别于西方主流文化传统的理念和价值取向。现时代我们强调的包容和谐、统筹兼顾、协调发展、构建和谐社会与和谐世界，既有着中华文明的深厚根基，又体现了时代发展的进步精神。这些都是值得我们认真地加以研究思考和发扬光大的。

“中华战略文化论坛”作为中国政治学会政治与战略文化专业委员会的学术平台，旨在弘扬中华战略文化的优良传统，构建中国战略思维的主体意识，强化民族的核心价值体系，促进世界多样性文化的对话与交流，为国家安全和经济社会发展提供政策咨询。实践永无止境，创新未有穷期。希望各位专家进一步关注中华战略文化论坛这个平台，继续支持和利用好这个平台，以自己广博的学识和深睿的才智，以你们对祖国兴盛和发展的历史使命感和责任心，关注时势，建言献策，为推进祖国的改革开放，为人民的福祉，为弘扬和发展中华战略文化，做出新的更大的贡献。

谢谢大家！

我国国际文化战略发展的思路与方法

中国人民大学校长 纪宝成

今天，我受邀出席第二届中华战略文化论坛，并有机会在论坛上发言与大家进行交流，深感荣幸。

本次论坛有鲜明的主题，就是以纪念我们国家改革开放30周年为契机，对30年来我国的发展战略理论以及实践进行全方位的回顾与反思，总结经验，寻找差距，拓展思路，从而在战略文化的层面上为国家的进步、民族的振兴提供有益的意见、建议，这无疑是富有意义和价值的工作，也是从事人文社会科学研究者的光荣使命。作为一名中国文化的真诚热爱者和坚定守护者，我对论坛的这个主题怀有强烈的兴趣和高度的认同，并想借此论坛呼吁：统一制定国家层面的较为完整、较为系统的国际文化战略，此其时也！今天我很乐意就我们国家的国际文化战略问题谈些自己的看法。

任何不抱偏见的人都会承认，改革开放30年使中国的整个社会面貌发生了根本性的改观，也在世界文明史上留下了辉煌的一页。它的成就、它的地位、它的意义、它的影响，已不乏充分的肯定和总结，已不乏广泛的揄扬和宣传，这当然是理有固宜，心有共鸣，很正确，很必要！因为这么做，有利于准确、全面地反映和见证中华民族发展和崛起的宏伟壮丽的历史画卷，有利于鼓舞和振奋一种自强不息的民族精神，从而凝聚人心，促进事业。

然而，“智者之虑，必杂于利害，杂于利而务可信也，杂于害而患可解也”，一个国家、一个民族、一个政党、一个团队能够立于不败之地的重要原因之一，就是既善于在逆境中锲而不舍，孜孜以求；更善于在顺境中朝乾夕惕，如临如履。保持清醒的头脑，而决不会忘乎所以，自我陶醉。因此，我们在热情讴歌改革开放 30 年来巨大成就的同时，更应该去积极关注、反思和解决我们这一光荣事业中相对滞后的问题，更应该站在历史的高度，以国际的视野考察我们国家未来广阔的发展前景，为事业的可持续推进提供战略预测上的前瞻性，战略选择上的多样性，战略手段上的可操作性。我认为，这就是在人文社会领域落实科学发展观的必有之义，也是人文社会科学工作者义不容辞的神圣职责。

鉴于这样的认识，再来回顾总结改革开放 30 年的历史，我们会发现，相形于经济、政治、军事等领域的辉煌成就，我们国家的文化发展与繁荣尚存在着比较大的提升空间。换言之，在决定社会面貌、时代精神的几大核心要素中，文化这个板块可以说是盛水木桶中比较短的那块木板。这一点，在今天表现得越来越明显，即随着我们国家整体“硬实力”迅猛发展的同时，我们国家的“软实力”并没有进入相应的位置，体现相应的力量。这已经在一定程度上成了制约、阻滞我们国家和平发展的一个“瓶颈”。

造成这种局面的原因是多样的，但不可否认的一个重要因素，是我们的文化发展战略的制定与实施显然相对滞后，未能很好地应对在全球化背景下的复杂形势和种种挑战：对自己优秀传统的漠视，导致了广大民众对自己文化主体性的疏离；对自己历史文化资源的菲薄，导致了广大民众对自己民族自豪感的缺失；缺乏对西方文化观念有针对性的分析与批判，导致了西方价值观无孔不入的渗透与泛滥；在国际文化交流过程中，只讲借鉴或只强调防御而不主动出击，导致西方话语霸权的横行与西方文化的单向输入。

所有这一切，都告诫和提醒我们，中国的发展既面临着新的战略机遇，同时也遇到了新的严峻挑战，这包括如何顺利实现经济发展模式的转型，如何积极参与国际秩序体制的重组，如何在提升“硬实力”的同时，发展以文化为核心的“软实力”，使之在多极竞争中立于不败之地……总之，现在显然还不是高枕无忧、歌舞升平的时候，漠视存在的问题，陶醉于所谓“盛世”的风光，那是危险的。相反，我们只有戒骄戒躁，虚怀若谷，脚踏实地，再接再厉，才能促成我们的事业“百尺竿头，更进一步”！

那么，中国文化该怎么样保持自己的特色、自己的风格、自己的气派，该怎么样积极参与世界文明的整合、融会和重新构建，这不是光凭一腔热情或空喊口号就能达到目的的，而必须取决于选择正确的文化战略和立足于扎实的工作。我个人认为以下的思路与方法是值得进行尝试的：

一、凝聚共识

这就是必须认清制定和实施国际文化战略的重要性与迫切性。所谓战略，即指导全局的方略。要顺利开展国际文化对话与交流，关键在于有清晰的战略发展思路，有充实的战略架构内涵，有可行的战略运作手段，尤为重要的，是有一致的战略理念认同。很显然，制定正确可行的国际文化战略，是我们所要优先解决的问题。这一点，乃是基于这一命题的重要性：即在今天重新审视和不断完善我们国家的文化发展战略，乃是推动国家各项事业可持续发展、实现中华民族伟大复兴的重要保障，是战略运筹与战略选择的重中之重。

这中间的道理很简单：在当今经济全球化、政治多极化、文明多样化的世界中，中国已不可能关起国门从事自己的建设，中国文化也不可能与世隔绝自我发展，而只能在全世界这个最大的平台上，与其他文化进行对话交流，开展互动互补；以博大的襟怀、坦荡的气魄，注重不同文化的比较，在世界文明发展的大格局中进行定位；在世界文化多元化背景下，既各美其美，也美人之美，既充分汲取和借鉴世界尤其是欧美近现代文化中的精华成分，又致力于将博大精深的中国文化作为“世界文化”的一部分，作为全人类共同的精神财富加以集成、阐释和光大！

从这个意义上说，国际文化战略是国家形象的集中体现，民族精神的充分展示，是沟通世界的广阔平台，共同繁荣的坚强纽带，也是解决歧见的有效手段。可以认为，没有正确国际文化战略的国家，有可能成为失去发展方向的国家；没有正确国际文化战略的民族，有可能成为丧失未来前途的民族。这些就是我们应当凝聚的共识。

二、夯实基础

对外开放，并不只是让国外文化进来，同样重要的是中国文化要能走出去。夯实基础，在新的时期主要是指夯实“走出去”的基础。基础不牢，地动山摇。在当前主要是推广海外汉语教学，打造中国文化传播的语言平台。语言文字是传播文化的主要媒介，人们要了解并热爱某个民族的文化，必须通过语言文字这个媒介来实现，不然，则一切无从谈起。换言之，文化的隔阂首先来自于语言文字的阻隔。只有克服这个障碍，才能使世界各国民众接触我们的文化，了解我们的历史，认识我们的传统。

然而，长期以来，汉语虽然拥有最大的受众，但是与英语、法语等主要语种相比，却处于明显的弱势地位，尤其为广大西方民众所陌生。在这种背景下，谈论中国文化的传播与推广，很大程度上不啻是缘木求鱼，画饼充饥。诺贝尔文学奖的评选中，中国人的优秀作品总是被忽视，这中间除了有评奖者自身的西方文化价值观在作祟之外，语言文字的隔膜恐怕也是一个重要的因素。因此，在制定和实施国际文化战略的过程中，我们必须把推广海外汉语教学、打造传播中国文化的语言平台作为基础性的工作来落实，使更多的国外民众熟悉汉语、运用汉语。

我们欣喜地看到，近年来随着中国国力的全面提升，在国际政治生活中的角色越来越重要，各国民众认识中国及其文化的兴趣也日趋浓厚，由此而带动汉语学习热潮的蓬勃兴起。国家决策者敏锐地捕捉和把握这种有利的战略时机，全面启动了以创办海外“孔子学院”为主要形式的汉语推广战略，并收到了显著的效果。当然，这方面的工作还只是开始，有大量值得改进的空间，包括资源的整合、内容的完善、形式的创新、方法的更新、渠道的开拓。在这个问题上，要坚持既源于语言文字教学，又超越语言文字教学，既以语言文字教学为基础，又不以语言文字教学为满足，力争通过语言文字教学的形式，使西方大众于潜移默化之中了解、理解乃至认同我们的文化核心价值。

夯实基础的另一个重要方面，就是大力加强中华文化的外文翻译和出版，尤其是英文翻译和出版工作。要把这方面的工作作为我国国际文化战略的重大战略举措抓实抓细，务求短期内有长足的进展。

三、把握重点

这就是重振和弘扬国学，确立国际文化战略的主导方向。在参与国际文化交流与竞争过程中，我们一方面摆脱抱残守缺的思维，跳出固步自封的窠臼，以“海纳百川，有容乃大”的健康心态，主动借鉴和吸取其他民族优秀文化的精华，丰富和完善我们的固有文化。但同时我们更应该注意坚持民族文化的主体性，立足于文化双向交流而致力于避免文化单向输入。这意味着，我们的文化理所当然是国际文化对话中的平等一员，平等交流与对话的核心主题，是要张扬我们经受了悠久历史洗礼并充满着当代精神的文化价值观。

众所周知，当今时代，文化已成为国家“核心竞争力”、国家“软实力”的重要组成部分，文化在综合国力竞争中的地位和作用日趋重要。美国学者布热津斯基提出了大国和强国的四条标准：经济发达、军事强大、科技雄厚、文化富有吸引力。美国学者约瑟夫·奈提出的“软实力”，其占首要位置的，就是文化的吸引力和感染力。

因此，我们在制定和实施国际文化战略的具体活动中，既要兼顾全面，更要紧抓关键、突出重点，把中国文化价值观的弘扬和推广，作为国际文化战略的核心内容与主导方向。这个核心，这个主导，就是国学所代表的中国文化本位意识。国学作为中国传统学术，中华传统文化的精华，既是指依存于经典之内的知识及其体系，也是中国富有鲜活生命力的思想智慧与科学方法，更是蕴涵着为人处世、齐家治国的世界观、人生观、价值观。它拥有很多具有普世价值的思想和主张，有如璀璨的明珠闪耀在世界文明的天空。比如“仁者爱人”，“仁民爱物”，“己所不欲、勿施于人”，“忠恕之道”，“中庸之道”，“天人合一”，“厚德载物”，“自强不息”，“和而不同”，等等，对于应对当今世界的重大问题，处理人与自然、国家与国家之间的关系等，都是非常宝贵的资源。

显而易见，以国学作为我们国际文化战略实施中的核心命题，有利于在价值层面推广我们具有普适性的思想与理念，有利于增强文化吸引力，有利于恢复文化自信，有利于提高人文学术创造力，更好地体现国家文化软实力，争取国际文化话语权。

中国人民大学作为国内唯一一所以人文社会科学教育与研究为主体的重点大学，长期以来一直将参与和实践我国国际文化战略作为自己重要职责，并做出了一定的贡献。尤其是长期面向海外发行，以“中华学术窗口”著称的《复印报刊资料》，所做出的贡献更是享誉海外学界。近年来，我们在美洲、欧洲、非洲创办了多所“孔子学院”，积极推动汉语教学在全球的开展；我们在“国家汉办”的授权和指导下，创建了“汉语国际推广研究所”，主办了“世界汉学大会”，创办了《世界汉学》杂志，为国际文化战略的启动与开拓搭建了新的重要平台；我们组织撰写《汉语国际推广战略研究报告》，为国际文化战略的制定与实施，提供了可资参考的宏观思路；我们创办了新中国第一家国学院，弘扬传统文化，创新国学教育，为我们国家的国际文化战略的推行，提供了文化资源上的有力支撑；我们启动了“京剧海外传播推广工程”，对国际文化战略实施的形式创新开展积极的探索；我们克服重重困难主持编纂《海外儒藏》，并与中国社会科学院有关部门合作，主持编纂列为国家“十一五”重大文化出版工程的《域外汉籍珍本文库》，致力于使国际文化战略在基础性领域逐一得到落实；我们还试办了《中国人民大学学报（英文版）》，向海外推介当代中国学术，如此等等。

所有这一切，都反映我们围绕实施国际文化战略这一重大任务而埋头实干的精神和孜孜不倦的追求。尽管我们在这方面所做的工作还是初步的，但是我们坚信，在社会各界的共同努力下，我们国家的国际文化战略一定能够更好地适应时代的要求，在国际文化交流与互补中发挥独到的作用，为构建和谐世界新秩序开辟广阔的道路，实现美好的愿景。在这其中，我们中国人民大学一定会更加有所作为，更多贡献力量。

我们致力创造，因为我们怀有梦想；

我们充满期待，因为我们始终奋斗！

邓小平指导下首篇拨乱反正重要文章诞生记

中共中央政策研究室副总编辑 黄展鹏

回顾我国改革开放30年，不能不提到改革开放前夕，即粉碎“四人帮”后到十一届三中全会召开前（1976.10～1978.12）这两年多的时间，邓小平同志发动的拨乱反正、清除“四人帮”流毒的那场伟大运动。而第一篇拨乱反正的重要文章《教育战线的一场大论战——批判“四人帮”炮制的“两个估计”》（以下简称《论战》），是在小平同志亲自指导和督促下写成的，各个领域并由此掀起拨乱反正的热潮。我有幸参加这篇文章的撰写，比较了解文章产生的全过程，这里作一个简要的回顾，也许大家有所裨益。

一、邓小平同志的重要决定

1977年7月，党的十届三中全会通过决议，恢复了邓小平同志党内外的一切职务。邓小平同志复出后，自告奋勇抓科学和教育工作。当时问题成堆，“四人帮”的流毒很深，“两个凡是”又束缚着人们的思想。邓小平复出后的第二个月，1977 年 8 月 8 日，在“科学和教育工作座谈会”上，就提到建国后十七年如何估计的问题，肯定“我们知识分子中的绝大多数是好的”，教育战线十七年工作“主导方面是红线”。不久，邓小平同志看到了《人民日报》记者找 6 位参加 1971 年全国教育工作会议的同志座谈后所写的材料。这份材料讲了《全国教育工作会议纪要》产生的经过。《纪要》是姚文元修改、张春桥定稿的。《纪要》里讲了所谓“两个估计”，即“文化大革命”前十七年教育战线是资产阶级专了无产阶级的政，是“黑线专政”；知识分子的大多数世界观基本上是资产阶级的，是资产阶级知识分子。1977 年 9 月 19 日，邓小平同志在同教育部主要负责同志谈话中，指出“对这个《纪要》要进行批判，划清是非界限”。“两个估计”是不符合实际的。他还指出：“你们管教育的不为广大知识分子说话，还背着‘两个估计’的包袱，将来要摔筋斗的。”“要敢于大胆讲话”，“拨乱反正，语言要明确，含糊其词不行，解决不了问题。办事要快，不要拖”。

对于邓小平同志的指示，教育部非常重视，于 1977 年 9 月间组建了写作班子，准备写文章批判“四人帮”炮制的“两个估计”。

二、组建写作班子，从调查研究入手

教育部写作班子由中共教育部党组副书记、教育部副部长李琦同志主持，写作组成员有：吉伟青（管写作组日常工作）、罗劲相、姚介厚、章学新、黄展鹏（以上为教育部同志）、刘仰昭（南京工学院）、张炯（《红旗》杂志社）等同志，魏一樵、方玄初等同志参加过一段时间。写作组设在北京百万庄新疆驻京办事处。

在写作组人员还没有集中前，我和姚介厚等同志先行做调查研究工作，找一些参加过1971年“全国教育工作会议”的人员了解情况，并查阅“文革”中的会议纪录等档案材料，基本上查清楚了“两个估计”产生的情况。写作组集中后，还约请一些同志来写作组座谈。记得有一次是约请清华大学党委书记何东昌同志来座谈，由李琦同志主持，座谈的效果颇好。

三、消除疑虑

写作过程中，我们碰到过一个从来没有碰到过的问题：1971年《全国教育工作会议纪要》里，有“四人帮”塞进去的许多东西，可是《纪要》是经毛泽东主席画了圈的。这种“红头文件”里的错误东西能批判吗？写作组的有些同志存有疑虑。不过，对于这个问题，邓小平同志1977年9月19日在同教育部主要负责同志谈话中讲得很清楚。他说，《纪要》是毛泽东同志画了圈的，毛泽东同志画了圈，不等于说里面就没有是非问题了。邓小平同志还谈到自己的事例说：1976年天安门事件中关于我的问题的决议，毛泽东同志也是画了圈的。天安门事件涉及那么多人，说是反革命事件，不行嘛！说我是天安门事件的后台，其实，当时我已经不能同外界接触了。邓小平同志明确说：“对这个《纪要》要进行批判。”

写作组成员，一边认真学习邓小平同志的指示，一边认真起草文稿，不断提高认识，消除了疑虑。

四、胡乔木同志的点睛之笔

写作组成员，有时分头起草，有时集体讨论。经集体讨论，明确了文章的指导思想，布局结构，然后分头起草。经过几个来回：讨论、修改，再修改、再讨论。每一稿都送教育部党组审阅、讨论，写作组成员可以列席党组讨论会，然后再往上送审。

《论战》分为四个部分。第一部分是："两个估计"是怎样出笼的？第二部分是：十七年是红线主导，还是"黑线专政"？第三部分是：知识分子是革命力量，还是革命对象？第四部分是结语。

分工让我起草的是开篇导语和第一部分。因为我对"两个估计"的产生过程作过一些调查。既然是文章的开篇，就连带考虑题目和导语。我提议用这样的题目：《教育战线的一场大论战——批判"四人帮"炮制的"两个估计"》，经过共同讨论，大家一致同意，发表时就用这个题目。

《论战》几次送审稿都经胡乔木同志审阅、修改，他前后修改过三次，文章质量有了很大提高。胡乔木同志在送审稿上加过一些很重要的话，可称为《论战》的"点睛之笔"。他是这样写的：这里，我们受权向全党和全国人民郑重地宣告：就在1971年夏季，"四人帮"把十七年抹得一团漆黑的时候，我们的伟大领袖和导师毛主席针锋相对地批驳了他们的谬论，毛主席指示的精神是：（一）十七年的估计不要讲得过分。在无产阶级专政下执行了错误路线，不是大多数人，是一少部分人。（二）多数知识分子还是拥护社会主义制度。执行封、资、修路线的还是少数人。"一年土、二年洋、三年不认爹和娘"还是认得的，就是爱面子，当人的面不认，背地还是认的，只不过有资产阶级思想，过后还是要认的。（三）高教六十条。总的还是有它对的地方嘛，难道没有一点对的地方吗？错误的要批，批它错误的东西。毛主席还说，人家是教师，还要尊重他嘛，一讲不对就批评，哪能都讲对呀！讲不对没关系，讲错了没关系，大家共同研究，怎么能一下子都讲对，不可能嘛。毛主席的指示是多么好啊！这就是毛主席关于教育战线形势和知识分子状况的根本估计。非常明显，毛主席的估计和“四人帮”的“估计”完全对立，这种对立是两个阶级、两条路线尖锐斗争的反映。我们要高举毛主席的旗帜，就必须大力宣传毛主席的估计，彻底粉碎“四人帮”的反革命“估计”。（注：关于毛主席1971年关于教育工作的指示，因到中办和中央档案馆都没查到原文，故发表时称作是“毛主席指示精神”。）

《论战》写作组尽力体现邓小平同志的思想，但邓小平同志看了初次送审稿，还是不太满意。邓小平同志10月31日作了批示“此稿写得不算很好，但还可以用”。经胡乔木同志修改后的送审稿清样，于11月13日由胡乔木报请邓小平同志审定。11月17日上午，邓小平同志批示的稿样退回教育部，邓小平同志的批示是“此稿可以发”。

胡乔木同志随即批示，《论战》可以用教育部大批判组的名义发表，并通知《人民日报》和《红旗》杂志同时发表。《人民日报》是在邓小平同志批示退教育部后的第二天，即1977年11月18日全文发表。《红旗》杂志在1977年第12期发表。还同时通知新华社向全国发通稿。1977年11月19～20日，全国各省、市、自治区都全文发表，中央人民广播电台也全文广播。我们写作组的同志在新疆办事处餐厅用餐时听到广播，感到无比欣喜，教育部的同志也无不欢欣雀跃。

人民出版社于1977年11月及时出版了《论战》的单行本。

教育部《人民教育》杂志也于1977年11期刊登《论战》的

全文。

全国主要媒体都及时刊登《论战》全文，对“四人帮”炮制的“两个估计”作如此尖锐和全面的批判，把被“四人帮”颠倒了的纠正过来，为知识分子摘掉了帽子，肯定了“文革”前十七年各个领域特别是教育战线的工作成绩，引起了各方面的强烈反响，广大干部、知识分子、学校师生和各界人士表示热烈欢迎，并引发了教育战线、文艺战线等领域的拨乱反正热潮。这件事情，可以说为1978年党的十一届三中全会揭开改革开放序幕，扫除了一些思想上的障碍，突破了“两个凡是”的束缚。

改革发展中保护土地权利的战略思考

国务院发展研究中心党组成员 蒋省三

任何一种形式的物质资料生产，都是在自然与社会交错运动的条件下进行的。由于自然力的介入，人与人之间的社会关系通常表现为人与物、人与自然之间的关系。土地所有权制度是一个社会经济的范畴，但其物质外衣，却表现为人对自然空间的占有关系。从这个意义上说，土地问题是一个较为复杂的问题。

农业、农村、农民问题关系党和国家事业发展全局。土地问题是农村的基本问题，土地制度是农村的基本制度。它关乎经济发展，社会稳定，政权得失和宪政根基。党的十七届三中全会系统回顾总结了我国农村改革发展30年的光辉历程和宝贵经验，形成了《中共中央关于推进农村改革发展若干重大问题的决定》。这是一个充满改革和进取精神的纲领性文件，同十一届三中全会解放思想、实事求是的改革精神既一脉相承、气势磅礴，又有新的探索、新的理念和新的突破，体现了解放思想、科学发展的时代精神，必将为中国经济、社会的繁荣和发展奠定更加坚实的基础。

一、实现对农民土地权利全面、完整的保护，是贯穿三中全会决定的主线

三中全会决定最引人注目的是提供了对农民土地权利一体化的保护。如果说，30年前十一届三中全会开启了农村土地权利在农地农用的保护，那么，十七届三中全会则提出了农地非农用时农民土地权利的再保护。因此，这两个三中全会精神相互呼应，上下连贯，形成了具有历史意义的完美篇章。这些成果，来之不易，意义重大，作用深远。

《决定》中关于推进农村改革发展的五大原则中的第二大原则，明确规定“必须保障农民权益，始终把实现好、维护好、发展好广大农民根本利益作为农村一切工作的出发点、落脚点，坚持以人为本，尊重农民意愿，着力解决农民最关心、最直接、最现实的利益问题。保障农民政治、经济、文化、社会权益”。这充分反映了党中央、国务院对下一步农村改革发展中尊重和保护农民权益的高度重视，继承了十一届三中全会尊重和保护农民土地权益为主线，深化土地制度改革的基本精神，切中了当前工业化、城市化过程中由土地利益引发的社会问题的要害，体现了以改革促发展的精神，为深化土地制度改革提供了明确的指导思想。

十一届三中全会开启了以家庭承包经营为基础，统分结合的双层经营体制。经过此后连续出台一系列的法律政策，直到十七届三中全会进一步赋予农民更加充分而有保障的土地承包经营权，明确提出现行土地承包关系要保持稳定并长久不变。土地承包和承包经营权一直是放在一起提的。在党的文件中，1984年1

号文件，规定承包期15年；1993年11号文件，延长为30年；到2002年《农村土地承包法》，其中有12个条件都讲：依法、自愿、有偿地流转农地承包经营权，叫作转包、出租、互换、转让或者其他方式。

为进一步解决土地承包权、经营权不够稳定的问题，使流转市场更好地发育，《决定》提出的“保持稳定、长久不变”，是从权利的时间上和形态上强调的。所谓时间上强调长久性，所谓形态上强调稳定性。所以说，农地农用的农民权益保护到现在为止，已经进入了一个深度保护阶段，但农地变为建设用地过程中，对农民权益的保护却相当薄弱。地方政府每年把几百万亩农民的土地低价征用过来，高价出售出去，地方政府获得了巨额的土地出让金收益，工业、商业等企业不仅获得了企业投资的利润，还获得土地级差收益，房地产开发商获得了高额的开发利润，城市居民买到了房子，中国的工业化、城市化高速推进，但是农民的土地价值没有得到体现，没有以土地权利分享城市的成果。这些年一直在一个对农地非农化、农民土地权利不完整的基础上，实行着对农民土地权利不公平的待遇。

《决定》在关于农村改革发展目标任务中，提到2020年农民人均收入要比2008年翻一番，任务是相当艰巨的。农业生产已连续五年丰收，今年估计是创纪录的丰收年。农民收入有了较大的提高，况且这五年也是财政连续大投入的五年，但是城乡收入的差距继续拉大。我们在调研中发现，传统农区农民家庭的收入中，来自于农业、工资性和其他的收入各占三分之一。但沿海发达地区来自农业收入只占10%，来自于工资性收入约占30%左右，而来自于财产收入占了一半以上。这些财产收入，主要来自土地以及相关财产的收益。所以，三中全会把农民土地权益保障作为了改革的一条红线，体现了中央把提高农民收入、缩小城乡差距提高到了一个很重要的位置。

《决定》对农地非农用过程中，为农民土地权利提供保护，进一步推进和完善土地管理制度，提出了许多政策亮点：

1. 全面科学地提出了建立严格规范的农村土地管理制度的基本原则。这里的原则就是16个字，叫作“产权明晰，用途管制，节约集约，严格管理”。它的意义在于把产权管理作为土地管理的重要内容，纳入土地管理的内容，这一点非常重要。为了将产权管理从源头上落实，《决定》强调搞好农村土地的确权、登记、颁证工作，以保障农民对承包土地占有、使用、收益等权利。《决定》明确了节约集约利用土地的原则，提出了两个最严格的土地管理制度。一个叫最严格的耕地保护制度——坚守18亿亩耕地的红线。一个最严格的节约集约用地制度，叫作从严控制城乡建设用地的土地总规模，提出“三个不得”：不得改变土地集体所有性质、不得改变土地用途、不得损害农民土地承包权益。

2. 明确提出征地制度改革三原则：一是严格界定公益性和经营性建设用地的原则，指出逐步缩小征用范围，严格遵循按公益性目的征用土地。二是同地同价、及时足额的补偿原则。依法征收农民的土地，按照同地同价、及时足额的补偿原则，改变了以往按农地产值倍数的补偿方式，为实现以土地财产权赔偿提供了制度依据。三是全面保障农民利益的原则。对被征地农民的安置，从过去强调原生活水平不下降，改为就业、住房、社会保障三位一体的保障政策。

3. 为完善农村宅基地制度，严格宅基地管理，依法保障农户宅基地用于物权，提供了制度空间。《决定》提出了“两先”原则，所节约出来的农村宅基地和村庄整理土地，首先复垦为耕地，调剂为建设用地的必须符合土地利用规划，纳入年度建设用地计划，优先满足集体建设用地。其政策的基本指向是保障农民宅基地权利，防止地方政府利用村庄改造新农村建设等，借机扩大建设用地，突破指标管理。同时，防止集体建设用地的国有化趋势。

4. 明确提出了逐步建立城乡统一的建设用地市场，为农民集体建设用地进入市场、合法流转，以土地权益分享工业化、城市化成果提供了通道：一是在土地利用规划确定的城镇建设用地范围外，经批准占用农村集体土地建设非公益性项目，允许农民依法通过多种方式参与开发经营并保障农民合法权益。农地转为非农建设用地必须征为国有的唯一通道的局面已被打破。二是通过建立统一有形的土地市场，以公开规范的方式，转让依法取得的农村集体建设用地使用权，为农民集体建设用地流转提供了一个合法的平台。这必将大大增加农民土地财富效应，使农户更加珍惜和加倍维护充分而有保障的土地承包经营权。三是对依法取得的农村集体建设用地，在符合规划的前提下，与国有土地享有平等权益，打破了按所有制屏蔽集体建设用地进入市场的制度框架。

二、以地方政府为主导的，以经营土地为核心的传统的经济发展方式已难以为继

首先，地方政府能够从农民集体中获得大量的、廉价的土地资源，推动经济高速增长，但土地资源的约束问题日益严重。从20世纪90年代开始，各地以创办各类经济开发区，替代乡镇企业“遍地开花”的模式。政府通过集中提供低地价、甚至零地价的开发区土地，大量吸引外来投资，特别是海外投资，推动了经济的高速发展。在90年代后期，东南沿海地区的工业用地协议出让价格仍长期维持在每亩12～18万元之间。到2005年，我国各

类开发区达到6866个，规划占地面积3.86万平方公里，超过了全国现有城镇建设用地3.15万平方公里的总面积，即使经过整顿之后，仅国家和省级开发区仍有1568个，规划占用土地面积1.02万平方公里。这些开发区对经济发展起了非常重要的作用，2004年，仅51个国家级经济技术开发区实现的工业总产值，就占全国工业总产值的9.19%，沿海地区的比重更高，天津、大连、广州三个经济技术开发区的GDP，分别占当地GDP的19%、18%和12%。在低价土地政策的作用下，许多地区的土地资源已经枯竭，在珠江三角洲的个别地区，建设用地已占国土面积的50%以上，上海占35.9%，江苏占18.9%，浙江占8.13%。在如此高的占地比重下，仍有大量项目在等地开工。按照没有修订的土地利用规划和建设用地指标，在五到十年内，江浙的一些城市将面临无地可用的窘况。中西部虽然没有东部严重，但局部地区和中心城市也已经出现用地指标紧张的情况。

其次，地方政府主导土地征用和交易，推动了城市化的快速发展，但城市建设用地的不节约不集约问题日益突出。1998～2005年，我国城镇面积从2.14万平方公里，增加到3.25万平方公里，平均每年增长6.18%。一些县级市城区面积还以每年5～6平方公里的速度向外扩张，城市建设用地浪费严重。2003年，全国划拨和出让国有土地25.89亿公顷，其中划拨和协议出让占72.16%，竞争性的招拍挂只占27.94%。根据对664个城市的调查，到2005年，城镇居民人均用地133平方米，比国家规定的城市建设用地最高限额高出33平方米，远高于一些发达国家人均82.4平方米的水平。造成城市宽马路、大广场、豪华标志性景观的现象，比比皆是。

最后，土地财政成为地方政府收入的重要来源，既缓解了财政压力，又使财政收入的不确定性因素增多。

土地财政来源主要有两部分：一是土地出让金收入。2000～

2003年四年，全国土地出让金总收入为9100亿元，到2005年一年就达到5500亿元，2007年达到9000亿元。根据对部分沿海地区县市的调查，在土地严管前的两三年，一些县市的土地出让金，少则10多亿元，多则近20亿元，土地出让金收入占预算外收入的比重高达60%以上。二是土地的开发利用，又进一步产生大量可支配税收。由于城市扩大和建设引起的营业税和所得税全部归地方政府所有，一些地方将发展城市建筑业和房地产业，作为优先发展的产业，从而成为地方税收增幅最大的产业。在一些发达的县市，税收增幅的50%，甚至几乎全部，都是来自这些产业。其税收总量，占地方可支配税收的37%。地方税收的增长，必然促进社会各方面的快速发展。地方政府根据对来自土地的出让收益和来自于土地抵押融资的贷款，主要用于城市大规模的基础设施建设。在东南沿海的一些县市，基础设施的投资高达数百亿元，而其中财政投入不到10%，土地出让金仅占30%左右，60%～70%的资金是通过土地融资获得的。在西部，政府财政投入和土地出让金较少，70%～80%的资金来自于银行贷款。土地经营过度依赖融资，加大了金融风险。现在，地方政府建设道路、绿化和科教文卫方面的用地，约占城市建设用地的50%，协议出让的工业用地约占25%～30%，这两类土地，短期不会有多少收益。而通过招拍挂出让的商住用地，只占15%～20%，它是偿还贷款的主要资金来源。一旦土地供应减少或房地产市场走低，就会降低还贷能力，出现财政困难，引发金融风险。最近，我们对发达地区一些地方调研发现，此类问题随着土地出让金锐减三分之二，甚至更低一些之后，财政的困难已经显现出来。以财政担保和土地未来收益的抵押贷款，其财政和银行风险也开始冒头。

三、农地非农用过程中，农民土地权利的缺失，是现行土地制度的根本问题

我国实行的是城乡分治、政府垄断城市土地一级市场的土地制度。一方面，农村与城市土地分属不同法律约束，由不同机构管理，形成不同的市场和权利体系。另一方面，只要涉及农地变为建设用地，就要通过政府征地，任何单位建设用地都要使用国有土地。政府是农地变为城市用地的唯一仲裁者，是城市土地一级市场的唯一供应商。改革提高了市场配置资源的程度，但是政府和大型国有企业垄断上游资源的格局没有改变，政府对土地的垄断得到强化。中国经济由投资拉动，与大部分投资由银行提供以及地方政府用土地撬动金融的关系密切。法律赋予地方政府对土地的垄断权，不仅是地方政府赖以生存和维持运转的重要保障，而且也促成了地方政府以土地启动经济增长的特殊激励结构：政府征地、卖地越多，地方可支配收入越多；政府掌握土地越多，城市扩张成本越低，招商引资越便利，政府税源越多。这种增长方式已经渗透到财政、税收、金融、技资、价格形成机制、社会保障等诸多方面。

快速城市化和工业化，主要是通过征占农地来实现的，而地方政府征占农地的激励机制，完全是农地非农用过程中农民土地权利缺乏造成的。

1997～2004年，全国每年新增建设用地570万亩，占用农民耕地304万亩。在东部沿海省份，每年建设用地量达40～50万亩，征用土地占建设用地比重高的达90%以上，低的也要达

75%。土地征用量如此之大，严重侵害了农民的土地权利，影响了被征地农民的生计，引发大量群体性事件。土地非农化过程中，农民土地财产权利得不到尊重和保护的具体表现，主要有如下几点：

1. 以“公共目的”为由征收的土地用于盈利性活动。按照《土地管理法》的规定：“国家为了公共利益的需要，可以依法对土地实行征用。”但事实上，征地权已被滥用于非农建设的许多领域，凡是农地变为建设用地就要实行征地。其实，我国大量建设用地具有明显的盈利性质。对于农民来讲，政府将征用的土地用于学校、医院、道路、绿地、政府办公楼等，尽管这些具有公共利益性质中也有部分转用于盈利性活动，但被征地农民总体还是能理解的。但是，对于政府将大量土地圈占用于创办工业园区，协议出让给企业，被征地农民就感到很疑惑了：为什么只有政府才能出让，我们就不能将土地出租给企业呢？更让农民不满的是，政府以很低补偿征得的土地，却被以数十倍甚至数百倍的差价“招拍挂”于商业和房地产，各地群体性事件多数由此引发就不足为奇了。

2. 对农民土地财产权利的获取，只作对价支付的补偿。按照《土地管理法》，政府给予被征地农民不超过30倍的土地原用途进行补偿。在浙江、江苏等沿海发达省份，随着经济发展水平的提高，土地出让价飞涨，但仍按土地原用途补偿。在经济最发达的一些县市，土地补偿和安置补助费最高也只有2.5万元左右，低的还不到2万元。在中西部地区，大量耕地被用于国家重点工程及基础设施建设，这些项目的征地补偿要么低于法定标准，要么不到位。据浙江省国土厅信访室统计，2003年，农民土地权益纠纷已成为全省群众性上访之首位，反映征地补偿与安置问题的来信2000年为512件、2001年为586件、2002年为1058件，分别比上年上升14.5%和80.55%。

3. 征地补偿费被各级政府及集体经济组织截留。在现行的《土地管理法》下，给被征地农民的土地补偿应包括耕地补偿费、劳力安置费和青苗补偿费。但是，在实际补偿中，农民往往搞不清有哪几项，多数地方的做法是将劳力安置费和青苗补偿费给予被征地农户，而将耕地补偿费留在村集体经济组织，甚至乡镇政府也会截留一部分；还有些地方连劳力安置费也不全额发放到被征地农户，而是将其中部分资金纳入失地保险。2004 年，全国清理出拖欠、截留、挪用农民征地补偿费 147.7 亿元。2005 年，国家审计署对 34 条高等级公路进行审计，发现有 21 个项目被当地政府及征地拆迁部门截留挪用，拖欠扣减应支付给农民的征地补偿费 16.39 亿元。

4. 征地程序缺乏透明和协商，农民参与度低。《土地管理法》规定，征地过程中，地方政府必须将安置计划公开，以接受集体组织及被征地农民的评议。但是，《土地管理法》没有明确必须在征地之前听取集体或农民的意见，以及给予他们作出反映的机会。政府只是将征地目的、位置、补偿标准、安置措施等以一纸公告通知农民，很少事先将相关细则告知被征地农民。这样的所谓“公告征地”，一是由国土部门代表政府直接去征，用地单位和农民就不再见面了；二是政府和被征地农民集体之间缺乏应有的协商，政府只是把要征的耕地面积，以及这些土地按照土地管理法的标准应给农民集体的补偿告知而已；三是政府从农民手里征得土地后，与用地单位签定供地协议。这样一来，征地的过程变成为政府根据用地的需求，以法律为依据，从农民那里合法、强制获得土地的行为。

从保护农民土地权利入手，赋予农民更多的土地财产权，是新世纪、新阶段深化土地制度改革的重要内容。党的十七届三中全会指明了改革的方向，但情况甚为复杂，执行力度千差万别，真正落实起来仍然任重道远。

"长三角"改革开放 30 年的战略思考

上海市社会科学院副院长　黄仁伟

国务院 2008 年终于颁发了《"长三角"发展规划》。按照原来的要求，应该是从 2006 年到 2010 年这个五年计划中就有的，但这个五年计划一直到 2008 年才出台。很显然，这五年计划等于是向后推了。但不管怎样，这是中国第一个跨省、市、区的发展规划，是国务院直接制定的。我们"长三角"的两省一市只是提出一些意见，最后由国务院全面地将它落实制定，所以叫做"长三角"发展规划。这是第一个，全国第一个。从这个规划的出台来看，意味着中国的发展战略又有了新的突破，就是除了中央和省市的发展规划，还有跨省市的一个自然区域的发展规划。这种按照自然区域划分的规划，实际上是最科学的。但是，由于我们过去已有的行政区划，这样的规划一个是做不成，二是做成了执行不了。那么，究竟这个"长三角"的规划能不能执行，现在还是个问题。但这是个阶段性的标志。

还有一个标志，就是全国出现了一系列的跨行政区域的发展区域，其中最重要的"珠三角"和环渤海区，国务院还在 2008 年出台了一个《北部湾区域发展规划》。实际上，现在全国从南到北，总共划有四个便于经济发展的沿海区块：珠三角、长三角、渤海湾、北部湾。中国发展出现的这一系列区域合作的发展战略，是改革开放30年的一个重大发展变化。如果从地图上看，这四个区域实际上把中国沿海从北到南连接起来。环渤海，它一直到山东；"长三角"现在已经扩展到江苏和浙江全省，一直到浙江的南端和江苏的北端，福建没有包括进去，福建现在是海西区；"珠三角"现在扩大到整个西南，然后再有一个北部湾。所以实际上，把我们沿海分成四个大的区域。现在从四个大的区域来看，"长三角"的发展战略居于特别突出的位置，它大概占全国土地面积的2%，人口不到10%，GDP占22%，税收占30%多，外资、外贸都在35%以上，也就是说，"长三角"的发展在国家整个发展战略中占有很大的一块。

"长三角"发展战略有几个大的优势，必须充分利用：

第一，地缘板块优势。过去我们把这个优势集中在上海，这实际上是不妥当的。因为上海在过去长期的历史上，就是"长三角"的一个缩影，就是一个比较小的块。这里的关键，是沿海和长江口的结合部，整个长江流域和整个沿海的结合部。在气候条件上，自然环境条件向来比较优越，没有大灾大难，没有大的恶劣自然环境，台风不是最大，地震很少出现，基本上算是一个平稳的自然环境。所以它的经济不会出现大的上下波动。吴越文化历经几千年在那里形成。吴越文化的特点是"精耕细作"。所以，它经济发展品质一直比较好。这是一个地缘板块优势。

第二，它代表了中国目前可以代表的国际竞争力。它的金融资源、航运资源、软力量资源，还有研发资源、人才资源，综合平均现在是全国最高的。北京的资源很好，但是北京往外，从市区到郊区就下降了，下降好几个台阶。那么，"长三角"呢？从南京到上海，从上海到杭州，从杭州到宁波，这一个大范围大概将近10万平方公里，质量基本上是一致的，没有太大的差别。因为这个范围内的"长三角"14个城市，人平均的GDP都到了6000

～8000美元，里头的30多个县级城市都是全国百强县，其中全国百强县的前十强有7个在"长三角"。总之，它的平均质量是很高的，它的综合优势是很高的。所以，它代表了我们国家目前的国际竞争力。

第三，它的社会结构比较平稳。到现在为止，这个地区的社会不稳定性最低，每万人的大学生人数最多，收入分配的两极分化较小。前一个时期我到北方的一个省会城市调研，发现那里有很富很富的人，但是平均收入却很低。那就是社会结构出问题了。"长三角"的城乡一体化很容易达到。现在大部分县都可以做到县城和农村的社会保险一体化。我们讲和谐社会，如果能够做的话，这块地方可以先做。它的产业结构、产业链条比较完整，像大飞机、大船、大型装备，特别是电力、电器装备，汽车、钢铁、石化，这样的产业链从原始的原材料一直到终成品，都是成系统的，整个"长三角"可以连起来。像电子产业，整个昆山就形成了一个产业链条。所以，台商在别的地方可以移动走，但在昆山不能走，一走这个链条就断了。它一定要前后连接起来才能生产，才能组合成最好的品牌。所以，由于产业链条连在一起，企业的品牌、兼并、研发都很容易实现。

但是，是不是"长三角"就没有任何问题了？也不是，这里存在的问题也不少，有的甚至是制约持续发展的"瓶颈"性问题：第一，很重复。不管是上海还是苏州、宁波、杭州、南京，每个地区的产业结构大致相同。这个是很大的浪费。第二，这个地区的产业成本上升最快。由于这里的土地成本和劳动力成本上升非常快，所以最近几年的外贸竞争力明显下降。第三，环境和生态的恶化非常快，已经超出了土地和水源所能承受的能力。特别是"长三角"核心水源太湖，已经成为受破坏最大的水源，甚至是不可逆转的破坏。虽然"长三角"水很多，但是好水不多。现在长江口的水的问题也很大。说句不好听的话，现在正在南水北调，将来调完以后，这里水的质量还要下降。三峡建完以后，南水北调以后，上游下来冲刷的能力越来越低，“长三角”这个地区生态恐怕会进一步恶化，海水倒灌恐怕会非常严重。第四，“长三角”要建的金融中心始终建不成。现在北京、天津也都在做金融中心，中国的金融中心越来越多，越来越多的结果是整体的国际金融竞争力和防范能力全面下降。第五，行政区划影响“长三角”的一体化。两省一市都在按自己的规划发展，所以说国务院的那个规划能不能顺利执行，还是个问题。这个问题接着就是基础设施发展不平衡。像上海，在自己范围内，高速公路已经不知多少条，但它和“长三角”其他地区的连接就这么两三个口子。整个“长三角”的基础设施很不平衡。包括阳山深水港和北仑港之间的重复，机场的问题都很严重。它的软资产虽然很多很好，但是缺乏统筹，特别是科研研发的力量，在“长三角”范围内还远没有一体化。

现在，江苏、浙江、上海为了解决这个问题，都在动脑筋想办法，其中，跑得比较快的是建立了一个省长、市长的联系会议制度。这是比较固定的，一年要开几次，重大问题都要在省长、市长会议上解决。工作机制上，两省一市建立了一些工作机制。上海市社会科学院、浙江省社会科学院、江苏省社会科学院一起，共同发起成立了联合研究中心。我们就是把“长三角”重要的问题，都放在共同的研究中心里做，做完后，只要是三个省、市社会科学院一致了，再分别向三个省、市的领导报告，以便三个省市的决策。

“长三角”做的事情有些已经开始做了。比如，沪宁、沪杭高速公路的统一收费，现在基本已经做成。沪宁、沪杭高速公路，你只要在一个口子交钱，然后一直开到南京都不会再收钱了。这样，通道就很畅通了，一下子就可以过去。人才也是如此，在整个“长三角”地区，所有城市的职称证书通用。就是说你在南京评的证书，到上海一样认可，关键是有单位要你，这样的证书不用再评了。否则，在一个地方评了，另一个地方不认还得重新评，那人才就过不去，影响了交流。还有科研重大设备的通用，南京、上海、杭州重要的实验设备都是通用。这些都是细节，都不是大的结构性一体化。就是这样的细节也要商量、统一。细节常常决定着整体，从细节开始加强相互协调和一体化，可以为这里的发展带来极大的便利。

将来要做的事情，就是着力搞好几个一体化：

第一是产业结构的一体化。就是各个主要的产业重心，比如苏州、宁波、无锡等，要保留自己最优势的产业，不太优势的产业由另外的城市来做，这个很重要。如果“长三角”的城市都能够把优势的分工确定下来，就减少了很大浪费。否则就是大家同步竞争，同步竞争的结果就是在国际市场上大家的竞争力下降。中国外贸经济的最大的问题就是同步竞争、自杀性的价格竞争。这是“长三角”现在要做的最重要的一件事。国务院发展规划里也要求“长三角”避免重复结构，每个城市把最重要的产业保留下来，不重要的让别的城市来做。这是“长三角”发展的第一个框架、要点。

第二是基础设施一体化。基础设施一体化里头，首先是高速公路、铁路、桥梁、港口、机场，这些大的基础设施的规划已经出来了，而且两省一市也基本上都接受，所以未来5年可能会改变以前多的地方太多、少的地方太少这样一种局面。

第三是高度发展的城市化。在整个“长三角”，按照城市标准，建设每一个县级甚至镇一级的城市设施，特别是城际高速铁路和城际轨道交通。北京和天津已经有了，所以“长三角”就按这个标准来建设。

第四是环境保护的统筹化。特别是太湖，因为它是跨省的，浙江、江苏、上海、安徽都要管太湖，所以太湖要跨省进行保护。特别是上游，主要在安徽。安徽不是“长三角”，它的问题比较大，那里又比较穷，所以要发展造纸产业，发展其他一些工业，污水都往太湖流。现在要“长三角”拿出一点钱去扶持安徽，让上游水源地区有一个转移致富的可能性。要在一个省里转移致富还是可以的，都是一家人，但现在是跨省的转移，而且是下游两省一市集中起来把钱给安徽。所以，过去安徽就不属于“长三角”，规划里就没有它。最近，胡锦涛总书记到安徽考察，把安徽叫作泛“长三角”。因此，这个泛“长三角”的概念开始出现了。过去有过泛珠三角，而且一直延伸到重庆和成都，大得不得了。泛“长三角”一直不允许提，就是跨不出去两省一市。现在终于把安徽这一块叫作泛“长三角”，这就要好得多。特别是环境保护，皖南这一块是整个“长三角”水源的上部，治理好了有重要的意义。

第五是竞争力的国际化。“长三角”的企业要尽量避免同国内企业形成恶性竞争，如果是达到一定水平的话，应该尽量到国际上与同行竞争。比如现在的大飞机、造船工业、汽车工业，特别是上海汽车，现在要集中力量搞自主品牌。最近，上海汽车正在全力以赴做自主品牌。

第六是设计跨行政区域的管理机制。这里比较大的问题是组合港，组合港的问题一直非常严重。阳山港建成以后，对北仑港是个影响，但北仑港现在由于有了杭州湾大桥，又开始吸收阳山港的货源。所以，这就有一个合理分工的问题。上海作为航运中心，现在不只是一个港口问题，而是一个全世界到“长三角”地区货源的总配置。也就是说，哪些货应该到阳山港，哪些货应该到北仑港，哪些货应该到南京这样的河港。航运中心要做好货源配置，而不是相互争抢集装箱数量。伦敦航运中心是世界的航运中心，但伦敦自己没有多少集装箱的装卸，为什么呢？伦敦就是在全世界配置货源，配置全世界的货源。我们好像有个误区，似乎航运中心就是以集装箱的数量为标准，这实际上是一个很大的问题。现在"长三角"有7个海港，20个河港，2000多个泊位，但都是重复，真正的枢纽港、干线港、支线港都没有很好的区分和显示其功能，大家到头来都做一样的事。这个问题在我们中国普遍存在，"长三角"尤其严重。"长三角"什么时候把这个组合建好了，"长三角"的国际竞争力就大不一样了。

"长三角"的区域规划也叫"一核六带"。"一核"就是上海为核心，"六带"就是沪宁线、沪杭线一直到宁波。现在又多出一条叫"宁杭线"，就是南京到杭州这条线，从太湖西侧正在开通建设的。这条线建起来之后，沿江线、沿海线就比较完善了。沿海线由长江以北一直到连云港，长江以南一直到温州，南北线两条，加上其他几条，实际上是6条线。现在只有两条线是比较发达的，一条是上海—南京，一条是上海—杭州—宁波，剩下其他4条线都不那么发达。所以，实际上交通欠发达的问题在"长三角"也是突出存在的。

现在看来，"长三角"将来比较有前途的产业，像石化、钢铁、汽车都已经很不错了，在国内也很领先。但是单靠这些产业，"长三角"还不能有多大的出息。今后最重要的，一个是航天航空，一个是海洋产业，还有一个就是新材料、新能源。"长三角"自己并没有太多的资源，所以如果不发展新材料、新能源，"长三角"的成本永远是非常高的。海洋也是这样，现在要建设所谓"长三角"的海上城市，就是要把大量的经济资源投向海洋。"长三角"的城市要建成世界第六大城市群。所谓第六大，也有人称之为第五大，因为美国有两个城市群，就是美国的东北城市群和西太平洋城市群；欧洲也是两个城市群，一个是英国城市群，一个是法国、德国、欧洲西北城市群。但也有人把欧洲的两个城市群变成一个，如果这样"长三角"就变成第五大了，加上日本东部的大阪、东京这一块。"长三角"是目前我们唯一可能成为中国进入世界第五大或第六大城市群的城市群。因为"长三角”的城市区位比较典型，其中有核心城市、次核心城市、重心城市和特色小城市、城镇这样的体系，功能和布局比较完整。另外，从彼此相差的距离看，1小时、2小时和3小时车程的城市圈，都基本上完成了。所以，现在“长三角”最远的地方，从宁波到南京基本上3小时可以到达；从台州到扬州也就3小时。所以，这里东西南北都是3小时可以到达，核心区上海周围，1个小时就可到达。这样的区位布局，城市群的结构就出来了。

“长三角”现在最难的是环境治理，是太湖和长江水源的治理。长江水源治理又关系到全国的水源调配，所以难度非常大。

国家战略对“长三角”有一个重要的定位，一个是2010年“长三角”的发展指标，即GDP要占到全国的20%，人均GDP8000美元。现在“长三角”的规划范围大大超出了原来，原来是苏南、浙北15个城市，现在已经定位为整个江苏省和整个浙江省再加上海市。这个“长三角”的范围已经跟原来不一样了。在这么一个两省一市的范围内，要达到人均GDP8000美元。制造业在全世界占5%，城市化达到60%，还有万元GDP的能耗和保护土地面积等，都有详细的规定。所以，2010年的时间已经非常紧迫，就剩一年多了。这个规划应该是2006年开始执行到2010年完成，但是现在2008年才颁布，所以应该再往后推3年。加上来势凶猛的全球金融危机，这个目标要实现起来确实困难重重。国务院的规划定位，要求到2020年达到3个目标：（1）亚太地区的重要门户。这个门户包括航运、金融。（2）全球最重要的制造业基地之一。（3）第五或第六大城市群。这就是国务院规划的最后结论。因此，前面讲的都是要为此打基础、作准备。

唤起中华民族的文化自觉与创新

北京大学邓小平研究中心

王东 齐惠 刘亚宁[①]

中华民族文化是我们民族的生命之根，精神之源，存在之基，同时也是创造中国新型文明和世界新型文明的源头活水。唤起中华民族的文化自觉与综合创新，就是要立足中国、面向世界、改革开放、锐意革新，走一条“古今中外，综合创新”的大道，创造富于时代精神与民族精神的中国特色社会主义新型文明。中华民族文化自觉的六大支点是：自知、自立、自尊、自强、自省、自新。

① 王东，男，北京大学哲学系教授，博士生导师，马克思主义哲学教研室主任，中国辩证唯物主义学会副会长；齐惠，女，南开大学政治学博士，中央党校教师；刘亚宁，女，中央民族大学经济法硕士，司法部预防犯罪研究所电子防范研究部综合办主任。

一、民族精神是中华民族安身立命的根基

中华民族文化是中华民族的生命之根，精神之源，存在之基，同时也是创造中国新型文明和世界新型文明的源头活水。

中华文明的形成，经历了一个漫长的历史过程。近1万年前，以农业起源为起点，开始了中华文明起源期，长达5000年；5000年前的炎黄时代，则是中华文明、民族国家、民族精神的原创期、生成期；到公元初始前后的秦皇汉武时代，则是中华文明、民族国家、民族精神的古典定型期。前面且不论，这后两个时代，我们可称之为“中华文明形成乃至定型”的3000年，简称之为“中华文明形成时代”。

纵观世界历史长河，在文明形成的历史时期，西亚、北非、东南欧、古印度、中国、中南美洲这六大原创文明，先后普遍面临着影响全面、决定命运的三大危机：民族部落内部矛盾引发的战乱危机、人与自然关系方面的生态危机和外敌入侵的民族生存危机。其他五大原创文明，无一例外地由于未能很好地处理上述三大危机，而发生中断或断裂，沦为“失落的文明”、“湮灭的文明”。唯有中华文明，靠着相对独立的生态地理系统，加之独特的中华民族精神，先后顺利地战胜三大危机，开创了世界文明史上独一无二的多元一体、连续进化的综合创新模式。

传统社会的中华民族精神，集中体现在作为“六经之首”、“大道之源”的《周易》中。传说周文王拘而演《周易》，而孔子晚年作《易经》，其中最核心的逻辑起点，是乾坤两卦：乾卦主要取象于天，核心观念是“天行健，君子以自强不息”；坤卦主

要取象于地，核心观念是“地势坤，君子以厚德载物”。“自强不息，厚德载物”，成为传统中华民族精神的集中表征，是中华文化的源头活水。

中国自春秋战国时代后期开始，特别是在秦始皇到汉武帝时期，经过长期努力，彻底实现了“军事—政治—经济—文化”四个层面的国家统一，建立了大一统的中央集权国家，成为抵抗北方游牧民族入侵、维持农耕民族和平发展的强大政治保证。对中国历史、世界历史来说，这种统一的国家制度是决定国家命运的重大制度创新，也支撑着中华文化传承不替，没有断绝。

不应讳言，由于种种复杂的历史原因，古代辉煌的中华文明，在近代工业化转型期，却屡次失利，严重滞后。帝国主义列强，先后六次打进中国①，使中国沦为半殖民地国家，陷入民族生存的危机之中。然而，也正是在抵抗外侮、战胜危机的英勇斗争中，得以升华出“万众一心，振兴中华”的近代中华民族精神，激励着一度落伍的中华民族，转败为胜，变弱为强，置于死地而后生。

民族精神乃是民族文化、民族智慧、民族心理、民族情感的集中表现，是一个民族价值目标、共同理想、思维法则、文化规范的最高体现。民族精神与时代精神又是紧密联系、休戚相关的，因而可以区分出古代传统的民族精神与现代革命的民族精神。二者之间既有一以贯之的血缘联系，又有不同时代的重大差异。

如果说《周易》中贯穿的“自强不息，厚德载物”的思想红

---

① 第一次危机是在1840～1842年，英国发动了侵华的第一次鸦片战争。第二次危机是1856～1860年，英法联合发动第二次鸦片战争。第三次危机是1884～1885年的中法战争。第四次危机是1895年，由日本侵略引起的中日甲午战争。第五次危机是1900年，由英、法、德、俄、美、日、意、奥“八国联军”发动的侵华战争。第六次危机是1931～1945年，日本帝国主义发动的侵华战争。

线是古代中华民族精神的集中体现的话，那么，近代以来一直孕育着一种现代革新的中华民族精神，鲜明的时代特征就是力求把振兴中华的民族自信意识，与忧国忧民的民族忧患意识有机地结合在一起，核心内容就是：中华民族到了最关键的时刻，让我们筑起新的长城，“万众一心，振兴中华，发愤图强，综合创新”。这就是现代革新的中华民族精神，就是中国文化的时代主旋律，就是现时代的中国心、中国魂，就是中华腾飞的强大精神支柱！

“自强不息、厚德载物”一直感召着中华民族几千年的巍然挺立。新中国成立，结束了封建半封建的殖民统治，饱受屈辱的中华民族又一次抗击风雨站了起来，当家做了主人。经过30年改革开放，经济快速发展、持续增长，综合国力迅速提高，解决了13亿中国人的温饱问题，中国人民正在建设小康社会的道路上大步向前，这是世界上重大的奇迹。在经济全球化的浪潮中，中华民族文化既是保持民族主体性的文化根基，也是开创中国特色社会主义新型市场经济的伦理精神，并且是支撑现代化起飞的“中国模式”、“中国奇迹”的强大精神支柱。

纵观今日中国之大势，一则以喜，一则以忧。喜的是，国家和平发展、民族伟大复兴正值难得的机缘——全面建设小康社会，中华民族已自立于世界民族之林。忧的是，一个民族要站在世界的前沿，必须有强大的精神支撑。市场经济的发展，一方面创造了巨大物质财富，实现经济的发展；但另一方面，在市场经济和商品意识的冲击下，在社会转型过程中，全球化，现代化，西方各种思潮的涌入，自由主义、个人主义、金钱至上等思潮都冲击着人们的思想观念。道德失范，信仰缺失，人伦纲纪废弛等冲击着每个人的价值观，侵蚀着整个民族的文化，其中浮躁、冷漠和失衡的心态，对个人、对党和政府、对国家都十分危险。

由于对“五四”精神的错误理解，再加上“十年动乱”的历史浩劫，将传统文化中的精髓也一起抛弃了，“给孩子洗澡，最终连孩子和洗澡水一起倒掉”，没有了精神家园就没有底气和能力应对危机和挑战。在过激的反传统之后，相当一部分国人失去了民族文化的自信心，数典忘祖，“一切向西看”，从苏联模式的教条又跌入西方模式的教条，跟在西方话语权背后亦步亦趋。

当今世界正处在大变革大调整之中，霸权主义和强权政治依然存在，全球经济失衡加剧，和平与发展面临难题和挑战。“中国威胁论”、“中国崩溃论”、“国际体系的挑战者”等诸多武断的判断，从来没有停止过。中国如何走出自己的发展道路，如何继续保持政治的稳定、经济的发展和人民生活的安定，如何最终实现中华民族的伟大复兴，这些都是摆在当代中国人面前的时代课题。要完成好这一事关民族前途命运的课题，其中有一点很重要，就是要唤起中华民族的文化自觉与综合创新。

中国有 5000 年的文明史，悠久的历史传统为我们留下了一笔巨大的文化财富，我们应该珍惜这笔财富，并且传承下去，否则一旦断了文化的根，整个民族都会名存实亡。龚自珍指出：灭人国者，必先去其史。章太炎强调历史是民族的根，无根的民族难以竞存于当今的世界。南怀瑾不无忧虑地说：我常常感到，国家亡掉不可怕，还可以复国，要是国家的文化亡掉了，就永远不会翻身了。杜维明、刘梦溪等学者所担忧的是，如果今天我们不这么做（认真对待传统），我们的后世子孙也要认真对待传统，但到那时想认真的时候，恐怕更艰难了，因为会流失得更多。断掉了中华文化的根，就失去了民族的精髓，最终将失去持续健康发展的养分。

二、中华民族的文化自觉与综合创新势在必行

继承发展传统文化是中国现代化发展的必须，也是必然。今天是中华民族历史的继续，而今天又将成为明天的历史，在绵延不断的历史传承中，中华文化就是滋养整个民族的精神血脉。在中国现代化的发展中保持中华文化的特色，维系民族文化生命，具有重要意义。正如毛泽东曾指出的："今天的中国是历史的中国的一个发展，我们是马克思主义的历史主义者，我们不应当割断历史。从孔夫子到孙中山，我们都应当给以总结，继承这一份珍贵的遗产。"

从历史发展来看，中华民族的文化是民族认同和精神皈依的载体，是持续发展的活水源头。几千年来，中华民族创造了辉煌的民族文化，源远流长，博大精深，形成了悠久的民族文化传统，它以无形的巨大力量深深扎根于民族的心理和民族的性格当中。张岱年认为，中国几千年来文化传统的基本精神的主要内涵，是"天人合一、以人为本、刚健自强、以和为贵"。每个民族有每个民族的特点，中华民族的精神深深地根植于中华民族的优秀文化传统当中，中华民族的文化是民族的灵魂，也是民族认同和精神皈依的载体。

中华民族以泱泱大国，礼仪之邦矗立于世界的东方，仁、义、礼、智、信的文化积淀，成就了中国人仁义、智慧、勤劳、勇敢的品格。传统文化中重视作为社会基本单位的"家"，重视家庭伦理孝道。孝是中国整个伦理文化或人文理念的基石。"家庭缔结之终极目标应该是父母子女之永恒联属，是人生绵延不绝。短

生命融入长生命，家族传统，几乎是中国人的宗教安慰”。由于在家族中，伦理纲常关注的重点是家庭成员之间关系的调整，而不是个人的权利张扬，所以“中国文化中的家族观念，并不是把中国人的心胸变狭窄了、闭塞了，乃是把中国人的心胸放开了，宽大了”。基于血缘亲情的伦理孝道，自然而然地延伸出对人与人相处的“五伦”之道：“君臣、父子、夫妇、兄弟、朋友”，重视人际和谐。此外，中国传统文化中重视“以民为本”；重视群体利益；强调义利观的统一，提倡见利思义；重视个人的道德修养等等；千百年来，内化为中华民族的真精神。可以说，以儒家为主流，儒、释、道合流，稳妥地安放着中国人的精神世界，形成中国人独特的精神家园。

胡锦涛强调，中华民族在漫长历史发展中形成的独具特色的文化传统，深深影响了古代中国，也深深影响着当代中国。现时代中国强调的以人为本、与时俱进、社会和谐、和平发展，既有着中华文明的深厚根基，又体现了时代发展的进步精神。中华文明历来注重以民为本，尊重人的尊严和价值；中华文明历来注重自强不息，不断革故鼎新；中华文明历来注重社会和谐，强调团结互助；中华文明历来注重亲仁善邻，讲求和睦相处。

从改革取得的成就和战胜困难的经验来看，与中华民族文化的支撑密不可分。改革开放30年，把“自强不息，厚德载物”的中国古典民族精神，“万众一心，振兴中华”的中国近代民族精神，与改革创新的时代精神结合起来，形成了现代中华民族精神，其深层内涵是：解放思想，实事求是，一切从实际出发。在时代精神的感召下，中国走出了一条属于自己的道路。“立足中国，面向世界”，是中国精神的思想真谛。中国GDP的总量，从1978年的3600亿元人民币，激增到2007年的近25万亿元，30年增长近70倍；以9%的速度增长，从而实现现代化经济起飞，通常西方国家只能持续10年左右，日本及东亚周边国家也不超过

20年时间，而中国则以接近10%的增长速度，经济起飞持续30年，并有望持续更长一段时间；有两亿多中国人，主要是中国农民，摆脱了贫困，走上了致富道路；13亿中国人，解决了千百年来困扰的温饱问题，走上了奔小康的道路。

不过，改革开放也不是一帆风顺的，我们也遇到不少问题和困难，中央领导带领我们，以开拓创新精神和中华民族精神作为强大动力，越过了一道道难关。其间有拨乱反正，破除“两个凡是”，解放思想，搞社会主义现代化建设。20世纪八九十年代之交，面对苏东剧变的影响，国际反华势力的侵扰，以及国内政治风波，仍坚持了深化改革，加速发展。党的十四大把建立社会主义市场经济确立为中国的改革目标，在克服危机中迈出了关键一步。十四大以后，中国开始了向社会主义市场经济体制转轨的关键期，面对经济过热亮出了危险信号，中央果断采取了加强宏观控制的系统措施，成功地实现“软着陆”。1997年的东南亚金融危机波及中国，许多人预言人民币必然贬值，中国经济必然崩溃，中国克服东南亚金融危机造成的消极影响，开始了全面创新的探索。对上述危机和困难的沉着应对，证明党和国家领导人能有效地解决问题，政顺民心，关键一点就在于“以民为本”，立足于广大人民的利益，符合绝大多数人的根本利益，得到人民的支持，令人民满意。这也是传统民本思想的一以贯之。

战胜天灾，则更体现出家国一体，万众一心的中华民族团结、友爱、勇敢的精神。1998年的洪涝特大灾害，冲毁了无数人的家园，威胁到广大人民的生命安全。洪水冲垮了一些堤坝，却不能冲垮中华民族精神。正是在这种民族精神的支撑下，全党全军全民义无反顾地投入到抗洪斗争中，谱写了新时代的“大禹治水”的新篇章。江泽民《在全国抗洪抢险总结表彰大会上的讲话》中，突出地提到了弘扬中华民族精神的问题：“一个民族、一个国家，如果没有自己的精神支柱，就等于没有灵魂，就会失去凝聚力和生命力。有没有高昂的民族精神，是衡量一个国家综合国力强弱的一个重要尺度。”“中华民族有着自己的伟大民族精神。这个民族精神，积千年之精华，博大精深，根深蒂固，是中华民族生命机体中不可分割的重要成分。中华民族在五千年的发展中，历经磨难而信念愈坚，饱尝艰辛而斗志更强……。”

2002 年 11 月，党的十六大报告把民族精神问题提到一个新高度：在五千多年的发展中，中华民族形成了以爱国主义为核心的团结统一、爱好和平、勤劳勇敢、自强不息的伟大民族精神；面对世界范围各种思想文化的相互激荡，必须把弘扬和培育民族精神作为文化建设极为重要的任务。

在新世纪、新阶段的起点上，党带领全国人民一次次应对各种困难和挑战。“多难兴邦”，在灾难面前，中国人团结如一家，“非典”、“冰冻雨雪灾害”、“汶川地震”等灾难没有击垮中国人，在灾难面前，家国一体，军民一心，团结一致的民族精神得到最大限度地彰显，感召着每个有良知的中国人，共同应对灾难，让世界为之震撼。

从现阶段所遇到的问题来看，中华文化的自觉和综合创新是解决问题的重要手段。改革开放 30 年，成就最为突出，这是必须肯定的。但在此前提下，我们也要清醒地看到，30 年积累下来的问题也相当突出。改革开放，在短短的 30 年的时间里，时空压缩地走完西方发达国家从近代工业化到现代信息化的三四百年的过程，因此，不可避免地积累了很多问题。如两极分化，官僚腐败，自然资源、生态破坏，金钱至上、权力本位，价值体系紊乱等。在这些问题中，经济问题最基础，政治改革最复杂，文化问题最深层。

由于经济发展与思想文化的关系问题没有根本解决，在人的教育上依然存在误区，典型的表现就是照搬西方的教条主义，对马克思主义的态度冷漠，缺乏信仰；民族文化上的虚无主义，数典忘祖。西方现代文化，在近两三百年的世界历史上，乃至当今经济全球化的浪潮中，几乎是一种强势文化，主流文化。在改革开放的新时期，对我国的影响尤为巨大，对中华民族文化、马克思主义文化提出挑战。“工业革命以来的300年，西方人重在运用理智，促进了科学技术的发展，于是损人利己、急功近利之念日增，资源、生态环境的利用日恶。”“西方因强调经济增长论，而使人与自然对立日甚，生存环境日恶，地震、海啸、热带风暴、水旱灾频承。”①

如何正确解决马克思主义新文化、中华民族文化和西方文化的关系问题，防止在全盘西化与国粹主义两极振荡，这是实现科学发展、构建和谐社会的关键。文化问题，不仅仅是强弱问题，还是一个民族能不能存在的问题。概括起来说，中华文化是民族之魂，生存之根，存在之基，创新之源。在全球化的冲击下，如果没有自己的文化，没有自己的民族精神，这个民族就不会存在。这不仅是个软实力问题，竞争力强弱的问题，更关系到民族命脉是否延续的根本性问题。

重视民族文化和民族精神事关重大。胡锦涛主席2006年在耶鲁大学发表演讲时指出，中华民族在漫长历史发展中形成的独具特色的文化传统，深深影响了古代中国，也深深影响着当代中国。现时代中国强调的以人为本、与时俱进、社会和谐、和平发展，既有着中华文明的深厚根基，又体现了时代发展的进步精神。党的十七大报告中也强调：“弘扬中华文化，建设中华民族共有精神家园。中华文化是中华民族生生不息，团结奋进的不竭动力。”

从国际形势来看，中华文化的凝聚力和综合创新的生命力，

---

① 沈守愚：《读史泛言——读西方文化哲学、经济学和中国史学札记》，中国农业出版社，2008年版，第196页。

是大国屹立的精神支柱。在经济全球化、政治多极化、文化多元化的国际环境中，中国如何融入时代大潮，又保持民族的主体性，是个极为重要的问题。台湾的龙应台先生根据自己长期在欧洲定居的经验谈到，欧洲的现代与传统之间也有一种紧张的拉锯，但是他们（欧洲人）至少认识到，传统的“气质氛围”并不是一种肤浅的怀旧情怀，传统是生存的必要。越是先进的国家，对自己的文化传统越有自信、越有能力保护传统；相反，越是落后的国家，对自己的文化传统越不自信，往往在传统与现代化之间手足无措，进退失据。市场化、国际化、全球化，不是把我们变成和别人一样，而是要以别人能听懂的方式证明我们的不一样，失掉根的民族，经济再发展，最终也不会真正强盛。

当然，重视中华民族的传统文化，不是简单地坚持“保守主义儒学复归论”，应当采取“继承不泥古，扬弃不伤根，发展不离宗”的原则。遵循这一原则，才能更好推进中华文明现代化的文化创新。

在经济全球化的浪潮中，中华民族文化既是保持民族主体性的文化根基，又是开创中国特色社会主义新型市场经济的伦理精神，并且是支撑现代化“中国模式”、“中国奇迹”的强大精神支柱。

三、中华民族文化自觉与综合创新的六大支点

中华民族文化基因的核心精神是：自强不息，厚德载物，多元一体，综合创新。文化自觉是前提，综合创新是目标，要把二者结合起来。唤起中华民族的文化自觉与综合创新，保证大国的

巍然而立，保持持续发展，实现民族的伟大复兴，就一定要关注六大支点：自知、自尊、自立、自强、自省、自新。

自知，就是对我们民族的历史应该了解、研究、珍惜。改革开放30年成绩巨大，创造的世界奇迹不可否认。但是文化问题比较复杂，存在着虚无主义的问题。改革开放前的30年主要是照搬前苏联，改革开放这30年主要问题是有时照搬西方的东西过多。当然开放引进是必要的，但是在开放引进的基础上怎么消化、吸收、批判、分析、创新则十分重要。融入全球化是机遇和挑战并存，更应该重视民族历史、民族文化、民主精神，要坚决反对三种虚无主义：对民族文化的虚无主义、民族历史的虚无主义、民族精神的虚无主义。

谈到中华文明，这里我们提出三个命题：第一，在一万年以前中国是农业起源地之一。第二，在距今5000年前的黄帝时代中国是原始文明原创国家的六大发源地之一。第三，其他文明都发生了中断，语言、人种、文化上的断裂，中华文明是惟一多元一体，连续进化万年不断综合创新的发展模式。这在世界历史上独一无二，无与伦比。而在实际中，我们的研究和宣传都不够，比如2008年北京奥运会，奥运火炬传递到周口店，周口店是距今30万年前，人类发现人工用火最确凿、最丰富的文化遗迹，在国际上具有公认的研究价值。可我们并没有宣传，很大一部分人把西方太阳神的神话当成真的，却把自己民族的历史，把真实的存在当作虚无。北京大学，经过这些年的考证，是公元947年辽南京继承太学、国子监的传统设立的，是世界上最古老的综合性国立大学。西方的一些大学也都是从古代算起，我们自己却只承认1898年以后的历史，无形中就砍掉了自己的传统和蕴含在其中悠久的历史价值。我们过去只知道李大钊传播马克思主义，在比较中发现，他是最早宣传马克思主义哲学的。世界上最早有4个人在大学传播马克思主义：第一位是拉布里奥拉，罗马大学；第二位是北京大学的李大钊；第三位是布哈林，在俄国红色教育学院；第四位是河上肇，在日本东京大学。李大钊对马克思主义的传播在学理性、实践性、影响性、连续性上是世界第一的。在实践中，由于我们对历史的虚无也造成一些不正确的做法。20世纪50年代北京拆城墙破坏护城河，90年代搞市场经济和城市建设，拆迁了古城区、胡同、四合院这些事情，影响非常严重。事实上，北京古城、北京古都和一些历史上留下来的遗迹、遗址，就是中国最重要的文字符号，在国际上具有崇高的价值。

温家宝总理在美国哈佛大学演讲中谈到：从孔夫子到孙中山，中华民族的传统文化有它的许多珍品，许多人民性和民主性的好东西。比如，强调仁爱、强调群体、强调和而不同、强调天下为公，特别是“天下兴亡，匹夫有责”的爱国情操；“民为邦本，民贵君轻”的民本思想；“己所不欲，勿施于人”的待人之道；吃苦耐劳，勤俭持家，尊师重教的传统美德。所有这些，对家庭、对国家和社会都起到了巨大的维系和调节作用。我们应该世代相传，永远发扬。

自尊，就是对民族历史、民族文化、民主精神的自我尊重和自我爱护。一个民族具有自尊意识，就是民族成员对自己民族的历史、文化、精神具有认同感、归属感、成就感。民族自尊是一个民族心理健康的表现。当然，民族自尊不是狂妄自大，自我炫耀，也不是自我满足，自我安慰，民族自尊能客观地肯定自己的民族，感到本民族值得被别人尊重，也能够接受自己的不足之处。特别是在任何困境中，都能保持对本民族命运的执着与坚守。如孟子所言：“居天下之广居，立天下之正位，行天下之大道；得志，与民由之；不得志，独行其道。富贵不能淫，贫贱不能移，威武不能屈。”这就是民族自尊。有了民族自尊，才有民族自信，才有民族自尊与民族自信结合成的民族凝聚力，才有繁衍不息的民族生命力，才能实现民族自强。

1935 年，毛泽东在《论反对日本帝国主义的策略》一文中说：“我们中华民族有同自己的敌人血战到底的气概，有在自力更生的基础上光复旧物的决心，有自立于世界民族之林的能力。”把民族自尊和民族自信表现得淋漓尽致。清末怪才、获得 13 个博士学位的辜鸿铭说：“真正的中国人就是有着赤子之心和成年人的智慧、过着心灵生活的这样一种人。”简而言之，真正的中国人既拥有成年人的智慧而又童心未泯。因此，中国人的精神乃是一种永葆青春的精神，是民族不朽的精神。

自立，就是独立自主，自力更生。从 1840 年到 1949 年，在中国近代史上的 109 年间，外国殖民主义、帝国主义先后发动了 6 次大规模的侵华战争，大大加剧了中国陷入半殖民地半封建社会的严重危机，加剧了中华民族的屈辱、贫穷、落后的地位，加剧了中国近代发展的滞后状态。正是这种历史的与现实的、内部的与外部的根源综合到一起，造成了中华民族的近代落伍。

在世界历史的这一页中，在资本主义、帝国主义对外殖民地侵略的狂潮中，许多古老的民族国家成了殖民地，如历史悠久的埃及、印度、西亚诸国、中南美洲各国……但是，中国没有亡，中国没有完全沦为殖民地。这不仅是由于列强的矛盾，其中一个最重要、最根本的内因根据，就是有近代的中华民族精神作为脊梁，有无数中国志士仁人的奋起抗争，慷慨悲歌，宁死不屈！一部中国近代史，不仅是一部包含 6 次危机的沉沦史，而且是一部可歌可泣的中华民族奋起抗争史！这是中华民族永远刻骨铭心的一段历史悲剧，也是激励中国人民发愤图强的强大历史动因。

从林则徐到孙中山、从李大钊到毛泽东，有了中国共产党人前仆后继的英勇奋斗，有了人民军队与人民战争相结合的新民主主义革命道路，独立自主，自力更生，一批批仁人志士，唤起了现代中华民族精神。在灾难最沉重的危机中，在抗日战争的伟大烽火中，中华民族开始了转败为胜、由弱变强、置之死地而后生的划时代大转变！在全世界反法西斯战争的时代大潮推动下，久经磨难的中国人民终于赢得了战争，赢得了和平，赢得了九死一生的现代化转机，也赢得了中华民族精神在烈火中的新生！

改革开放，我们走上了富裕的道路。开放引进是对的，但要避免落入对西方教条主义的照搬照抄的巢臼。中国的发展是在中国现有国情的基础上，中国的问题要根据自己的国情想办法，中国的道路只能由中国人民自己走出来。中华民族的历史命运，如老子《道德经》讲的："大方无隅，大器晚成，大音希声，大象无形，道隐无名。夫唯道，善贷且成。"

自强是支持着中国人自立于世界民族之林的一种精神、一种信念、一种境界。"天行健，君子以自强不息。"自强是中华民族的传统美德，是流淌在中华民族文明血管中的生生不息的血液，是中国人民代代相传的传世之宝。中华民族精神的一个鲜明特征，就是在突兀而来的巨大灾害面前，在似乎不可抗拒的天灾人祸面前，中国人民从不低头，勇于抗争，表现出万众一心、坚不可摧的英雄气概。这可能和我们的自然环境有关，这么大的国家，总是有自然灾害的，总是有各种各样的问题、磨难产生，所以形成了这样一种精神。中国人自古以来讲自强不息，不靠神，靠人的力量。就拿奥运圣火来说，西方文化中讲火是神授予的，中国人讲火是燧人氏发明的，靠自己的力量，钻木取火。洪水来了，西方人认为是靠诺亚方舟，乘着诺亚方舟跑了，避开了；中国人的做法则是治水，大禹治水，反映了靠自身的奋斗战胜困难的精神。应对罕见的冰冻雨雪灾害，汶川特大地震灾害，在抢险救灾当中，中国人的自强、抗争精神得到了充分体现。多灾多难，千锤百炼；愈挫愈奋，愈挫愈强；生于忧患，多难兴邦——这就是中华民族历史命运的生动写照。

新中国成立后，中国人民继承了自强不息的传统美德，在毛泽东"独立自主，自力更生"号召的鼓励下，取得了社会主义建设的伟大胜利。在发展社会主义市场经济的今天，我们也必须发扬自强美德，去适应日趋激烈的竞争。“危机”这个中国词汇，集中映现了中华民族特有的哲学智慧、大智大勇：既是危难风险，又是发展机遇，危险与机遇正如一枚金币的两面那样，相互对立，而又相互联系，不可割裂。英勇的中国人民，勇于抗争，百折不挠，不可战胜——这就是中华民族精神的集中展现。在新世纪、新起点、新考验面前，用中华民族精神与现代科学技术筑起新的长城，确实是我们战胜难关、重塑辉煌的强大精神法宝。

自省，就是通过自我意识来省察民族的历史发展，以便更好地继承与扬弃。自省原是孔子提出的一种自我道德修养方法：“见贤思齐焉，见不贤而内自省也。”“自省”就是通过自我意识来省察自己言行的过程，其目的正如朱熹所说：“日省其身，有则改之，无则加勉。”

在中国的历史上，我们有过“万国衣冠拜冕旒”的盛世，有着令世人叹为观止的文化经典，有着享誉世界的四大发明，有着独特的文化和艺术，有着先进的器物和制度文明，辉煌的历史值得每个中国人为之骄傲。但是，在近代社会，中国的确落后了。当西方的土地上一座座工厂拔地而起，蒸汽机车的汽笛声随处可闻的时候，中国仍然沉浸在老大帝国的自我陶醉之中。素以天朝大国自居的清王朝，在西方坚船利炮的打击下，以苦难和屈辱的开场白，踉踉跄跄地走上了国际舞台。中国可以说有6次失去了发展现代化的机遇，依次是：王安石变法、郑和下西洋、康乾盛世、鸦片战争的1840年前、抗日战争的1937年前和新中国成立后的50年代初期。确实，我们的体制、我们的经济是有问题的。三个障碍：弹性自然经济、君主专制政治、封建蒙昧文化，这三点让中国近现代化严重滞后。改革开放就是解决这些问题，从根本上解决这些问题。

自新，就是适应时代需要，创新民族文化。创新民族文化关系到中国文化的走向问题。中国21世纪文化发展的主题是现代化，既不是自由主义全盘西化论，也不是保守主义的儒学复归论，而是马克思主义综合创新论，走一条“古今中外，综合创新”、全球化与民族化统一的大道，创造富于时代精神与民族精神的中国特色社会主义新型文明。

创新民族文化，继承发展马克思主义的综合创新文化观，我们应特别关注以下五点：第一，坚持马克思主义的综合创新文化观，体现“逻辑与历史统一”的原则；第二，以马克思主义综合创新文化观为指导，对于20世纪中国考古大发现作哲学概括，力图阐明中华文明起源历史过程与中国特色，提炼“多元一体、综合创新”的中华文明源头论；第三，以综合创新的辩证法为线索，梳理上下五千年中华文明发展的主线，以“多元文化、综合创新”为主线，分析中国文化的演变；第四，从世界历史新高度，分析中华文明的世界历史地位，为培育和弘扬中华民族精神提供哲学基石；第五，把马克思主义综合创新论、中国特色社会主义综合创新文化观，系统化、具体化、理论化，发展为多元文化创新哲学。

新世纪中华文化的战略选择①

——全球化时代的文化悖论与文化心态

华中科技大学党委副书记、哲学研究所所长　欧阳康

非常荣幸能够参加这样一个高端论坛，特别感谢主办方给我一个机会来汇报心得体会。我是第一次参加中华战略文化论坛，由于何君臣先生的美意，能够与论坛联系上，又由于俞源秘书长和彭光谦副秘书长的安排，使我能够参加会议并做发言。非常感谢！

尽管是第一次接触，但我已经能感觉到这个论坛的重要性。其重要性不仅在于有这么一批高端人士参加，包括巴忠倓将军、徐根初将军、糜振玉将军等亲自参加和主持这个论坛，还有那么多各界卓越人士的参与，更在于它所研究的问题，是当代中国最为重大的问题之一——战略文化问题。一个国家、一个社会可能有很多决策，而战略决策是指导性的；在所有的社会领域中，文化看起来是很软的，实际上是很硬的，是最基础和最根本的。在某种意义上，经济、政治背后更为深层的根基是文化。在全球经

① 本文由作者根据在中华战略文化论坛上的大会发言整理修改而成。

济一体化的过程中，文化问题已经变得格外突出和尖锐。因此，关注战略文化具有特别的意义和价值。

我为会议准备了这么一个题目，叫作“新世纪中华文化的战略选择”。前面听了我的母校——中国人民大学校长纪宝成教授的演讲和道达尔公司戴杰董事长的演讲，深受启发。我在想，战略研究到底是在研究什么问题？刚才宣读了对季羡林先生的采访稿，他讲的是毛泽东的军事思想，实际上涉及我们全部的政治、思想和文化战略，那就是“打得赢就打，打不赢就走”。其实质就是：有利于发展，我们就采取；不利于发展，我们就回避。而从哲学的角度来看是要干什么？是要争取自由。而一旦谈到自由的时候，我不由得想到英国的一个著名哲学家，叫作以赛亚·伯林，他重要的哲学贡献之一，就是鲜明地提出和论证了人类的两种自由：积极自由和消极自由。一种自由是积极自由，叫 free to，即“去做”的自由，就是自由地选择或去做某一种事情；而另外一种自由呢，叫消极自由，free from，即“免于”的自由，就是从某种限制中争得自由。我们过去把自由看作是完全自主的一种选择，甚至是随心所欲，实际上现在看来，所有的自由都是在限定中所获得的。在某种意义上可以说，只有当你 free from some limitation，只有当你从某种限定中求得了自由，即获得了消极自由，你才可能 free to do anything you want to do，就是说你才可能得到积极自由，去做你想做的所有的事情。

从这样的角度来回顾改革开放 30 年，我觉得特别重要。为什么？一方面我们取得了巨大的成就，这种成就是前所未有的，在中国的历史上没有过，在世界的历史上大概也没有过。一个国家能够在 30 年里走过西方发达国家现代化几百年走过的路，而且也走出了我们近代以来的保守、封闭和衰退，从而走到了世界经济、政治、文化发展的前沿，以至于世界不得不以一种全新的眼光来看待中国。我们似乎是越来越自由地做着我们想做的事情。

然而，正当我们高歌猛进的时候，2008 年，我们却突然感到风云巨变。而且对这种巨变不仅仅是我们中国人缺少预见，世界也缺少预见。甚至 3 个月以前，我们大家也不会想到今天的世界经济、政治和文化形势会变得如此严峻。于是我就想到：当我们积极地准备总结、庆祝改革开放 30 年的时候，我们恐怕更多地应当有一番特殊的忧患意识，应当更加深层地看一看，我们今天到底遇到了什么问题，什么挑战？这些挑战的深层问题究竟在什么地方？尤其是如何从文化的角度做一些深层的反省，如何在限定中去首先寻得消极自由，并进而去争取积极自由。于是我想谈以下几个问题，向大家讨教。

一、关于全球化的"围城"

我们一直都在追寻一种特殊的东西，那就是现代化和全球化。但这里有一种值得关注的现象，可以叫作现代化和全球化的"围城"。

"围城"这个概念我想大家都很熟悉。20 世纪一位著名的中国学者钱钟书先生写了一部《围城》，描述了在婚姻、家庭、爱情中的这样一种"围城"。在这本书和电视剧的前边，大家都可以看到这样的一段话："城外的人想进城，城里的人想出城。"过去我们读这本书的时候总觉得读不太懂，后来发现，一走进生活，就是如此。

1995 年，我到英国学习的时候，当时感受到一种特别的现象，叫作"文化围城"。什么意思呢？就是当我们在 20 世纪努力去加入现代化，甚至有些人主张"全盘西化"的时候，西方社会一些学者却把他们的眼光指向了中国，说 21 世纪是中国的世纪。

我在加拿大访问时，就听到有西方学者这样说。后来我在美国做采访，也有著名的美国学者告诉我：如果说20世纪是美国的世纪，21世纪就是中国的世纪。我告诉他们，我不认为21世纪是中国的世纪，但我相信21世纪的中国将在世界多元文化中扮演一个特殊的重要的角色。

“9·11”事件发生的时候，我刚从美国回来不久。我是2001年6月去了古巴，然后去加拿大和美国讲学，8月底才回到中国。“9·11”晚上由于朋友的提醒，我在凤凰卫视上看到了美国发生的这个重大事件。我及时地给当时接待过我的美国朋友写信，表示慰问，表示震惊，也表示困惑。到底应当如何探寻“9·11”事件的深层原因，人们可能会有不同的看法。不少学者强调要从一种比较复杂的背景上来看待当前的世界格局，来探讨全球化时代的复杂民族矛盾、国度矛盾和宗教矛盾，来探讨恐怖主义产生的深层原因，同时也要探讨人类在现代化进程中给人类自身造成了一些什么问题？应当如何去认识和对待它们。我们和美国的一些后现代主义者有过接触，他们一直在批评西方的现代化和现代性。这也提醒我们去探讨和思考，后现代主义者为什么在美国和西方发达国家社会内部批判现代社会？他们的批判可以给我们提供一些怎样的思想启示？尤其是对于我们的现代化建设有些什么借鉴与启示？

而在2008年的最近几个月来，我们却突出地感受到了一种全球化的“围城”。在中华民族的心中，全球化从来都是一个好东西。特别是2001年中国加入WTO以后，我们都以为加入WTO给我们带来了一片光明的天地，而且这些年我们也确实在走进全球化的进程中取得了巨大成就。但是近年来，我们却又惊奇地发现，全球化并不都那么美好，我们越来越多地遭遇到全球性的对中国商品的抵制，对中国企业的反倾销调查等等，以至于“made in China”好像正在变成一个多少带有争议的概念。于是我们不得不去思考，在今天的世界里，中国和世界到底在发生什么变化？深度地考察后，我们看到，不管是从意识形态的角度还是从文化的角度，这样一种跨国的、全球性的、整体性的互动正在形成。我们看到，美国在救市，中国也在救市，我们的中央政府也不得不参与救市。从某种意义上可以说，救市就是救美国，救市就是救中国，救美国和中国也就是在救世界。为什么？因为我们已经相当深入地加入了全球化这个特殊的世界一体化体系。弄不好我们自己也可能会随着大船一道沉下去，而当我们去救市时又不能不看到，各国的具体情况是千差万别的，而我们的财力和能力实际上是非常有限的。因此，我们一方面要积极主动，另一方面又必须量力而行，着眼于把我们自己的事情做好。经济问题从来都不是单独发生的，总是与复杂的文化问题同步发生的。于是，我们有必要更加自觉地在全球化的背景下，来深度地解读文化交往与文化碰撞中所出现的特殊问题。

二、文化悖论及其反思

文化从产生的那一天起就是带着悖论性的东西，而人们往往只看到文化发生、发展、演进过程中的好的方面，而忽略了它的多面性，尤其是负面方面。其实文化也是一把双刃剑。在文化的产生和发展中，存在着以下非常深刻的悖论性特征：

第一个悖论，文化的原初悖论，人与文化的相互创造。我们一方面说，人创造文化，另一方面又说，文化创造人。所以文化学界一直在讨论：到底是人在先还是文化在先？我们看到，所有的文化都是人创造的，像我们今天这样的会议文化、今天这样的世界文化，今天这样的国际交往秩序等，都是现代文化的标识。

但是另一个方面，所有的创造者又都是被创造的。所以在文化与人的交织与互动中，我们经常感到困惑，到底谁更根本和更具有决定作用？这就好像是鸡与蛋、蛋与鸡的关系，只有从生成性关系才能解释清楚。一方面是人创造文化，另一方面是文化创造人，人化与化人是一个过程的两个基本方面。二者的区别在于，个体的生命总是有限的，而文化却可以不断地传承，并形成一定的传统，由此而成为一种更加积极的力量。一旦一定的文化系统生成起来以后，就有对于人的规范和教化作用。于是，每一个人都在文化体系中生长，每一个国家也都依据于一定的文化体系而建立。这就是人与文化的互动。而我们往往对这种文化悖论缺乏足够的认识，以致搞不清应该到哪个地方去寻找我们的文化源头，去进入人与文化的互动体系。

第二个悖论，文化的人性悖论。当我们讲文化是人化的时候，实际上已经包含了一个东西，就是人要把内在的心灵深处的东西外在化。从总体上看，人的心灵深处主要包含着两个基本的方面：一个是理性的方面，一个是非理性的方面。这二者在我们的心灵深处是自然地和内在地融合在一起的。但是，当它们以一定的形式外化以后，就有可能分化并各自展现为一定的文化形态：理性方面更多地展现为一种理性主义的文化，特别是表现为理性主义哲学；而非理性方面则更多地表现在信仰之中，产生了信仰主义和宗教。于是在思想文化界便出现了理性主义与信仰主义之间的矛盾与冲突，这种矛盾与冲突贯注在整个文化史中。为什么在中世纪的一千多年里，教权高于王权，神性高于人性，人性长期受到压抑？就是信仰对于理性的压抑，信仰主义对于理性主义的压抑。近代资本主义的崛起，以理性主义作为自己的思想旗帜，构建了理性的法庭，要把理性解放出来，取得了巨大的成就。但是现代以来理性过度张扬，人的非理性又受到了严重的压抑，以至于在20世纪出现了非理性主义的反弹，非理性主义变得比理性主义更加引人注目。于是，在理性文化和非理性文化之间的外化、分化与对峙中，我们看到了人性内在的分裂，而这种分裂对于每一个人来说，都是非常危险的，对于人性的世界无疑更是非常危险的。

第三个悖论，文化的民族悖论。所有的文化都要以一定的民族形态才能表现出来，这就把人分成了一定的群落和民族。我们看到最近奥巴马被选为美国总统，对美国和世界会产生多大的影响！一个黑人，一个族源于非洲的黑人移民后裔，成为美国总统！而且是美国人民通过无记名投票选举并以高票当选的总统。我想，它也许会意味着美国文化的一次时代性变迁。所有的民族文化都有两重性：一方面，它具有一种内聚力，依靠这种内聚力才能够把所有的民族成员融为一体，凝聚为一体；而另一方面，民族文化又具有强烈的扩张力，凭借着这种扩张力，它才能够不断地向外扩展，促进文化的传播与扩散。民族文化的这两种特性，在与其他民族文化相遇时就会发生转化，凝聚力会转换为防卫力，以抵御外来文化对特有文化的特性的侵犯。而扩张力会转为侵犯力，力图吞并与其不和的文化。由此而产生了人类文明发展中一种非常特殊的现象，就是文化之间的碰撞与冲突，甚至产生出文化之间的侵略与吞并。人类历史上发生了无数的战争，出现过很多令人惨不忍睹的事情。它们在人类文明演化进程中以文明的方式不断出现。例如，近代以来为什么会有如此漫长和广泛的殖民时代？不就是一些国度想消灭其他的国度，一些民族文化想吞并其他的民族文化吗？为什么不少中国人至今对日本右翼仍然不能原谅，就在于他们给中华民族带来了巨大的伤害而至今不愿认错。所以，文化的这种凝聚性与排他性，有时候会在文化的发展历程中造成很多非常复杂的情况，需要我们加以认识和对待。

第四个悖论，文化的功能悖论。文化一旦生成就具有保守性，因为文化的直接价值就在于保存传统，如果不保存传统就不可能形成和发展，就不可能凝聚民族成员，也就不可能走向未来。所以文化的直接价值之一，就是保存和守护一定群体和民族已经获得的东西，使后人能够不断地传承并由此而得以规范。但是，当我们接受文化的时候，我们又希望它是开放的，希望通过它来进一步地从事创造。于是，保守性的文化又需要赋予或者获得开放性的功能。在某种意义上，人的保守性和开放性是以文化的保守性和开放性来获得释放和获得发展的，人所具有的可塑性与开放性又需要在文化发展进程中去得到表现和实现。

第五个悖论，文化的趋向悖论。各种文化在自己的发展中，都会形成一定的惯性和传统，表现为一定的模式和道路，并趋向于一定的方向。不同文化如果仅仅在自己相对确定的和稳定的空间范围内存在和发展，可能会并存并行，按照各自的方向、方式和道路相对稳定地发展。但是，文化在其发展的历程中，往往又会不断地进行扩展，从而与其他文化发生接触与交往。由于各种文化所具有的内聚力和排他性，不同文化之间的交往过程既可能是一个相互学习和吸收的过程，也可能是一个相互排斥与对抗的过程。由于不同文化体系之间发展的不平衡，常常会出现发达文化、强势文化对后发文化、弱势文化的入侵与欺凌，产生出文化帝国主义。那些先发的和强势的文化，往往自觉或不自觉地希望以自己的文化来改造其他文化，把所有的文化都变成自己的文化。尤其是那些所谓的“优等”民族，往往会希望以自己的文化来使世界文化同质化、统一化。比如日耳曼民族中的某些人，就曾经认为只有日耳曼民族才能领导世界，坚持要以日耳曼民族文化来改造和取代其他民族文化，表现出强烈的极端种族主义。由此必然产生出文化的冲突。当年亨廷顿先生提出“Clash of Civilizations”，即文明的冲突。认为 20 世纪是意识形态冲突的世纪，21 世纪就是文明冲突的世纪，并认为基督教文明、伊斯兰文明和儒家文明会成为21世纪文明冲突的主要来源。我国学界对于他的这种观点，曾经持强烈的批评态度，认为中华文化不会构成21世纪文化冲突的三个主要源泉之一。另一方面，但今天我们看到，世界上的文化冲突之复杂和激烈程度，又确实超出了我们的想象。

当然，在文化的生成与发展过程中，还有很多带有悖论性的东西，这些东西是需要我们去认识的。如果我们不能把这些深层的文化悖论认识清楚，在现实中就很难做出恰当的、科学的、合理的选择。

三、全球化时代的文化悖论

如果说以上五个方面的悖论在整个人类文明史上对于所有文化都是适用的，那今天我们前所未有地会面临着一种情况，这就是文化中的那些基础性悖论，在全球化的背景下变得格外显著、紧迫和突出，而且对不同的民族不同的国家来说，具有特别不同的涵义。这就是全球化时代的文化悖论。

文化悖论是什么？文化悖论就是价值二重性，或者是价值多重性。就是一个价值现象对于不同的群体具有不同的价值，可能对于一些人是正价值，对于一些人是负价值，对于一些人价值大，对于一些人价值小。今天我们要探讨的是，在经济全球化进程中，世界文化向何处去？我们有一个基础性的说法，叫作经济全球化，政治多极化，文化多样化或者多元化。按照这种看法，我们看到了经济与政治和文化之间的背离性发展。经济、政治与文化的发展之间能够背离吗？我觉得这个命题是值得探讨的。

我们已经看到，在经济全球化的过程中，经济作为载体所承载的文化也在趋于同质化，趋于一体化。我们有必要反省，在中国走向世界的过程中，我们该如何保留我们自己的文化符号、文化要素、文化基因？刚才纪宝成校长谈到了“韩流”对于中国文化的影响甚至是入侵。入侵的岂仅仅是“韩流”，伴随着美国的强势经济、政治和军事向世界的迅猛推广与扩展，它的文化也在向世界各国大举入侵。我们有多少人青睐着好莱坞？我们在最需要食品的时候不是有人也想到麦当劳和肯德基吗？我们不是穿着西装说着英语吗？等等。在这样的背景下，我们中国文化留下了多少东西？留下了什么东西？中国文化源远流长，但是，我们现在也前所未有地面临着种种特殊的文化安全问题。我们众多的年轻朋友，有多少人对中国传统文化仍然抱有特殊的情怀及情感，能够有深度的了解？华中科技大学1994年起便在全国高校里首创“大学生文化素质教育”，我现在还兼任着学校的大学生文化素质教育基地的主任，我们的人文讲座已经做了1400多期，但是我们仍然觉得这是杯水车薪。国家对这个问题也非常重视，组织了对于中华文化典籍和现代成果的外语翻译与推广，也在海外不断地创建孔子学院，等等。当然，我们非常骄傲的是，全球华人空前团结，展示了中华文化的魅力和共同追求。但是这只是在非常特殊的情况下发生的。现在有人问，美国能够选出一个黑人总统，美国哪一天能够选出一个华裔总统呢？有这样一种可能性吗？在经济高度全球化的过程中，如何保全我们的中华文化？中华文化如何走向世界？或者换一句话来说，中华文化能够给世界文化提供什么东西？只有你提供了新的东西，你才能够去保全。更进一步说，文化绝对不能靠保全，而只有靠进取，靠发展，靠创新。在这样的意义上，我们有必要深度分析全球化进程中，我们所面临的几个深层文化矛盾与文化冲突。这些冲突是所有战略文化选择都无法回避的。

第一个矛盾与冲突是科学文化与人文文化的分裂。中华文化在历史上是缺少现代科学技术支撑的，20世纪以来由不重视科学技术走向了高度重视科学技术，但又多少忽略了我们的老祖宗，忽略了我们的传统文化，从一种片面性走向了另一种片面性，非常令人遗憾。尊重科学技术无疑是必要的，但科学技术只是人类文化的部分内容。近代以来科学技术的迅速发展，带来了科学文化与人文文化的分化与对立，造成了文化的内部分裂与对峙。对此斯诺在他的《两种文化》一书中向世界提出了警示，这也是给中华民族的警示。中华文化的核心价值之一是中庸之道，所谓“极高明而道中庸”。但这在某个时期内被我们作为孔孟之道的弊端抛弃了，这是历史的遗憾。应当看到，一方面，高新科技的运用及其力量发挥需要人文关怀和价值规范；另一方面，当代人文精神需要科学精神和现代工程技术作为支撑。如果缺少了科学文化，中国的现代化和现代文化就失去了最为重要的物质和生产基础，人文文化就缺少了科学精神和技术支撑，而如果缺少了人文文化，则中国的现代化和现代文化就失去了核心和灵魂，也失去了发展方向和人文关怀。今天的中国既需要科学文化也需要人文文化，应当努力把二者内在地结合起来，在新的高度上促进高新科技与当代人文的良性互动，科技文化与人文文化的融通与共建。

第二个矛盾与冲突是世俗文化与神圣文化的对峙。文化的真正价值在于影响未来发展，走入高端生活，提升人的精神境界。但是在市场经济的冲击下，在我们整个社会世俗化的进程中，“神圣”、“崇高”这些理想被人们所淡化甚至遗忘了。应该说，在市场经济条件下，世俗文化的兴起具有某种必然性，反映了社会文化大众化、平民化、日常化、应用化的趋向。但文化的高端功能在于提升社会价值取向，为社会和大众提供社会理想和精神享受，为此应当保持其价值规定和精神品格。对于当代青年来说，保持思想品格和价值追求具有重要的意义。应将神圣、崇高、美德等核心价值因素灌注到世俗文化之中，使其成为其核心内容和主导因素，提升世俗文化的品格，使神圣文化具有更加坚实的社会和民众基础。

第三个矛盾与冲突是大众文化与精英文化的分化。文化本来应当是属于大众的，并在人们的日常生活中存在和发展，但随着社会的分层，精英文化也以多种方式得到发展并发挥着作用。文化的分层实际上反映了社会的分层，精英阶层从社会大众中分离出来并成为大众的精神、政治和文化领导，改变着社会的阶层结构和社会运动的具体方式，也促进了文化形态的多样化发展。精英文化既源自大众文化，又对大众文化具有特殊的引领作用。但在某些特殊的情景下，也会出现二者的对立与对峙，造成特定社会文化体系的内部分裂与冲突。因此在全球化的背景下，处理好大众文化与精英文化的关系，对于文化的稳定、繁荣与发展都具有极为重要的意义。

第四个矛盾与冲突是民族认同和全球体系的问题。全球化给各个民族提供了加入世界经济整体运动的机会，促进了民族文化的全球性传播，造就了全球性的文化学习运动。另一方面，由于全球化基本上是由西方发达国家来推进并按照他们所制定的规则来进行的，所以对于各民族是一种更加根本性的文化挑战。在民族文化的外部样态和民族的精神内核上，个体和民族都不得不做出艰难甚至痛苦的文化和价值选择。我曾经做过欧洲一体化问题研究，发现欧盟的发展目标就是欧盟文化认同，他们要让所有欧盟成员国的人不仅仅为作为所在国的人民而骄傲，还要为作为欧盟人而骄傲。就是说，不仅要认同各自的国家和民族文化，还要认同欧盟，认同欧盟文化。那么中华民族，应该如何在积极加入全球化的进程中保持中华民族的自我认同？我们需要研究中华民族文化中的哪些要素在今天仍然有价值和意义，哪些能够成为中华文化的核心要素？以使其在全球体系中更好地发挥中华民族的文化贡献和文化影响。

第五个矛盾与冲突是个性自由与制度法规的互动。人的发展在合理的价值取向上应当是一个走向更加自由、解放和全面发展的历程。而社会的现代化过程同时又是一个高度制度化和规范化的过程。现代化汇集了近代人类文明进程中那些有利于人和社会进步的要素与特性，使之制度化和规范化，并成为对于几乎所有国家和民族的一种强制性力量。现代化作为一种思想观念也作为一种价值取向，贯穿在人类生活的各个方面，通过日常生产、生活方式、社会制度架构和思想观念与个人生活形成相互交织的复杂局面。个性自由就是在这个严密的社会体系中得到建构和实现的。如何实现个性自由与健全体制的双赢，既需要人类的理性智慧，也需要个人的实践智慧。

四、中国文化建设中的战略心态与资源选择

改革开放30年来，在我国的经济、政治与文化变革过程中，出现了一些分化与对立。在重新认识社会主义和马克思主义的基础上，我们打破了过去的平均主义和“大锅饭”，允许一部分人先富起来，允许一部分地区先富起来，允许一部分行业先富起来，促进了经济的发展，也带来了社会的分化。相应地，中国的文化体系内部也出现了某些特殊的内部分化。今天的中国，既面对着全球化的挑战，又面对着复杂的内部分化与多样化挑战。面对着复杂的世界文化格局及其多样化发展态势，中华民族需要回答的问题是，中华文化应当以什么样的形态出现在未来的世界？发挥什么样的作用？面对着中国社会内部的文化多样化冲

突，中华民族需要回答的问题是，中华民族将以什么作为核心价值来统摄和塑造新时代的中华文化，并以其来引领和凝聚中华民族自身？这两个问题也许是当前中华战略文化研究与实践中应着力回答的根本问题。

对这两个问题的回答汇为一点，就是要大力加强当代中国的文化建设，为此必须深刻地认识文化悖论，尤其是全球化时代的文化悖论，以高度开放的心态来看待文化冲突与文化碰撞，在多种视野的整合中对当代中华文化建设做出恰当的资源选择。

当前中国的文化建设具有非常丰富的资源，总体上看可以分为四个大类。这四大资源中的每个方面都很重要，但仅靠其中的任何一个方面又都不够，它们各自都是建设中华文化的必要条件。为此，我们都需要去吸取它们，但仅靠其中的任何一个都是不够的。

第一个方面是我们的传统文化资源。中华优秀传统文化仍然是我们最重要的思想文化资源。对此我们的认识经历过多次的反复。历史的经验和教训最终告诉我们，历史虚无主义和历史保守主义都是没有出路的。我们既要自觉地传承优秀文化传统，但又不能局限于历史资源。关于这方面的问题，我写过一篇文章《当前中国的文化建设的资源选择与价值取向》。[①] 我们既要把中国的当代文化建设典籍于中华文化的坚实历史基地之上，又要努力促进其现代转换，并在此基础上不断超越。

第二方面是世界先进文化资源。当代中华文化建设应当纳入到世界文化发展的总体进程和发展趋势，因此需要广阔的国际视野，广泛地向世界先进文化学习。从总体上看，尽管迄今我们与西方发达国家之间仍然存在着意识形态的隔离、矛盾与冲突，但

① 欧阳康："当前中国的文化建设的资源选择与价值取向"，《哲学研究》2005 年第 9 期。

仍然有许多值得学习的地方。我们既要以开放的心态积极向世界先进文化学习，又要善于保持和发展自我。

第三方面是马克思主义的资源。马克思主义的中国化过程，既是引领中国革命的过程，也是融入中华文化的过程。通过近一个世纪的努力，马克思主义已经成为中华民族精神世界的内在组成部分，成为中华民族的核心价值之一，成为中华文化的内在灵魂。我们既要自觉地坚持马克思主义在中国文化建设中的思想指导和价值引领地位，同时通过新文化建设，为马克思主义更好地走进中国文化，更好地走进中国民众的心灵，更好地丰富发展和发挥作用提供更加广阔和现实的基础。

第四方面是当前中国现代化进程中的文化创造，这是更为重要的资源。文化的生命力在于创新。当代中华民族的文化生产、文化享受和文化创造，是文化建设最为宝贵的源头活水，也是整合各种文化资源、从事文化创造的最为积极的力量。

面对着现代化和全球化的文化机遇与文化挑战，中华民族应当保持开放、批判、变革、创新的文化心态，在整合古今中外文化资源的基础上，加强文化创造，积极建设中华民族共有精神家园，在 21 世纪世界文化百花园中展示中华文化的特殊魅力。

以上为个人的文化感悟与文化思考。如有不妥之处，敬请批评指正。

开放·兼融·创新

——论唐代盛世的文化特性

北京大学历史系教授　王小甫

中国自秦统一迄近代，历史上出现过三次鼎盛局面：第一次在西汉，第三次在清前期，第二次就在唐代。唐前期，农业生产蒸蒸日上，手工艺品日益精巧，商品经济空前繁荣，城市车水马龙，繁华似锦；唐朝后期，江南经济进一步发展，为以后南方经济水平超越北方奠定了基础。唐前期在政治上先后有“贞观之治”和“开元之治”，国家统一，社会安定，呈现一派升平景象，其成就超过西汉的“文景之治”。唐玄宗统治时期，鼎盛局面达到高峰，甚至在文坛上也出现了“盛唐气象”。

就世界范围来看，唐帝国也是最重要、最强盛的国家之一。当时西欧的封建城市尚未出现，东罗马帝国除查士丁尼时期的短暂强盛外，社会发展进程很快就为阿拉伯国家的入侵所打断。东方重要的国家有印度和日本。印度戒日王重新统一次大陆，但他死后次大陆随即分崩离析。日本则自白江口战败后尽量模仿唐朝制度。唐帝国卓越的国际地位和发达的经济、文化成就，使亚洲各国乃至欧、非国家感到钦羡，争相与之交往，遂使中国成为亚洲诸国经济、文化交流的桥梁和中心，在中西交往中也起着重要的作用。

唐朝之所以能取得这些历史成就，得益于当时政治文化开放、兼融的特性。通过对唐代文化分析可以看出，主要有以下两个明显特点：

一、开放性

鲁迅先生在《看镜有感》一文中指出："汉唐虽然也有边患，但魄力究竟雄大，人民具有不至于为异族奴隶的自信心，或者竟毫未想到，凡取用外来事物的时候，就如将彼俘来一样，自由驱使，绝不介怀。"例如贞观四年（630 年）突厥政权崩溃，唐太宗决定把突厥降部安置在从幽州（今北京）到灵州（今宁夏灵武）的长城沿线以外，设置羁縻都督府、州，由效忠唐朝的酋长首领担任大小官职来进行统治，使突厥人既能继续游牧，又能为唐朝捍卫边疆。其余归降的突厥酋长首领，太宗安排他们在长安做自己的禁卫军，而且全都担任将军、中郎将这样的将领，以利用他们能骑善射的一技之长。于是，突厥官员遍布朝廷，仅五品以上的高官就有一百多人，长安城里居住的突厥人达到了几千家！唐人的开放是全方位的，可以说是华夷无碍，来者不拒，而且，正是多种文化的交流汇聚，才形成了绚丽多彩的唐代中华文明。

唐代中国经济、文化均为世界翘楚，稳定的统治、开放的政策、便利的中外交通，均为外国人入居中华打开了方便之门。如唐《户令》规定："诸没落外蕃得还，及化外人归朝者，所在州镇给衣食，具状送省奏闻。化外人于宽乡附贯安置。"《赋役令》规定："外蕃人投化者复（免除课役）十年。"在对外国人的法律适用上，则规定："诸化外人，同类自相犯者，各依本俗法；异类相犯者，以法律论。"外国人在中国经商，一般与华人商贾同等待遇。甚至为了招徕商胡，政府还提供更多的优惠政策。岭南节度使、广州刺史特别负有招徕蕃商、鼓励贸易的责任。834年，唐文宗又颁布诏令，命岭南、福建、扬州等处节度使、观察使等，对蕃客常加存问，除舶脚、收市、进奉外，任其自由往来贸易，不得重加税率。据史料记载，入唐旅居的外国人主要有以下几类：

1. 佛教僧人。为适应佛经翻译的需要，唐朝在都市名刹广设译场，设官分职，各有所司，其中译主、证梵本、读梵本等工作大多都是由外来僧人负责。在外来佛教僧人中，还有一类长期在唐朝留学的学问僧。佛教本为印度宗教，自汉代传入中国，至隋唐宗派大兴，已经实现了中国化。当时外国人求法，往往来华，不一定去印度。唐初，进一步为外国僧人入华学习佛法大开方便之门。规定“既是蕃僧，入朝学问，每年赐绢二十五匹，四季给时服”。因此有更多的外国僧徒蜂拥而至。当时，来唐学习佛法的僧人主要来自新罗、日本。据统计，隋唐两代赴华的新罗僧人共179人。日本平安朝（794～1192年）初期（794～894年），入唐求法之风极盛，为一大特色。有所谓入唐八大家：最澄、空海、常晓、圆行、圆仁、惠远、圆珍、宗叡。最澄和空海是日本最早入唐的两位名僧。最澄于贞元二十年（804年）入唐，先在天台从道邃（天台第十祖）传教，后在越州就龙兴寺顺晓学密教。归国后著述甚多，法门极盛，被赐号传教大师，入唐八大家中的圆仁、圆珍都是其弟子。空海与最澄同来中国，在长安青龙寺从惠果受两部秘法，元和初（806年）归国创真言宗。世人称空海为弘法大师，入唐八大家中的常晓、圆行、惠远、宗叡都是他的法裔。显然，传教、弘法两位大师在日本平安时代所弘扬的，都是自成体系的中国佛教。

2. 留学生。外国留学生来唐学习，始自太宗贞观（627～649年）年间。据《唐会要》记载：“贞观五年后，太宗数幸国学、太学，遂增筑学舍一千二百间。已而高丽、百济、新罗、高昌、吐蕃诸国酋长，亦遣子弟请入国学，于是国学之内，八千余人。国学之盛，近古未有。”此后，日本也随遣唐使派遣留学生入唐学习。除了官派留学生以外，还有私慕来华者，其中以新罗人、日本人为多。官派者主要就读于唐两京国子监所属各学馆，私慕来华者也有散居州县官学受业的。凡外国留学生皆由唐政府供给粮料、宿舍，并免除课役。此外，唐朝还特别设立了宾贡科，为留学生在华参加科举考试提供便利。大食人李彦升，波斯人李珣，新罗人金云卿、崔致远，日本人阿倍仲麻吕（汉名晁衡）等人，都是通过宾贡考试得以在唐朝入仕的。

3. 外国商人。在唐朝居住的外国商人很多，主要有粟特人、波斯人、大食（阿拉伯）人、新罗人，此外还有天竺、罗马、日本、林邑、真腊、骠国、狮子国、泥婆罗、箇失密（今克什米尔地区）等国人。粟特人夙以经商著称，长期在丝绸之路上东西往来转贩贸易。在唐代，蒲昌海（今新疆罗布泊）、西州、伊州、沙州、肃州、凉州、灵州、夏州、长安、蓝田、洛阳、营州等地，都有粟特人的聚落区，对唐代的内外贸易活动起了重要的作用。

在唐的波斯侨民也主要以经商为主。在京师长安的西市中，就有波斯邸，不仅出售珠宝香药，而且兼营钱庄业务。在扬州、广州的波斯商人更多，均以富有著称。商业的发达导致阿拉伯人在海上势力的增长，由此来华的阿拉伯人日益增多，他们多侨居在广州、泉州以及江浙沿海港埠，并且往往和波斯人汇聚一处。此外，在沿海商埠通往长安、洛阳的交通要冲如扬州、洪州（今南昌）等地，也有不少阿拉伯、波斯侨民。由于有种种便利条件，侨居或定居于唐代沿海商埠的阿拉伯人、波斯人往往数以千计、万计。他们自立蕃坊，自有蕃长管勾公事。唐代入华的大食人、波斯人等，有些与汉族通婚，定居下来。这些久居不归的蕃客，被称为“住唐”。住唐的蕃客开办蕃学，受汉文化熏染日深者或取科第。唐宣宗大中元年（847年），曾任岭南节度使的卢钧向朝廷推荐大食人李彦升。二年，彦升以进士及第。在唐代，试进士须通五经、明时务，进士登第，最为荣耀。彦升以大食人应礼部选，可见其学力已非一般。

4. 工匠艺人。隋唐时期，还有许多国外的工匠艺人来到中国，为中国的科技、艺术的发展做出重要贡献。其中有作为唐乐府伶工的白明达、米嘉荣、米和郎、曹保、曹善才、曹纲、康昆仑、康迺、安叱奴、安万善、安辔新等。画家于阗人尉迟跋质那和乙僧父子。天文学家天竺僧人瞿昙、矩摩罗、迦叶，而新罗人金忠义也以机巧官至少府监。

5. 使节、质子。隋唐时期，与中国有使臣往来的国家甚多，外国使节中有些人出于对唐朝文化的钦仰和其他原因，自愿留在了唐朝境内定居。安史之乱后，吐蕃占据河陇，西域道绝，许多西域朝贡使节滞留长安，朝廷后来就将诸国使臣分隶左右神策军。质子是古代国家交往中以贵族子弟作为信用抵押的现象。唐代质子多在宫廷担任宿卫官职，有时又称“侍子”。据文献资料记载，新罗、康国、何国、石国、米国、迦湿弥罗国、护蜜国、吐火罗国、天竺诸国、波斯国等，都曾向唐朝派遣质子。他们同时也成了文化交流传播的使者。

由于国家政策开放，域外文化也大量涌了进来，例如：

（1）域外科学技术的传入

天文算学是隋唐时代从国外传入中国的重要科技成果之一。盛唐时期，中国天文历法深受天竺僧人瞿昙（Gautama）、矩摩罗（Kumāra）、迦叶（Kāssapa）三家的影响。唐代几度修历（麟德历、大衍历），基本不脱印度天文历法的影响。其中瞿昙一家参与了唐朝的多次历法改革。瞿昙罗曾任司天监太史令，并进《经纬历法》九卷，被高宗诏准与李淳风《麟德历》相参行；武则天还曾命瞿昙罗作《光宅历》。特别是玄宗开元六年（718 年）前后瞿昙悉达（Gautama Siddhartha）译出九执（曜）历，对唐代及后世影响深远，而且很可能因与占星术有关而深入民间。

在医学方面，随着中外交流的发展，外来药物也在唐朝大量出现。随着外来药物的大量传入与流行，在唐代也出现了一些专门探讨外来药物药性的医学著作，较著名的有郑虔的《胡本草》7 卷和李珣的《海药本草》。同时也有大量印度、波斯和阿拉伯的医学著作传入中国。《新唐书·艺文志》和《通志·艺文志》都著录了西域医书名目，其中以印度医书为最多。被后人尊称为"药王"的孙思邈，在所编医书《千金要方》中就引入了印度的医学理论，还附有天竺按摩法；在他编写的另一本医书《千金翼方》则收入了印度方剂多种。唐代外来医术中，最值得称道的是眼科医术。其来源主要有二：一为大秦（东罗马），一为印度。据研究，唐高宗晚年患目疾，"目不能视"，为其施治的秦鹤鸣所施之术与大秦医术相似，甚至秦鹤鸣本人也可能就是大秦人。在这些外来医学的影响下，唐代出现了我国关于眼科的专著《治目方》5 卷，眼科治疗取得了很大进展，如利用传自印度的"金篦术"治疗白内障，有"金鎞一拔日当空"之赞。

在唐代传入的外来科技中，印度制糖法也是比较引人注目的。近年季羡林先生所著《糖史》有专门研究。

据研究，唐代的金银器造型主要受粟特、萨珊波斯和拜占庭的影响，不同的器物或器类有着不同的来源。例如，西安沙坡村出土的分瓣银碗是粟特地区的特征，最具代表性的萨珊波斯银器为多曲长杯，金银器皿中的高足杯类很可能是受拜占庭器物形制的影响而制作的。唐初，除了外来金银器及其仿制品外，也有兼收中国传统瓷器、铜器、漆器的器型和纹饰的金银器，常见的器类为碗、盘、盒之类。随着金银器工艺的发展，后一种器物越来越盛行，外来纹样逐渐同中国传统装饰图案融为一体。到了 8 世纪中叶，金银器皿的制造就完成了中国化的过程，形成了自身的生产模式。

世界古代铜镜，大体上可分为两大系统：西亚、埃及、希腊、罗马的铜镜，往往为圆形，附有较长的柄；中国的铜镜多为圆形，镜背中央设钮，以穿绦带，无柄。唐代中期以后，开始出现有柄铜镜，这是中国铜镜在形状方面的一次大变化。镜上的花纹题材和风格，除反映当时新的工艺美术外，有的也吸取了中亚和西亚的因素。

（2）外来艺术的传入和流行

唐代乐舞深受西域乐舞的影响，唐代乐府伶工也多隶籍外国世家，如前面提到的白（明达）为龟兹王姓，米（嘉荣、和郎）、曹（保、善才、纲祖孙三代）、康（昆仑、迺）、安（叱奴、万善、辔新）等均为中亚粟特昭武九姓。唐代最流行的西域音乐为龟兹乐，坐部伎的安乐、太平乐、破阵乐、大定乐、上元乐、圣寿乐、光圣乐皆擂大鼓，杂以龟兹乐；长寿乐、天授乐、鸟歌万岁乐、小破阵乐皆用龟兹乐。

唐代健舞曲中出于西域的有胡腾、胡旋、柘枝三种。据考证，柘枝、胡腾两舞出自中亚石国，胡旋出自中亚康国，开元、天宝以后均盛行于长安，以后遍及全国各地。有学者认为，唐代软舞曲中可能也有从西域传来的，例如苏合香出自天竺，兰陵王舞出自西域，其他如回波乐、春莺啭、半杜渠、绿腰等舞也源自域外。著名的霓裳羽衣曲则是由婆罗门大曲所改。此外，还有从康国等地辗转传来的泼寒胡游戏，游戏时舞苏莫遮（一种假面舞）。唐代还流行打马球，称为“波罗球”，又称击鞠。一般认为，马球起源于波斯，此后传入中亚及印度，再由印度传入吐蕃。贞观年间，马球传入长安。唐朝皇室成员酷爱此项运动，在考古发掘的唐章怀太子墓壁画中，就有马球图。

唐代还盛行“散乐”，即所谓“百戏”，内容包括杂技和魔术等门类。据《旧唐书·音乐志》二记载："大抵散乐、杂戏多幻术，幻术皆出自西域，天竺尤甚。"常见散乐还有跳铃（又称跳丸）、掷剑（或称击剑）、戏绳（或称走索）、缘竿（或称竿木）、激水化鱼龙、画地成川、驯象、驯犀等。唐人苏鹗《杜阳杂编》还记载了倭人韩志和表演的一种以机关控制木雕鹤、鹊、龙、虎等物的木偶戏。

随着唐代佛教的发达以及相关文化的交流，印度佛教艺术继续发挥巨大影响力。这首先表现在石窟建造和佛教雕像方面。自唐初至开元、天宝年间，为石窟开凿的最盛期，如河南洛阳的龙门、山西太原的天龙山、山东历城的神通寺千佛座、青州的驼山、四川广元的千佛崖，特别是甘肃敦煌的鸣沙山等，均于此时达于盛期。这些石窟中的佛像，一般均受到印度笈多式艺术的影响，特别是唐高宗时敕造的龙门卢舍那佛大像，据说其面容就是以皇后武则天为模型雕造的。

此外，佛教绘画也成为隋唐时期外来艺术流行的一个重要领域。如《历代名画记》中所列举的外国画家，有僧金刚三藏（师子国人）、僧昙摩拙叉（天竺人）、康萨沱（康国人）等。据《法苑珠林》记载，随王玄策出访印度的画家宋法智，曾在印度"巧穷圣容，图写圣颜。来到京都，道俗竞模"，足见印度佛教绘画艺术在隋唐时代的流行。当然，在外来绘画艺术领域，还是以西域流寓长安的画家于阗人尉迟跋质那和乙僧父子最为著名，人称大、小尉迟。乙僧善画外国人及佛像，用笔紧劲，宛如屈铁盘丝一样，论者以为"气正迹高，可与顾（恺之）、陆（探微）为友"。乙僧所传为凹凸画技（晕染法）。与乙僧同时蜚声于长安画坛的吴道子，其人物画也受到凹凸画法影响。可以相信，唐代中原出现的凹凸画法，是从印度经西域传来的。

（3）外来宗教

唐代号称儒、释、道"三教并行"。同时，国力强盛、对外开放的唐代也是其他外来宗教在中国获得大发展的时期。当时，主要的外来宗教有祆教、景教和摩尼教，总称“三夷教”。此外，印度的婆罗门教、阿拉伯的伊斯兰教也先后进入了中国。

（4）外来货币

中国境内唐代遗存中出土萨珊银币最集中的是今新疆地区。从当地出土契约等文书可以看出，由于国内铸币不足，迄至武则天当政，唐朝治下的吐鲁番地区都通行使用萨珊银币。新疆之外，唐代遗址中发现萨珊银币的地点还有陕西、甘肃、河南、山西等地。从20世纪60年代开始，从新疆到辽宁，从内蒙古到河北，中国北方各省陆续出土了多枚拜占庭金币。截至本世纪初，全国出土的拜占庭金币及仿制币约45枚。此外，阿拉伯金币也随着与唐朝贸易交往而传入了中国。

（5）外来植物与动物

科技、艺术、宗教都偏重于精神文化方面，而在隋唐时期，外来文明中还有相当的物质生活成分，例如植物与动物。

唐朝时期传入中国的植物主要为香料、树木和蔬菜，以及观赏性植物等。根据历史记载，唐代使用香料之风甚盛，而本土所产有限，所以进口就成为唐朝香料的一个重要来源。据研究，唐朝进口或使用的香料主要有沉香、紫藤香、榄香、樟脑、苏合香、安息香、爪哇香、乳香、没药、丁香、青木香、广藿香、茉莉油、玫瑰香水、阿末香、甲香等许多品种。

唐朝引进的树木，主要是果木和一些带有宗教意义的树木。较著名的有来自康国的金、银桃，来自波斯的椰枣树以及来自印度的菩提树和娑罗树。此外，唐代博物学家段成式在《酉阳杂俎》中记载了许多外国的树木，并准确记录了它们的外国名称。唐朝引进的蔬菜品种，主要有波棱菜（菠菜）、酢菜、胡芹、浑提葱、莙（甜）菜等。此外，唐朝还引进了一些观赏类植物，例如伽毕失国的泥楼婆罗花（青睡莲），罽宾国俱物头花（白睡莲）

和“生西国，胡人将来”的红莲花和白莲花等。

唐人开放是全方位的，不仅华夷无碍、三教并行，更可贵的是一往无前的开拓进取精神。中国历代王朝多有修长城作为防御设施之举，唐朝不修，不唯如此，中宗景龙年间（707～710年）在河套北岸一线筑三受降城，竟不置瓮门（即瓮城）及守城设备，意在有进无退。也正是这些，显示出中华文明的发展，进入了一个新的历史阶段。

二、兼融性

中国社会经过魏晋南北朝的民族融合和文化整合，到隋朝重新实现了政治统一。但隋朝毕竟较短，中华民族新共同体的巩固和发展，中国新文化的形成和繁盛，就成了李唐王朝的历史任务。唐代历时近三百年，尤其唐前期政治统一，国力强盛，疆域辽阔。高度的物质文明和高水平的文化增强了周边各族的向心力，全国各族各地区间政治联系与经济文化交流密切发展，中华民族的大一统格局在空间广度和社会深度上都超迈往古。

贞观四年（630年），唐军讨平突厥汗国，其领地纳入唐朝治下。时为太上皇的李渊曾因此兴奋地说：“胡、越一家，自古未有也！”① 贞观二十年，唐朝出兵漠北（蒙古高原），在九姓铁勒诸族的配合下消灭了逞强北方的薛延陀汗国，次年在其故地设立六府七州实行羁縻。唐太宗因而得意地告谕臣下：“自古帝王虽平定中夏，不能伏戎、狄。朕才不逮古人而成功过之。”②

---

① 《通鉴》卷194，唐太宗贞观七年（633年）十二月甲寅条，第6104页。
② 《通鉴》卷198，第6247页。

唐太宗的祖母独孤氏、母亲窦氏、妻子长孙氏，都出于北方鲜卑贵族家庭。唐初统治集团深受塞外文化影响，这对朝廷实行开明开放的内外政策，无疑起着积极的促进作用。在唐朝，有大批代北酋豪的后裔官居要职，如宇文士及、长孙无忌、于志宁、宇文节、狄仁杰等等。据统计，唐代先后369个宰相，有十分之一左右是鲜卑贵族的后裔①。正因为如此，唐太宗可以坦然自豪地说："自古皆贵中华，贱夷狄，朕独爱之如一。"甚至战败投降的突厥酋长阿史那社尔、执失思力以及铁勒酋长契苾何力等，也都得到唐太宗的信任和重用。至于在文化领域发挥重要作用的代北及西域族人后裔，更是不计其数。如何妥、何稠、宇文恺、陆法言、元稹、白居易、刘禹锡等都是。无怪乎元代胡三省注《资治通鉴》时感叹道："自隋以后，名称扬于时者，代北之子孙十居六七矣，氏族之辨，果何益哉!"由此而产生的开放兼容的文化政策，是中国古代文明在唐代臻于高度发达的重要原因。正如史家陈寅恪先生所说："李唐一族之所以崛兴，盖取塞外野蛮精悍之血，注入中原文化颓废之躯，旧染既除，新机重启，扩大恢张，遂能别创空前之世局。"②

处在不同发展阶段的新因素的加入，给中国社会带来了蓬勃的生机与旺盛的活力，为政者充满自信、开明豁达，在唐前期造成了持续一百多年的繁荣昌盛局面，其间著名的"贞观之治"和"开元之治"，都是中国历史上少有的治世。

在中国历史上，唐代是一个少有的既善于继承、又能够兼收并蓄的朝代。人们注意到唐代因多种文化汇聚而导致的文化昌盛情况，认为唐代之所以朝气蓬勃、富有生机：一是唐代的社会和文化能条贯、折衷此前数百年的遗产；二是能兼容并包地摄取其

---

① 参见《黄河文化》，第348页。

② 陈寅恪：《李唐氏族推测之后记》，收入氏撰《金明馆丛稿二编》，上海古籍出版社，1982年版，第303页。

他民族甚至外来的各种文化营养。唐代中国的典章制度既是此前数百年建置的条贯和折衷（如中央机构三省六部），也是南北朝以来国内不同民族互相交流、不同文化融会整合而产生的某些制度的延续和发展（如均田制、府兵制）。广泛开展对外交往，贯穿于有唐三百来年的始终。正由于唐朝国力强盛，对于外来文化吸收、消化的能力很强，其兼融和吸收外来文化中新鲜养料之广泛和深入都是前代无法比拟的。外来文化通过丝绸之路传入内地开花结果，成为唐文化的一个重要组成部分，在百花园中大放异彩。

有唐一代，许多胡俗在中国浸染成习。贞观年间，太子承乾在东宫使奴婢近百人学胡人唱歌，椎髻，剪彩色绸缎当舞衣。承乾还特别喜欢突厥话和突厥人的服饰。他又选一些长相像胡人的人，让他们穿上羊皮大衣、编上辫子，5 个人算一家，搭起毡帐，并且做了 5 面狼头大旗，让这些人摆出战阵打斗。承乾自己也扎上彩旗、搭起圆顶帐篷住下来，令各部杀羊煮肉，用随身携带的腰刀割肉吃。承乾亲自装成可汗死去的样子，让大家号哭，学突厥人那样抓破脸、骑马绕行吊丧。椎髻即堆髻，白居易《时世粧》有“元和（806～820 年）粧梳君记取，髻堆面赭非华风”一句。堆髻在唐代陶俑及敦煌、西域壁画中经常能够见到。赭面则是吐蕃风习。

在着装方面，贞观中，就有男子“胡着汉帽，汉着胡帽”的情况；开元以来，“太常乐尚胡曲，贵人御馔尽供胡食，士女竞衣胡服”。据研究，唐初的贵族妇女在骑马时仍按隋朝旧制，使用吐谷浑部落所用的“羃䍦”。这是一种将帽和面纱连接在一起的服饰，它仿自波斯妇女所穿的大衫和大帽帔，可以避免路途中行人的窥视。高宗永徽年间（650～655 年），在长安的贵族妇女间，又时兴帷帽，拖裙到颈，较为浅露。帷帽起自吐谷浑的长裙缯帽、吐火罗的长裙帽，周围垂网。至开元年间贵族妇女流行戴胡帽后，使“靓妆露面，无复幛蔽。士庶之家，又相仿效……俄又露髻驰骋，或有著丈夫衣服靴衫，而尊卑内外斯一贯矣”。当时胡帽有多种，有波斯白皮帽，有虚顶织成的蕃帽，有卷檐虚帽。中唐以后，一些宫女甚至还兴“回鹘装”，时有“回鹘衣装回鹘马，就中偏就小腰身”的描写。此外，唐代妇女化妆，亦受胡人影响而使用“胡粉”。开元、天宝（742～755 年）之际，长安、洛阳时尚胡化，以至“女为胡妇学胡妆，伎进胡音务胡乐”、“城头山鸡鸣角角，洛阳家家学胡乐”。

在饮食方面，唐代有所谓“胡食”。惠琳《一切经音义》卷37：“胡食者即饆饠、烧饼、胡饼、搭纳等是。”饆饠就是今天新疆所谓手抓饭，来自印度的 pilau 或 pilow。胡饼，又名麻饼、炉饼，类似于今日的烧饼，是用面粉加置羊肉等不同馅儿放入炉中烧烤而成。日本圆仁大师入唐求法（841 年）在长安还见到，他说：“时行胡饼，俗家皆然。”搭纳系何种食物尚有待考证。除胡食以外，唐代尚有“胡酒”。长安的西域胡人，多经营酒肆及饼店，居住于长安西市和春明门至曲江池一带。胡人所卖西域名酒，有高昌酒、波斯的龙膏酒、三勒浆等，俱为时人称美。高昌酒是一种西域的葡萄酒。“龙膏酒”，据唐苏鹗《杜阳杂编》记载：“顺宗时，处士伊祈元召入宫，饮龙膏酒，黑如纯漆，饮之令人神爽，此本乌弋山离国所献。”“三勒浆”，据李肇《国史补》记载：“又有三勒浆类，酒法出波斯。三勒者，为庵摩勒、毗梨勒、诃梨勒。”庵摩勒即余甘子、油柑，波斯语作 amola；毗梨勒，波斯语作 balila；诃梨勒，波斯语作 halila，其皮可治咳嗽，其肉可治眼痛。这些胡人酒肆皆以胡地少女当垆，招待客人，有的还能歌善舞，诗人每形之吟咏。如李白《送裴十八图南归嵩山》诗：“何处可为别？长安青绮门。胡姬招素手，延客醉金尊。”唐段成式《酉阳杂俎》续集亦记载：“天宝中，进士有东西棚，各有声势。稍伧者，多会于酒楼食饆饠。”

诚然，文化交流的结果是融合成了统一的中国文化，但可以说，抽去外来文化因素，就无所谓唐代文明。例如，今天看来，多种文化汇聚而成的唐代艺术，已是中国传统艺术的一部分。人们把唐三彩作为古代艺术品进行仿制、欣赏，很少有人会同时体味到骆驼和胡俑造型的异国情调。

这种兼融性也为本来的文化发展提供了更加自由广阔的空间。如学者所说，盛唐之所以形成诗国高潮，还因为这是一个情感超过思理的时代。盛唐诗人对于诗歌虽有自觉的追求，却没有系统理论的约束：对于时代虽有认真的思考，却没有深刻的理性思辨。热情、爽朗、乐观、天真、富于幻想和进取精神——盛唐诗人所有的这些性格，乃是属于纯诗的品质，因而最高的诗必然出现在盛唐[①]。

总之，唐代是中国古代政治文化高度发展的盛世，礼仪、政刑、典章制度全都自成体系，在自身体制高度发达的基础上，各种域外文化的引进都起着锦上添花的作用。因此有学者认为，唐代真正做到了“中学为体，西学为用”——如果这一说法在逻辑上可以成立的话。当然，唐朝国人在对待外来文化的态度上，既不是以其为异己文化而加以排斥，也不是不加选择地一概采用。唐朝根据自身的社会层序结构，各民族也根据各自所处的不同社会环境和不同文化水平，分别对外来文化作出遴选和抉择。异质文化要植入新的社会，不可能不经过程度不等的加工，这是一个机制相当复杂的过程。不同层次的文化又在相互渗透、相互影响的过程中不断产生种种变体。例如，正是在唐代，儒、释、道三家经过长期的相互作用，终于导致各自都发生了局部质变而成为中国文化体系的组成部分。对中国文化起补缺作用、与中国文化

---

① 葛晓音：《诗国高潮与盛唐文化》自序，北京：北京大学出版社，1998年版。

有亲和力的东西容易被吸收，被吸收的东西又都经过改造，这是唐代文化汇聚的最大特色。大一统局面决定了唐代在各个方面都力图显示出并蓄兼收的时代精神，于是就有了人本主义开明的“贞观之治”，从而为唐代的全盛开辟了道路。

关于战略文化的一些看法

新华社世界问题研究中心高级研究员 钱文荣

前面几位的发言都非常好，很深刻，很有启发。现在我想谈谈对一些与战略文化有关的问题的看法。主要谈两个问题：一是关于“9·11”恐怖袭击与“文明冲突”和“经济全球化”的关系；二是关于文明多样性问题。

有一种观点认为，“‘9·11’事件不是对美国的轰炸，也不是对世贸大楼的轰炸，而是对现代化的轰炸”，并引用美国哈佛大学教授亨廷顿的《文明冲突论》来佐证。但是大家要知道，当“9·11”事件发生以后，有人问亨廷顿本人：“9·11”事件是不是证明了你的文明冲突论?”亨廷顿回答说：“‘9·11’事件不是‘文明冲突’，‘9·11’事件是对美国长期以来对阿拉伯世界，特别是对巴勒斯坦人不公正政策的反抗。”我认为这样说是有道理的。后来，美国前国家安全顾问、战略家布热津斯基写了一本书，叫作《大抉择——美国站在十字路口》（英文原名为“The Choice——Global Domination or Global Leadership”，意即美国到底是采取“统治全球还是领导全球”的政策。中文版由新华出版社出版）。在这本书中，他批判了布什总统关于“9·11”恐怖袭击的言论。大家记得，“9·11”事件以后布什讲：“‘9·11’事件是对整个民主制度和美国的民主价值观的反抗，是要破坏我们的民主价值观。”这里说的就是所谓文明冲突、价值观的冲突。同时布什还认为“9·11”事件不仅仅是针对美国，而且是针对全世界。这个口号是他动员美国人民支持发动反恐战争的一个政治策略。现在我们看看布热津斯基是怎么评价这些言论的。他说：“布什总统倾向于用几近神学的术语来描述这种（恐怖主义）威胁，把它描述为一种‘善与恶’之间的冲突。……但是，这种对世界非善即恶的看法，却忽视了界定大多数全球问题是深浅不同的灰色区。”“对‘9·11’事件理智的分析，大多数以比较笼统的方式转向伊斯兰思想倾向，认为这种思想倾向在宗教上和文化上与西方（尤其是美国）对现代事物的看法是对立的。”“布什总统那种基本属于神学范畴的提法，除了能起到政治动员的效果之外，还具有策略方面的优势。”然而，布热津斯基接着说：“‘9·11事件’后不到6个月，全球对美国几乎一致的支持开始转向，对美国官方关于共同威胁的公式化表述开始产生怀疑。”布热津斯基指出：“美国不愿承认‘9·11’事件与中东现代政治史之间的联系，这种拒绝承认的态度是危险的。2002年春天，美国甚至想把以色列镇压巴勒斯坦人的那些比较极端的形式都当作反恐斗争的一部分接受下来，即是一个典型的例证。如果连反美恐怖主义活动的兴起与美国卷入中东一事的历史联系都不愿承认，要想对恐怖主义活动形成最有效的战略反应，那就难上加难了。”他还指出：“美国插手中东事务，显然是恐怖分子把矛头针对美国的主要原因，这是无法避免的历史事实。”（上述引语详见该书第29、30、34、35页）我想上面引述的布热津斯基的这些话，已足以回答“9·11”事件究竟是不是对现代化的反抗、是不是文明冲突的问题（当然不能说与文明冲突完全没有关系）。由此可见，“9·11”恐怖袭击的主要原因，不是反对什么民主制度，也不是反对现代化，而是反对美国长期以来的中东政策。这就是为什么参与“9·11”恐怖袭击的人都来自阿拉伯国家和其他伊斯兰教国家。如果我们不能从这个角度去真正认识“9·11”事件，而一味坚持用武力镇压或试图“以（美国）民主的名义，运用美国的力量使阿拉伯国家服从于美国意志”的办法来解决“9·11”事件和恐怖主义，那是永远解决不了的。

布什政府的反恐战略一开始就错了，现在连美国普通老百姓都认识到了。但布什总统本人至今还没有醒悟。去年他讲过一句非常有名的话，引起了阿拉伯世界的强烈反对。他说，伊斯兰主义就是法西斯主义。这个话不仅仅遭到阿拉伯国家的强烈反对，连西方欧洲的许多国家，包括法国都不赞成。全世界有大约12亿信仰伊斯兰教的穆斯林。联合国中有32个成员国至少86%的人口是穆斯林。怎么能说伊斯兰主义就是法西斯主义呢？因此，正是布什这种思想把美国逼到了绝境。

讲到亨廷顿的“文明冲突论”，我们首先要弄明白亨廷顿提出“文明冲突论”的背景是什么？背景是跟全球化有关系，他从“全球化”的发展当中看到了正在崛起的一批发展中国家，看到了东方文明的崛起，也看到了美国国内种族构成的变化，非盎格鲁萨克逊白种人在美国人口中的比例越来越少。在这种情况下，他感到美国面临着新的挑战甚至威胁，有必要提出一个新的口号，来抵制这个新兴力量，特别是这个大部分来源于伊斯兰文明、东方文明国家正在崛起的新兴力量。因此，他在新加坡的一次演讲中明确提出，属于基督教文明的国家应该团结起来，共同应对伊斯兰教和儒家文明。从这里我们看到，政治在亨廷顿的“文明冲突论”中的地位。这就是说，当我们谈到文明的时候，谈到文化的时候，应该说文明和文化都不是抽象的概念，而是具体的。文化和文明跟政治密不可分，不能仅仅从文化来谈文化，特别是在我们讨论战略文化时，更不能脱离政治来单纯地谈论文明和文化问题。刚才有同志说文化和经济是密不可分的，我很赞同，但还要加上文化与政治也是密不可分的。

那么，“9·11”事件是不是对“全球化”的冲击和反抗呢？我认为，“9·11”事件不是对“全球化”本身的轰炸，但它确实是对被联合国前秘书长安南称作“野蛮的全球化”造成的不公正、不平等和不合理现象的反抗、轰炸。“9·11”事件发生那天，外交学会正好在开一个世界性的研讨会。布热津斯基也来了，我和他座谈时，他没有谈及这个问题。但当时我见到了参加会议的一位法国高级将军，他叫雅克·朗萨德（法国退役海军上将）。他对我说，“9·11”事件反映了我们现在的“全球化”制度的不合理、不公正。现在的“全球化”是在以美国为首的西方大国操纵控制下的“全球化”，是由西方跨国公司控制的“全球化”，不完全是平等的。美国是“全球化”的最大得益者。我们中国在“全球化”当中也是比较大的受益者之一。但是我们不能否认“全球化”造成的不合理、不平等。这主要体现在分配的不合理和不平等上。联合国发展计划署2006年的报告说，全球化的结果是全球的财富大大增加了，但是全球的贫富差距却不是在缩小，而是不断地扩大。1960年时全球的贫富差距为30∶1，到1995年已扩大到82∶1。2007年据联合国贸发组织的报告指出：全球最不发达国家1990年时为36个；1995年增加到42个，2000年又增加到48个，2006年达到了50个。同样，拿我们中国为例。我们国家通过积极参与全球化进程，促进了社会主义现代化建设，增强了我国的综合国力。这是我们改革开放30年取得的伟大成就。但是，我们付出的代价也是很大的。美国等西方国家都在指责我们环境不好，污染严重，但是，正如英国一家研究机构所指出的，其中有相当一部分是西方发达国家跨国公司在中国的子公司所造成的，他们把污染严重的企业搬到中国来，还把大量污染的废旧物通过一些奸商偷运到中国。按利润来说，《纽约时报》2006年2月9日的一篇文章说："通常情况下，大多数有'中国制造'（made in China）的产品事实上都是在其他地方生产，而且这些产品的生产厂家基本上是日本、韩国和美国的跨国公司，他们只是把中国作为其庞大的全球生产体系中的最后组装地。"据统计，中国大约60%的出口产品都是由外国在华独资或合资公司生产。出口的高科技产品中，约80%为外国在华公司利用中国廉价劳动力生产的。据联合国有关部门的调查和美国媒体的报道，在这些出口产品中，95%～96%的利润被外国公司所得，而中国所得仅占4%～5%，也就是一点点劳务费而已。这主要是来料加工的企业。其他合资企业，中国获得的最高利润也不超过总利润的15%。正如中国商务部的一位官员说："中国在过去几年得到的只是一些漂亮的数字，而美国和外国公司得到了真正的利润。"你们说，这样的全球化公平吗？当然，也不能完全说成是全球化本身的错误。我们知道，推动经济全球化有三股力量：一是科学技术；二是经济贸易；三是跨国公司以及由西方国家主导的经济秩序。前面两股力量是不可阻挡的，造成"全球化"不公正和不平等的主要是第三股力量。因此，在推行"全球化"的过程中，我们必须要建立一个公正、合理、平等的制度和秩序。没有这个公正、合理、平等的制度和新的经济秩序，那么这个"全球化"是有问题的。所以安南说：全球化的过程是所有人都参加的，但是"全球化"创造的财富分配却是不平衡的、不合理的。如果要讲"9·11"事件冲击了"全球化"，那么它只是反对"全球化"的不公正、不合理，而不是反对全球化本身。

第二个问题，关于文明多样性问题。有的同志认为中国提出的文明多样性是一种"自我安慰"。我认为这个说法是错误的。首先，文明多样性不是中国首先提出来的，关于文明多样性、文明对话的提法在世界联合国内部就已经有好多年了。但是提出各种文明之间进行对话是2001年，是根据伊朗总统哈梅内伊提出的一个建议，经联合国大会讨论又通过形成一个决议，并把2001年确定为“国际文明对话年”。联合国大会通过决议后，现在已成制度化，每年都要展开讨论。为什么提出这个建议？为什么这个建议提出后，立即得到绝大多数国家的赞同？它的背景就是因为某些西方势力，主要是美国，他们一直在努力试图用西方的文明来支配全世界，包括反对与其不同的社会制度、不同的发展模式、不同的价值观。知道了这个背景，我们就可以正确地理解为什么主张文明多样性和支持文明对话，胡锦涛主席在2005年联合国大会的讲话中将文明多样性纳入了他的建设和谐世界的理念之中。这绝不是一种自我安慰！这是绝大多数国家对西方文化霸权斗争的需要，而且是符合人类社会发展规律的。2006年11月，联合国发布了不同文明联盟高级小组提出的一份报告，该报告说，“在观点、文化、信仰和生活方式等方面的各种差异，一直是推动人类进步的力量”。我们应该承认，随着经济“全球化”的发展，各种不同文化和文明之间融合的程度越来越高，但这并不意味着各种文化和文明之间的差异就会消失。关于欧盟成员国为什么能够结合在一起，这是政治和经济发展的需要，并不意味着他们之间文明差异的消失。欧盟成员国虽然都属西方文明范畴，但他们之间仍然存在文明差异，用欧盟文件中的话说叫作各成员国的不同民族特性(identity)。欧盟纲领写得很清楚：第一，欧盟是各个主权国家的联合体，不是一个联邦政府、联邦国家；第二，欧盟必须尊重和保持各个成员国的民族特性，包括文化特性、文明特性。这是欧盟成员国都同意的基本原则。我们这里有一位法国朋友与会。我知道法国朋友特别强调这一点。法国文化、文明的特性能跟其他东欧的国家一样么？它们之间有共同点，但也有差异性，这是永远也不会消失的。即使到了中国，我们共产党人所相信的共产主义社会，到那个时候各种文化之间，各种文明之间的融合程度肯定要比今天高得多，但我个人的看法是，各个民族本身的民族特性仍不会消失。可是美国人不是这么想的，布什政府不是这么想的，布什政府发动伊拉克战争以后，提出了一个所谓“大中东计划”。它的核心就是要用美国的价值观来改造阿拉伯人民的价值观，其结果是遭到了阿拉伯世界共同的反对，现在连布什政府的高级官员都承认，他的这个计划是失败的，是不成功的。你怎么可能把你一个国家的价值观强加给另外一种文明——让伊斯兰文明的国家来接受呢？当布什政府提出这个计划后，以色列驻华大使开了一个小型座谈会，他是个学者型外交官，我也去参加了。他作为以色列——美国最坚定的盟国——的大使，按理应该支持布什的观点，但他说布什不了解阿拉伯世界，布什的这个观点是永远都不能成功的。事实已经证明，这位大使的预言是正确的。最近美国前国务卿基辛格博士写了一篇文章，警告新任总统千万不要把美国的意志或价值观强加于其他国家或民族。这是基辛格看到了这些年来美国所遇到的问题和教训而提出来的。所以，我们不赞成把我们提出文明多样性说成是“一种自我安慰”的观点。

现在还有一种观点，说经济全球化必然带来政治全球化，文化全球化，这也是美国人首先提出来的。然而，冷战结束后的第一任联合国秘书长加利说，冷战结束后，我们看到一种新的现象，一方面是经济全球化加速发展，呈现一体化（integration）趋势；另一方面，从国家层面、政治层面看，分裂势力越来越多，呈现出一种碎片化（fragmentation）的趋势。苏联和南斯拉夫先后解体后，许多加盟共和国纷纷宣布独立，捷克斯洛伐克也分成了捷克和斯洛伐克两个国家，致使联合国成员国一下子就增加到 192 个。今年，又出现了科索沃独立，南奥塞梯和阿布哈兹独立。我认为，这种现象与不同文明和不同民族特性有一定关系。这里再一次说明，研究文化，特别是研究全球的不同文明，不能脱离国际政治。我还认为，研究中国的文化，要扎根于中国的历史和文化传统，要用中国的历史和文化观，要遵照马克思主义的世界观和现代中国的实际情况去研究，不能用西方的观点来研究中国的传统文化。

改革开放与中国文化现代化

上海交通大学国际与公共事务学院院长 胡 伟

改革开放是中国现代化的一场伟大运动。现代化不仅意味着工业化和经济增长，而且离不开政治、社会和文化的变革与支撑，它是工业化、城市化、规模化、理性化、世俗化、专业化、科层化、制度化、民主化、福利化、流动化和结构分化等一系列变化的综合结果，涉及到经济现代化、政治现代化、社会现代化、文化现代化和人的现代化等基本范畴。当日益强大的中国傲然屹立在世界东方的时候，人们越来越发现，文化上的觉醒是一个大国崛起不可或缺的要素，文化软实力日益成为国际竞争的重要标尺。如果说，鸦片战争之后中国现代化的第一次浪潮，走过一个“器物—制度—文化”的过程的话，那么在20世纪七八十年代改革开放后，中国现代化的第二次浪潮中，我们也越来越意识到仅仅经济发展是很不够的，还需要全民族的文化更新。而今日的文化更新，已经不仅停留在20世纪初叶“五四”新文化运动时期对国民性的改造，而是在一个更广阔的视野里实现中国的文化现代化。

一、现代化进程中的文化意蕴

现代化最初是一个社会学的概念，指社会变迁的过程。一个社会从传统转变为现代的过程中，社会的文明程度、生活方式、社会关系体系，都会发生一系列的变革。美国社会学家戴维·波普诺认为："现代化指的是在一个传统的前工业社会，向工业化和城市化、社会转化过程中发生的主要的内部社会变革。"一个社会从传统向现代的转变过程中，一般包括两个层面：一是外在的现代化；二是内在的现代化。外在的现代化通常是指发生在我们个人外在生活环境中而又能影响我们生活及身心状况的各种社会变化，如工业化、城市化、制度化、民主化、福利化等，主要表现为经济、政治和社会的现代化；内在的现代化则主要表现为文化的现代化和人的现代化，包括社会整体和个人在思想上、观念上、态度上及价值观方面的改变。对于后发的现代化国家而言，内在的现代化通常比外在的现代化更困难。

就现代化本身的概念来说，文化的现代化是指由传统文化向现代文化的变迁，强调理性主义、个性自由、进取精神、效率至上等观念，科学技术发达。文化现代化的根本是人的现代化，是把人从传统的精神枷锁中解放出来，倡导人的解放、人道主义、人本主义和人的全面发展。现代社会的成员有强烈的成就动机和公民意识，自我效能感强，在处理事务时可以高度自主和理性，同时对社会具有责任感、对公共事务具有参与感，对生活在其中的世界有较高程度的信任感等。

1974年，以研究现代化而闻名于世的美国社会学家亚历克斯·英格尔斯，推出了具有重要影响的著作《走向现代》，提出了“人的现代化”的重要命题，揭示了文化现代化的重要意义。英克尔斯于1962年到1964年，先后在6个发展中国家进行了大规模的比较性社会调查；每个国家访问1000人，包括农民、产业工人以及其他阶层的人员。他调查的主要结论是：国家的现代化，首先是国民的现代化。一个国家，只有当它的人民是现代人，它的国民从心理和行为上都转变为现代的人格，它的现代政治、经济和文化管理中的工作人员都获得了某种与现代化发展相适应的现代性，这样的国家才可真正称之为现代化的国家。否则，高速稳定的经济发展和有效的管理，都很难得以实现。即使经济已经起飞，也不会持续长久。

由此，英格尔斯提出了其著名的“人的现代化”理论范式，而所谓的“英格尔斯效应”也成为现代化过程中不可忽视的一个重要问题。“英格尔斯效应”的含义是：一个国家或企业，即使有先进的制度，但如果缺乏能赋予这些制度以真实生命力的广泛的现代心理基础，如果执行和运用这些现代制度的人的自身还未从心理、思想、态度和行为上，都经历一个向现代化的转变，那么就会导致制度的畸形发展甚至失败。“英格尔斯效应”说明，与先进的技术、完善的现代制度和管理方式相比，人的思想的转变更具决定性作用；再完善的现代制度和管理方式，再先进的技术工艺，也会在一群“传统者”手中变为废纸一堆。成功变革的首要使命是变革人，是实现人的现代化。

那么，如何衡量人的现代化呢？英格尔斯对此作了深入的研究，并且提出了人的现代化应具备的品质和特征：（1）乐于接受新事物，包括新经验、新观念、新的行为方式；（2）准备接受社会的改革和变化；（3）思路广阔，头脑开放，尊重各方面不同的看法；（4）把握现在，展望未来，而不沉迷于过去，做到守时惜时；（5）强烈的个人效能感，对个人和社会的能力充满信心，办事讲求效率；（6）重视有计划的生活和工作；（7）尊重他人，尊重知识；（8）可依赖性和信任感；（9）重视专门技术，对科学技术有较大的信心。以上几条，是经常被用来评定人是否现代化的标准。概括地说，人的现代化，主要反映在他对社会的心理适应程度上。人的心理适应是指个人与社会相互作用中的恰当的行为反应。社会现代化的进程是个社会变迁的过程，会带来剧烈的社会变革。由于变化的迅速，常常使现代人的心理适应面临严峻挑战。适应社会变化的人，应该对变化持积极的、灵活的态度，视变化为正常、为机会，而不是视其为问题，能够主动调整自身的身心，在现实生活环境中保持良好的、有效的生存状态。

由此可见，一个国家，只有当它的国民从心理和行为上都获得了与现代化发展相适应的素质，这样的国家才可真正称为现代化的国家。改革开放以来的30年，中国在市场化、工业化、城市化的大潮中，也催生着人的现代化，全社会和个人的创新精神、开放态度、效率意识、知识技能、独立人格被极大地焕发出来，人的个性、自主性和创造性得到了前所未有的张扬，整个社会文化在发生着革命性变化。所有这一切，都是现代化必然的文化结果，因为改革开放和现代化建设对于培养现代的人、对于人的全面发展具有十分重要的作用。另一方面，文化现代化既是市场化、工业化、城市化等社会经济变迁的结果，也构成社会经济变迁的原因。弗朗索瓦·佩鲁在《新发展观》中指出，各种文化价值是抑制和加速经济增长的动机的基础，并且决定着经济增长作为一种目标的合理性。因此，文化现代化和人的现代化，对于中国的改革开放和现代化建设，具有不可忽视的意义。

二、改革开放后的文化变迁：文化世俗化

改革开放30年来，中国社会发生了举世瞩目的历史性变化。过去长期封闭的中国，现在以充满活力的、开放的形象，展示在世人面前，迈向了通往现代化的道路。而促使这一巨变的基本动因，从思想文化领域讲，就是文化世俗化的进程。文化的世俗化，是透视30年来文化变迁的一个重要纬度，也是中国现代化进程的一个重要层面。

文化世俗化是现代化不可缺少的条件和标志。所谓文化世俗化（seculari—zation），是指人们的行为准则趋于理性和实际，摆脱了狭隘偏执观念的束缚，越来越重视其周围可见到的因果关系，建立理性思考的准则、辨明手段与目的的关系，对传统习俗不盲从，不人云亦云。社会学的鼻祖孔德曾对思维方法和社会发展的关系进行过分析，指出由于知识的增长，人们不再去祈求神灵的力量来解释和主宰人类命运。这就是一种世俗化过程。当代现代化研究的理论，大都强调世俗化价值观和行为规范在从传统社会向现代社会转型中的重要作用，同时也把世俗化视为社会发展和现代化的标志之一。

中国的文化世俗化，不同于历史上西方现代化过程中的非宗教化过程，而是带有自身的特点，有自己独特的内涵。它主要是针对改革开放之前，是对过去那种“左”的意识形态的一种否定。在改革开放以前，特别是“文化大革命”的10年间，“左”的思想十分严重，并由此导致了唯我独尊的一元化价值体系。在这种“左”的意识形态影响下，人们对于是非曲直的评判，根本

不是从一事物的实际状况和效果出发，而是简单武断地用所谓的“社会主义”原则和教条主义公式加以裁决，甚至根据领袖的某一句话进行判断，对马列经典和领袖语录达到顶礼膜拜的迷信地步，甚至出现了四人帮的“宁要社会主义的草，不要资本主义的苗”之类的荒唐口号。直到“四人帮”被粉碎后，当时的政治领导仍坚持“两个凡是”的观点。这一高度意识形态化的文化，极大地妨碍了中国社会向现代化的转型，不利于中国的社会发展。

1978年关于真理标准的大讨论，第一次推动了中国的思想解放运动，揭开了中国文化世俗化的帷幕。30年来，中国社会经历了一场深刻的文化世俗化革命。世俗化大大削弱了意识形态因素所造成的不必要的隔阂和桎梏，解放了人民的思想，培养了人民的求实创新精神和独立思考能力，促进了价值取向的多元化。概括起来讲，文化世俗化主要有以下几个方面的积极作用：

首先，它使人们摆脱了教条主义的束缚和乌托邦的空想，促使人们的态度和行为规范更加切合实际。在此之前，中国长期被意识形态领域的斗争所困扰，不能集中精力进行现代化建设，而且社会发展战略严重脱离实际。随着世俗化的发展，一切从实际出发、实事求是的务实精神在中国得到倡导，而能够生动通俗地体现这一精神的“猫论”，在世俗化之初便不胫而走，逐渐深入人心。“猫论”精辟地解决了目的和手段的关系，一个良好的社会应是能够为实现目的提供众多选择机会的社会。可以说，改革开放后的一系列决策，都是与上述务实精神一脉相承的，都是这种务实精神通过某种形式的客观反映。

其次，社会价值观念更新。一方面，人本主义精神复归。人的价值、人的尊严、人道主义等等，成为这一时期的最强音。它在文学艺术上最敏锐地反映了出来，这就是回到了“五四”时期造神英雄时代的过去，反对教条、反对愚昧的光大和发扬。另一方面，社会的价值取向呈现出多样性，价值观开始多元化，人们不再迷信某一种权威观念。艾森斯塔德指出，包括世俗化在内的文化现代化进程，降低了长期以来形成和公认的价值、传统及其载体和代表者的可靠性，这种进程为各种文化精英在创造新的价值、象征、传统和文化活动上展开竞争创造了可能性，同时也创造文化机会和道德上的平等，有助于开辟“大众文化”之路。

再次，民众的自主意识和民主意识有所增强，理性主义得以回归。对政府合法性的认识已不单是感情因素，代之以政府的行为当作合法性标准。政府能否赢得人民的信任，关键要看它为人民做了多少好事、实事，能否“取信于民”。法律面前人人平等的观念逐步形成。1988 年，浙江省苍南县一个普通农民控告县政府侵犯其合法权益并被温州市中级人民法院受理，这一中国首例“民告官”案引起了社会的广泛关注，而著名影片《秋菊打官司》则进一步增强了人们的这种观念。

综上所述，中国文化世俗化的过程，是破除迷信、解放思想的过程，是面向实际、崇尚理性的过程，也是从封闭走向开放的过程。毫无疑问，文化世俗化为中国的现代化奠定了思想基础。

三、现代化进程中的文化自觉：铸造软实力

文化现代化不仅表现为世俗化等文化变迁，而且更是一个适应外在环境的自我改造，它是在历史的、全球的高度重构自我的过程，也是一个文化自觉的过程。世界文明史表明，一个国家和民族的崛起，必然伴随着精神和文化的崛起。今日中国的和平崛起，既是经济、政治的崛起，同时也应当是中华文化的崛起。文

化现代化与经济现代化、政治现代化、社会现代化是相互支撑的，它是国家综合实力的重要反映，在国际竞争当中所发挥的作用将越来越大。甚至有观点认为，如果说国家的核心竞争力在19世纪更多体现在军事上，20世纪更多体现在经济上，那么21世纪将更多体现在文化上。

伴随着经济崛起而产生的“文化自觉”，是改革开放后中国现代化发展的逻辑必然。文化自觉不是一个简单的文化自我反思的现象，也不仅是个人层面世俗化的自觉行动，而是作为一个整体的民族寻求自我认同的过程。在文化自觉的背后，我们可以感受到一个民族崛起的决心和意志。文化自觉反映了现代化过程中全民族的整体价值观和态度，这些价值观和态度体现了现代化的时代呼唤，体现为一个国家的文化“软实力”。“软实力”（Soft Power）是美国哈佛大学教授约瑟夫·奈最先提出的一个概念，按照他的观点，“软实力”是一种能力。它能通过吸引力而非威逼或利诱达到目的，是一国综合实力中除传统的、基于军事和经济实力的“硬实力”之外的另一组成部分；“硬实力”和“软实力”同样重要，但是在信息化时代，“软实力”正变得比以往更为突出。在当前全球化浪潮、信息革命和网络时代的大潮下，“硬实力”的重要性显而易见。“软实力”则具有超强的扩张性和传导性，对人类的生活方式和行为准则产生超越时空的巨大影响，对一个国家的现代化具有举足轻重的作用。

“软实力”作为国家综合国力的重要组成部分，特指一个国家依靠政治制度的吸引力、文化价值的感召力和国民形象的亲和力等释放出来的无形影响力。“软实力”主要包括以下几种内容：一是文化的吸引力和感染力；二是意识形态和政治价值观的吸引力；三是外交政策的道义和正当性；四是处理国家间关系时的亲和力；五是发展道路和制度模式的吸引力；六是对国际规范、国际标准和国际机制的导向、制定和控制能力；七是国际舆论对一国国际形象的赞赏和认可程度。按照这些标准，中国改革开放和现代化建设的巨大成就，对中国“软实力”的增长具有重大作用。正如约瑟夫·奈2007年1月对媒体记者说：“中国的经济增长不仅让发展中国家获益巨大，中国特殊的发展模式和道路也被一些国家视为可效仿的榜样……更重要的是将来，中国倡导的政治价值观、社会发展模式和对外政策做法，会进一步在世界公众中产生共鸣和影响力。”新加坡《联合早报》也指出，对在国际舞台上缺少软实力基础的中国来说，中国模式的崛起当然是个喜讯，也可以在国际软实力舞台上争取一些发言权。

值得注意的是，在中国现代化取得巨大成功的影响下，英国外交政策研究中心在2004年发表了美国高盛公司咨询顾问、曾任《时代》周刊外事版主编的乔舒亚·雷默的《北京共识》一文，指出“北京共识”是更适合中国、印度等新兴经济体的经济发展模式，并逐步成为其他发展中国家学习的榜样。虽然对“中国模式”的问题需要进行长期、深入的探讨，目前尚不能简单给出一个确定的答案，但是，这样一种还在探讨和形成之中的“中国模式”，依然可以给人们带来诸多经验、启示和希望。尤其在当今发生全球性金融危机的背景下，在西方自由主义经济学面临重大挑战的时刻，许多发达国家对中国模式更加不得不刮目相看。因此，中国的发展道路、发展经验和发展模式，提升了国家软实力，在全球化时代扩大了中华文明对于世界的影响力。

除了中国的发展道路、发展经验和发展模式作为“软实力”的重要因素外，“文化”也是国家“软实力”的重要方面和基本载体，在很多情况下，“软实力”是以文化的形式表现出来的。2006年5月，美国《新闻周刊》评选出进入21世纪以来世界最具文化影响力的一些国家文化及其形象符号，其中中国的文化形象符号主要有：汉语、北京故宫、长城、苏州园林、孔子、道教、孙子兵法、兵马俑、丝绸、瓷器、京剧、少林寺、功夫、西游记、针灸、中国烹饪等。我们不难发现，外国人对中国文化形象的感知，更多的是源于并且止于中国传统文化。因此，进一步推进我国的文化战略和“软实力”塑造，应当格外注重不断增强中国文化形象的现代元素，为中国文化形象注入更多现代性的、积极性的元素，成为比过去任何时候都重要的当务之急。为此，需要借助现代文化艺术形式和现代文化传播手段，创造出更多富于时代气息、体现中国特色的文化标志、文化符号、文化品牌，在不断的创新和超越中，实现中国文化形象的现代性重构，使世界各国人民普遍产生“中国是传统意义上的文明古国，更是现代意义上的文化大国”这样一种认知，为中国文化赢得应有的尊重和喝彩。

作为一种“软实力”的文化，它在一个民族和国家的经济、政治和人的现代化发展中，地位与作用越来越重要，它与物质形态和制度形态的现代化同样不可缺少。中华文化“软实力”不仅仅是反映当代中国的国家力量，而且还要通过核心价值体系的建设，为中华民族的伟大复兴提供强大的精神动力和发展方向。世界经验表明，现代化的背后有文化一体化的趋势。中国不能总是被动地防御国外的文化渗透，而必须有自己的价值内核。只有通过核心价值体系的塑造，确立中华文化软实力的“价值内核”，中华文化在世界文明中才能真正立于不败之地，中国现代化过程的文化自觉才能具有坚实的基础和依托。

改革开放与企业文化

中国石化集团总公司总地质师 曾兴球

在纪念中国改革开放30周年的时候，中华战略文化论坛邀请各方面的专家、学者，从不同角度，对改革开放中如何发挥文化的战略作用开展热烈讨论，对于推动企业深化改革，培育先进企业文化，提升企业市场竞争能力，有效应对当前世界金融危机给我国企业界带来的严峻挑战，促进我国经济步入良性发展的轨道，有着重要的现实意义。

一、企业文化的由来

20世纪70年代后期，美国哈佛大学沃格尔（Ezra. F. Vogal）教授，对第二次世界大战以后日本国民经济恢复的过程进行了研究，并实地考察了日本企业经营发展的状况，写了一本题为《日本名列第一》（Japan as NO. 1－lessons for America）的小册子。这本书用美国人的眼光，对战败国日本企业如何迅速崛起，进行了系统的分析。沃格尔认为，在促进日本企业从复苏、成长到兴盛的众多因素中，由日本民族文化滋养起来的现代企业文化，发挥了强大的动力作用，揭示了文化力的重要性以及文化力和生产力发展的相关性。这本书当时对美国朝野上下产生了强烈的反响，在美国企业界引起巨大的震动。它使人们对现代企业经营管理产生了许多新认识，对文化和经济的关系有了新的理解。

正当资本主义世界热烈讨论企业文化的作用，大力开展培育各具特色的企业文化的时候，我国进入了改革开放的历史新阶段。党的十一届三中全会以后，我国首先启动了海洋石油勘探开发对外合作，迈出了工业企业改革开放的第一步。在开放的新形势下，企业要“引进来，走出去”，怎样与外国公司打交道，我们面临着许多新的课题。比如：中外双方（或多方）合作采用哪种商业模型？适用什么样的法律框架？如何设计合作项目的管理机构？怎样才能实现双赢互利，促进共同发展？对外开放之后，企业经营管理遇到了许多新问题，各级领导组织员工认真学习讨论，在实践中不断总结经验，逐步认识到，企业要融入国际市场，与国际化经营接轨，关键的一点是要解决好企业文化差异方面的问题。只有在学习西方企业先进管理经验的同时，着力培育具有中国特色的先进企业文化，养成良好的文化习惯，提升企业自身的综合竞争力，才能有效地与西方企业，特别是大型跨国公司进行文化交流，推动国际合作，促进企业持续发展。

企业文化是企业发展战略文化的重要组成部分。所谓企业文化，就是指一个企业或一个行业在自己的发展过程（历史）中，在长期的生产、经营、管理实践中，逐步形成的、占据主导地位并能成为全体员工认同和恪守的价值观念和行为准则。企业文化反映了一个企业特有的为社会所公认的品格、素质、精神、作风，以及公众形象等文化积淀，对于企业乃至社会发展都会产生文化的影响和推动作用。我们今天强调“企业文化”，并不意味着在此之前企业就没有文化，企业的经营、管理本身就是一种文化现象。今天之所以要把企业文化作为一个新概念提出来，是因为当代企业管理进入到了一个新的历史阶段。企业管理已经冲破了传统的管理模式，一种全新的管理理念，即文化管理的模式正在形成。从这个意义上来理解企业文化的产生和发展，也可以说，培育先进企业文化是改革开放带动企业管理思想革命涌现出来的新生事物。

二、培育先进企业文化取得了丰硕成果

改革开放30年来，我国企业界特别是国有大型骨干企业，经历过四次大的变革。总体上说，管理体制和机制越来越适应市场竞争的需要，企业经营在国际化的大背景下，积累了不少好的经验，取得了很好的业绩：产品创新意识明显增强，技术更新不断加快，经营管理逐步与国际接轨，综合竞争能力大大提高，企业界在培育先进企业文化，提升企业文化实力方面，取得了丰硕的成果。主要体现在三个方面：

一是对企业文化的作用形成共识。改革开放30年来，我们在实践中不断学习、总结，对企业文化的作用逐步加深理解。企业员工思想观念正在发生转变，普遍认同企业文化的价值功能；企业领导已经看到文化短板是企业经营管理中必须解决的关键问题。文化力作为一个明确的概念，随着先进的企业文化在企业经营管理中的积极作用凸显出来，理论界的专家、学者和企业界各级领导都已认识到，文化和经济从来都是密不可分的。我国经济发展的过程充分说明，先进文化推动着市场经济的发展，而市场经济使得经济的文化化和文化的经济化现象日益明显。经济与文化的进一步融合，标志着当今世界正在逐步进入文化经济的

时代。

基于上述认识，各级领导同志都把文化力当作企业市场竞争能力的主要构成要素，当成衡量国家综合实力的重要标志，普遍重视起来，用各种方式认真培育先进企业文化。企业经营者普遍意识到，参与国际竞争需要提升软实力，而软实力中的核心实力则主要来源于文化力。他们在制定企业发展战略时，从培育先进企业文化入手，努力建设“知识经济高地”和“文化经济高地”，占领市场竞争的制高点。世界文化是多元的，我国企业在与欧美等发达国家老牌企业开展市场竞争、经济利益博弈的同时，也在与世界不同文化进行更广泛的交流。新的文化理念带动我国企业正在加速融入国际市场。

二是培育先进企业文化，提升企业管理水平。改革开放之前，我国企业在计划经济体制之下，经营管理方式比较单一。虽然也有着各自不同特色的企业文化，由于企业处在相对封闭统一的环境里，文化理念、文化内容、文化的表达方式大多是相近的。“艰苦奋斗、自力更生”的革命精神，作为那个时期的主流意识，体现得比较充分。在当时那样一种文化氛围中，各行各业“鼓干劲，争上游”，人人都想为国家建设多做贡献，产生了一批具有代表性的人物和样板企业，如钢铁行业里有“鞍钢宪法”，石油行业里有“大庆精神”、“铁人精神”，煤炭行业里有“石屹节作风”等。当时虽然没有赋予它们“企业文化”这一概念，但在实际管理活动中都发挥着企业文化的价值功能。

20 世纪 80 年代末 90 年代初，企业体制改革步步深入，在扩大开放、引进外资、引进技术、引进先进管理的过程中，企业文化作为一种新的管理理念被移植到我国的企业管理活动中，各行各业掀起了培育先进企业文化的热潮。企业文化的内容更加丰富了，表达方式变得更加多样性了。最初培育企业文化，大多都停留在模仿国外企业文化的一些形式上，提出文化口号、美化厂容、厂貌、统一员工服装、设计企业标识，注重看得见的东西。到了90年代中期，我们对企业文化的内涵有了进一步的认识，培育先进企业文化将形式和内容结合起来，强调抓本质、练内功、强基础，抓思想教育、抓队伍作风、抓技术创新，全面提升企业的综合素质。在转变理念、改革机制、落实制度、养成自觉，在调动人的积极性上下功夫，推动企业管理上升到一个新水平。回顾改革开放30年来，我国的企业管理大致走过了三个阶段：即从改革开放初期的经验管理（以人治为主）阶段，逐步走向科学管理（靠规章制度）阶段。进入21世纪以后，我们更加注重企业的综合治理，将培育先进企业文化作为企业综合竞争力的基本要素来抓，企业管理开始步入文化管理的新阶段。

三是先进企业文化孕育出优秀的企业家队伍。企业文化的核心是以人为本。培育先进企业文化关键在于提高人的素质，培养各个层次、各种类型的优秀人才。企业管理方面的核心问题，如产品开发、市场竞争、制度建设、技术创新、人力资源开发、员工忠诚守职等，都要落实到人的行为活动中，镕铸在企业文化建设的大课题中。企业文化是一种无形的力量，不是直接解决企业生产、经营和管理中某一个具体问题的方法，但企业生产、经营和管理中的所有问题都与人有关系，与人的文化理念有关系。所有先进企业的管理经验，都是注重培育高素质的人。有了能够创新先进文化、理解先进文化的人，企业什么困难都能解决。我国改革开放30年来，不仅大型国家骨干企业培养出了一大批优秀的企业经营者，民营企业中亦人才辈出，涌现出了一大批经营有方、叱咤风云的企业家代表。如联想的柳传志、海尔的张瑞敏、华远的任志强、广厦集团的孙广信、科龙的潘宁、杉杉集团的郑永刚、蒙牛的牛根生、阿里巴巴的马云等等。他们是成功人士，他们所领导的企业都是最有效率的经济组织。他们为什么能在市场竞争中独树一帜？他们为什么能及时发现机会、抓住机会？原因有所区别，经验各不相同，但其中一个共同点就是，他们的文化理念是先进的，经营方法是先进的。他们具有很强的文化力，有很深的文化修养，他们富有创造性。他们创办、经营的企业也都具有独特的文化个性。实践说明，有什么样的企业领导人，就会有什么样的企业文化，有什么样的企业文化，就会有什么样的企业归宿。企业文化是独创的，是无法复制和粘贴的。我们在强调培育先进企业文化的时候，首先要重视培养具有较高文化素养的企业领导人。

三、培育先进企业文化的现实意义

回顾改革开放30年来，我们在培育先进企业文化方面取得了很大的成绩。今天，面对国际金融危机的严峻挑战，面对经济发展的严峻形势，我们还必须清醒地看到，我国企业经营管理方面还存在着许多薄弱环节，培育先进企业文化，全面提升企业的市场竞争能力依然任重道远，还有很多工作要做。比如，我国还有不少企业缺乏创新意识，缺少创新能力，经营管理粗放，生产技术落后，产品质量水平不高。有的企业发展后劲不足，很容易受国际市场波动的影响。这次国际金融风暴袭来的时候，这些矛盾和问题暴露得尤为明显。特别是那些产品高度依赖出口，赢利手段主要靠廉价劳动力成本，没有自主创新技术的企业，在金融“地震”面前，完全没有“抗震”的能力，只好裁员、减产，甚至停工倒闭。据研究部门统计，受金融危机影响，我国中小企业上半年已关闭6.7万家。企业的生命周期很短，平均只有2.9年，与发达国家企业平均寿命13.6年比较有很大的差距。

深入分析这类企业经营寿命短的主要原因之一，就是企业文化落后。相当一部分中小民营企业，公司管理很不规范，企业领导非组织化，发展战略短期化，经营管理家族化（或类家族化），不注重产品质量，目标市场单一，没有调整的余地，一旦受到世界金融危机的冲击，产品滞销，企业的生产经营很快就陷入困难境地。这类企业如果不赶快采取措施，不下决心转型升级，必然在市场竞争中被逐步淘汰。企业在市场竞争中优胜劣汰是正常现象，问题是我们要从现实的教训中总结经验，帮助企业适时调整产业和产品结构，加快技术更新的步伐，从人才培养入手，切实重视培育先进企业文化，激活企业的创造力，全面提升企业的抗风险能力。这也是我们总结改革开放30年经验，强调培育先进企业文化最重要的现实意义。

四、培育先进企业文化的发展方向

企业是我国经济的主体，是宏观经济的基础。针对当前部分行业、企业，特别是中小型企业生产经营和管理面对的困难，党中央、国务院调整宏观经济政策，出台支持企业的发展政策措施，由稳健的财政政策和从紧的货币政策，调整实行积极的财政政策和适度宽松的货币政策，带动社会投资、拉动国内需求、推动经济增长，为企业应对市场挑战创造良好的政策环境。

党中央、国务院这一宏观经济政策能否奏效，企业能不能渡过这个难关，我国经济能不能在这场历史性的大挑战中，因势利导，充分发挥自己的优势，驾驭风险，排除困难，谋求发展，关键在于企业发展战略是否正确，战术运用是否对头。这次世界金融危机也是对我国企业应对复杂局面能力的一次严峻考验，为培育先进企业文化提出了新课题、新任务。这次世界金融危机，对我们的影响可能不会是短期的，对我们的挑战是全方位的，不仅仅在经济方面，在政治、思想、文化各个方面都会产生一定影响。我们要积极应对挑战，要从长计议，深度思考，全面部署企业发展战略，采取切实措施，加强企业文化软实力建设。

胡锦涛总书记在党的十七大报告中第一次提出要“提高国家文化软实力”。他说：“当今时代，文化越来越成为民族凝聚力和创造力的重要源泉，越来越成为综合生产力竞争的重要因素，丰富精神文化生活越来越成为我国人民的热切愿望。”按照胡锦涛总书记的指示精神，培育先进企业文化，基本的战略指导思想应当体现在以下四个方面：

一是注重开放性。我们的企业文化应当是面向世界的。在经济全球化的大背景下，企业的国际分工日益细化，企业之间的相互依存度不断增加，资源、人力、资金都将以合作互利的方式重新配置。即使是国内企业，无论是合作、合资或者合并，也都面临着如何发挥各自优势，重新整合资源，创造更大发展空间的问题。各个国家、各个企业之间必然存在差异，有不同的文化背景和文化特征。在国际合作的过程中，我们要有自己的文化特点，也要能兼容并蓄，善于吸收其他国家、其他民族的先进文化。如果文化对立，企业不能实施有效的跨文化管理，国际化经营就将变成一句空话，企业的国际竞争力自然会受到影响。开放性是当代国际经济全球化对先进企业文化的基本要求。

二是强调创造性。文化的本质特征是创新。文化发展的终极目标，是在实现文化大发展、大繁荣的同时，激发人们的文化创造力。当今时代，创新在经济社会中的作用日益突出，国民财富的增长和人民生活的改善，越来越有赖于科技进步。谁在科技创新方面占优势，谁就能够在发展上掌握主动权。西方市场经济的管理体制发展了几百年，在这次世界金融危机中暴露出许多缺陷，必须进行变革，世界各国都在呼吁重建国际金融新秩序。我们社会主义市场经济刚刚发展起来，还很不完善，毫无疑问需要深化改革。要改革就必须创新，增强文化创造力，通过培育先进企业文化，健全企业创新机制，鼓励人人敢于创新，使创新变成社会舆论，形成社会风气。培育先进企业文化的目的，就是要努力发现不同层次的文化自觉，充分挖掘各个层次的文化潜力，实现整个企业，乃至全民族文化素质的全面提高。只有提高人的文化素质，才能最大限度地调动人的积极性和创造性，才能真正做到解放和发展社会主义生产力。

三是倡导传承性。我们是中国企业，在建设中国特色社会主义的伟大实践中，不仅要学习西方现代化企业管理的先进理论，吸收他们的先进经验，更要继承和发扬中华优秀传统文化。中华优秀传统文化最能体现中国企业的特色，是中国企业健康成长的基因，是我们的DNA，是中华民族生生不息的源泉，无论如何不能丢，要一代一代传承下去。培育先进企业文化，就是要将优秀传统文化与现代先进文化结合起来，发扬光大，在建设现代化社会主义企业的过程中，塑造中华民族的新形象，实现先进文化的再创造，将中华传统文化升华到一个新高度。只有这样，我们才能成功建设具有中国特色的社会主义企业，充分发挥中国企业的文化优势；也只有这样，才能从根本上提升社会主义企业的国际竞争能力。

四是坚持先进性。先进性是企业文化的命根子。先进性的主要标志是思想先进，能体现时代精神。先进性就要发挥主流文化的主导作用。在培育企业文化的内容上，要把马克思主义的基本原理和企业经营的实践结合起来，倡导马克思主义的世界观、人生观和价值观，将马克思主义中国化、具体化，用马克思主义的真理引导人们积极向上，热爱生活，担当责任。在培育企业文化的方式方法上，要生动活泼，讲求实效，要防止形式主义，避免庸俗化，摒弃低级趣味，采用各种文化手段，寓教育于日常生活中，动员人们满怀自信心地投入到建设小康社会的宏伟目标中去。体现企业文化的先进性，关键还在于企业领导干部的模范带头作用。领导干部的言行是企业文化先进与否的最好说明。企业文化的先进性首先是通过领导干部的先进性表现出来的，因此，培育先进企业文化，首先要教育各级企业干部带头学习、忠于职守，用自己的先进思想和模范行动，为企业员工做出表率，使企业成为培育文明的肥沃土壤。

总之，改革开放30年来，我国培育企业文化取得了可喜的成果，企业面貌发生了深刻变化。先进的企业文化，带动了中国人心灵的大震动，观念的大转变。工业科技的发展，商品经济的繁荣，以及知识经济的兴起，推动中国企业管理的方式更加人性化，企业的经营方式、甚至企业的功能都在悄然发生变化。企业不仅出优质产品，还要出优秀人才。企业不再只是人们做工挣钱、养家糊口的地方，而是员工安居乐业的场所，是实现自我价值的平台，是群众心灵栖息、感情依偎的家园。培育先进企业文化在构建和谐企业、和谐社会方面将发挥着越来越重要的作用，理应引起我们的高度关注和重视。

中国企业走向世界的文化构建

——全球化发展中的中远跨文化管理探析

中国远洋运输（集团）总公司党组书记 张富生

实施“走出去”战略，开展跨国经营，是党中央在新的历史条件下做出的一项旨在促进经济长期可持续发展的重要战略决策，是我国企业提高国际竞争力、成长为具有较强实力的跨国公司的必由之路。在党中央号召下，近年来中国企业的“走出去”战略取得显著进展，一批中国企业成为全球知名品牌。中国远洋运输（集团）总公司是较早开展跨国经营并实施“走出去”战略的国有企业。早在上个世纪六七十年代，中远就在海外陆续设立了80余家航运代表处，主要从事航运代理、揽货等业务；80年代开始在海外陆续成立合资合营公司和独资公司。上个世纪90年代以后，随着我国改革开放地不断深入，国际经贸往来日益扩大，中远“走出去”步伐加快，海外业务取得迅猛发展，逐渐“由跨国经营向跨国公司转变，由全球航运承运人向以国际航运为依托的全球物流经营人转变”。目前，中远全球网络已覆盖五大洲，航线遍及世界160多个国家和地区的1500多个港口，在50多个国家和地区设有公司和办事机构。在海外形成了香港、欧洲、美洲、新加坡、日本、澳洲、韩国、非洲和西亚等9大区域公司，海外控股有3家上市公司，海外员工5000余人。海外资产、收入都已占集团总资产、总收入的一半，主要国际化经营指数接近联合国“全球跨国公司100强”的标准。

中国企业走向世界，不仅是地理空间和业务领域的拓展，更是一个跨文化管理和文化融合的延伸。通过中远30年的跨国经营实践，我们深深体会到，在跨国经营的同时必须高度重视跨文化管理，只有通过文化制胜，打造和培育统一强势、兼容并蓄、开放包容的跨国公司企业文化，才能使中国企业真正从“走出去”到“融进去”，实现从跨国经营向跨国公司的转变，并在全球化发展中占有一席之地。

我们认为，中国企业走向世界，加强跨文化管理，关键要解决好三个方面的问题。

一、尊重文化多元性，解决企业文化“入乡随俗”问题

在多元文化条件下开展跨国经营，过去一直是困扰跨国公司的一个难题。中国企业要走向世界，必然会遇到由于文化背景、思维方式、风俗习惯、教育程度、宗教信仰等方面差异所带来的不同文化间的矛盾和冲突，迫切需要进行跨文化企业管理。文化是历史的传承，是一个国家、一个民族生存发展的根基。实施跨文化管理，首先要尊重世界文化的多元性，适应所在国家和民族的本土文化，做到企业文化“入乡随俗”，否则，跨国经营就会因“水土不服”而举步维艰，陷入困境。

中远在世界50多个国家和地区拥有分支机构和业务网点，多元文化特征非常明显。一直以来，我们始终坚持把企业文化“入

乡随俗”作为跨文化管理的首要前提，采取积极有效的措施，促进中远海外业务拓展。一是坚持“全球化思维，本土化运作”。我们在海外大量招募使用外籍雇员，已占海外员工总数的90%。我们通过充分发挥外籍雇员熟悉当地人文社会环境、贴近海外市场、熟悉国际商业规则、专业素质较高的特点优势，使中远的海外业务迅速发展。二是遵守当地法律法规。中远在海外拓展业务前，一般都要深入研究当地的法律法规，选派熟悉法律、精通外语、专业能力强的骨干担任海外公司高级经营管理人员。我们还在海外聘请当地资深律师担任法律顾问，严格依法经营，依法治企，规避法律风险。三是尊重外籍雇员。中远派出的驻外员工，坚持做到不以投资者代表自居，而是与外籍雇员加强沟通交流，平等相处，主动征求外籍雇员对企业发展的意见和建议，这在重视个人价值的西方社会受到普遍欢迎。比如，中远澳洲公司制订了中外员工身份平等、责权利统一、人格相互尊重的“十项原则”和具体措施，充分调动了来自16个民族的117名外籍雇员的积极性和创造性。四是尊重不同的宗教信仰和风俗习惯。中远海外公司注意吸取其他跨国公司因不同宗教信仰、不同风俗习惯引发的跨文化冲突的教训，充分尊重所在国当地的宗教信仰和风俗习惯，根据西方文化的特点，开展了一系列企业文化活动，起到了良好效果。比如，中远香港集团每年举办的“春茗”活动，就是适应当地风俗，对员工进行“爱港、爱国、爱中远”教育的有效途径；中远欧洲公司举办的“小欧洲杯”足球赛，使来自欧洲十几个国家的中外员工，通过“以球会友”，增进了了解，加强了团队建设；中远澳洲公司尊重外籍雇员的生活交往习惯，每年圣诞节和公司生日都举办员工派对，营造了和谐融洽的企业氛围。

二、把握文化差异性，解决企业文化求同存异问题

由于不同文化具有不同的价值观念、伦理道德、风俗习惯、思维方式和行为方式，这在很大程度上都将增加管理的复杂性，带来种种文化风险，处理不当就可能引起文化冲突，亟需寻找一种能够妥善处理这些差异的跨文化管理模式，在尊重差异中扩大认同，在包容多样中形成共识。

中远在跨国经营中遇到的文化差异和冲突，主要表现为三种形式：一是中远文化和本土文化的冲突。中远文化是以爱国主义为核心的企业文化，强调国家利益高于一切，个人利益服从集体利益；而西方文化崇尚个人价值，张扬个性，更多强调家庭和个人的利益。二是企业中不同文化背景员工之间的冲突。由于中外员工文化背景不同，思维方式、行为方式有时也往往大相径庭，如果不进行相关的文化培训，中外员工彼此很难理解适应对方的行为方式，容易产生文化冲突。三是由于政体不同给企业生产经营带来的影响。由于社会制度不同，部分西方人士对中远这样的国有企业存有偏见，认为我们有浓厚的政治色彩，不完全是市场经济主体，以至于在海外业务拓展上设置种种障碍，采取一些歧视性政策等等。

我们认为，文化制度的差异是客观存在、无法回避的现实，正确认识和准确把握文化、制度的差异性，努力做到求大同存小异，把文化制度差异可能引发的矛盾和冲突减小到最低，是实施跨文化管理的一项重要内容。中远在这方面做了较好的尝试，主要体现在“三个结合”上。

中远文化和本土文化相结合。我们认为，无论是以爱国主义为核心的中远文化，还是注重个人价值实现的西方文化，都有着共同的文化元素，即讲求诚信、恪尽职守，这是人类普遍的精神追求和价值观念。基于这一认识，我们在两种文化之间搭建桥梁，寻找结合点，把打造诚信文化、责任文化作为加强海外企业文化建设的主旋律，把共同利益、共同目标、共同发展作为“求大同”的出发点和落脚点，使中外员工普遍树立恪尽职守、诚信负责的基本准则和职业道德，为企业发展尽心尽力，努力工作。中外文化都具有文化激励的特征。中国文化注重树立先进典型，典型引路；而西方社会崇尚英雄主义，注重个人价值的实现。我们把两者有机结合起来，把国内评选劳模的做法延伸到海外公司外籍雇员中，每年都评选一批“洋劳模”，组织他们到国内集团总部参观、考察、交流，同时在海外公司中还向为中远服务5～15年以上的外籍员工颁发铜牌、银牌和金牌，进一步增强了外籍雇员的自豪感和荣誉感。

“走出去”和“请进来”相结合。加强沟通，增强互信，是跨国经营企业融入当地主流社会，赢得各界认同的重要手段，也是跨文化管理的重要内容。针对持有偏见的部分西方政府和社会人士对中远采取的“受控承运人”等歧视性政策和不利言论，只有主动“走出去”、热情“请进来”，加强与国外政府和社会名流的双向沟通交流，加强在海外的新闻舆论宣传，才能增进理解，增强互信，消除偏见，树立企业的良好形象。中远高层每年都不定期到海外国家拜访政府高官、议员等，在著名高校、国际论坛上发表公开演讲，主动接受国外媒体的采访。同时，我们还聘请美国前国务卿黑格、英国前首相希思担任高级名誉顾问，按照国际惯例聘请公关公司开展公关活动，充分发挥他们的作用，树立正面形象，扩大中远影响。此外，我们还积极邀请并促成西方政府高官和议员访问中国、访问中远，使他们亲身感受中国改革开放的巨大成就和中远发展壮大的显著变化，使他们成为中远在海外发展的有力支持者。通过“走出去”、“请进来”，中远的市场经济主体地位被西方社会广泛认同。比如，美国取消了对中远“受控承运人”的不公正待遇，中远收购西雅图长滩港码头的项目也从一度搁浅到得以成功实现。

西方管理模式和东方“人情味”相结合。以“法”为重心的西方式管理，尊重规则和秩序，强调循序渐进。以“情”为特质的中国式管理，则注重发掘人的内在价值和积极性，强调管理中的人和效应。两种管理模式各有利弊，有很强的互补性，对跨文化管理具有重要借鉴作用。中远在跨国经营中，把西方管理模式与东方“人情味”有机结合起来，使之融为一体。一方面，依法治企，严格管理，科学管理，推进企业管理的制度化、规范化；另一方面，我们坚持以人为本，关爱员工，从关心人、理解人出发，多做感情投资，化解各种矛盾和纠纷，本着互谅、互管、互促的诚恳态度，在共同的经营管理中实现一致目标。比如，中远在 20 世纪 90 年代曾收购意大利那不勒斯的一家码头公司，遭到码头工会和工人的抵制和反对，中方总经理人身安全甚至一度受到威胁。中方总经理不顾个人安危，主动与码头工会谈判，与工人交流，表明了中远收购码头不仅不会损害工人利益，相反还能维护和提高码头工人待遇的诚恳态度。通过科学严格的管理，并辅之以富有“人情味”的激励手段，充分调动了码头工人的积极性，码头业务蒸蒸日上，工人待遇稳步提高。这家码头公司成为中远在欧洲投资回报最好的项目，也是中远集装箱欧洲航线保班、抢班的最重要港口。

三、突出文化开放性，解决企业文化融合再造问题

打造统一强势的企业文化，对于跨国公司全球化发展至关重要。而形成统一强势的企业文化，必然要对跨国公司内部多样性、差异化的文化元素进行有效整合和融合再造。这是跨文化管理的必然阶段和终极目标。

做好企业文化融合再造，我们认为必须坚持以下三个原则：一是保持中远文化本色。以爱国主义为核心的企业文化是几代中远人创业实践的文化积淀，是中远企业文化的根基。中远跨国经营是国有独资（控股）企业在海外发展业务，国有企业性质没有因跨国经营而改变，以爱国主义为核心的企业文化依然是中远文化的主流、跨文化管理的主体，这一文化本色不能褪色。二是具有兼容开放特点。跨国公司企业文化要保持住自己的主流文化，但又不能固步自封、守旧僵化，同时要以全球化视野和开放包容的心态，善于吸收、借鉴、移植西方文化中的合理元素，将主流文化与西方先进文化融会贯通，有机结合，取长补短，调整再造，使之成为更具生命力、更富活力的跨国公司企业文化。三是具有普遍适用价值。融合再造后的跨国公司企业文化要具有普遍的适用性，一定要能为本企业不同国籍、不同民族、不同信仰、不同身份的中外员工所认同、理解和接受。否则，这种文化再造就是失败的，也失去了原本的意义，长期看将严重影响跨国公司的可持续发展。

在坚持三个原则的前提下，我们认为打造统一强势、兼容并蓄、开放包容的跨国公司企业文化，还要注重抓好三个环节：

第一，要善于提升完善具有普适性的企业文化核心理念。中远以爱国主义为核心的企业文化理念，在企业初创期和发展期分别被概括为“艰苦创业、爱国奉献”、“求是创新、图强报国”。这些理念在中远改革发展历程中发挥了不可替代的作用，影响激励了几代中远人立志远洋、拼搏奉献，成为中远核心竞争力的重要组成部分。全球化发展时代，以爱国主义为核心的企业文化仍然是中远文化的主旋律，但要根据全球化特征，不断丰富发展和提升企业文化核心理念的内涵。当今世界，国际经贸往来更加紧密，相互间的依存度不断提高，一方独占资源、独霸市场、独享利益的传统格局被彻底打破，竞合发展、和谐共赢已成为时代的基本特征。我们认为，和谐共赢既是时代特征，也是爱国主义在全球化发展时期的集中体现，具有很强的文化普适性。基于这一认识，我们把“和谐共赢”作为全球化发展时期中远文化核心理念的基本元素，由此确定了“保持与客户、员工、合作伙伴诚实互信的关系，最大程度地回报股东、社会和环境”的企业使命，并采取有效措施积极实践，使企业文化理念和使命逐渐成为现实。

第二，要善于吸收借鉴不同文化中使用价值高的文化特质。企业在跨文化管理中，要优先引进和借用不同文化中使用价值高的文化特质，优先整合人类文化中共同财富的东西。比如，泰罗的科学管理理论、戴明的全面质量管理理论，德鲁克的目标管理理论等，都是西方管理文化中使用价值比较高的文化成果，都能被世界各国企业快速地接受和应用。又比如，以公司制为代表的现代企业制度是人类工业文明的结晶，在市场经济中整合公司制与中国市场经济的企业制度中，不仅是完全必要的，而且是可行和有益的。中远在跨国经营中，随时注意吸收借鉴西方现代管理的成熟经验，积极推进全面质量管理、六个西格玛、精益管理，加入“全球契约”行动等，使之成为中远跨文化管理的重要内容，得到了各成员企业和中外员工的普遍认同。

第三，要善于转化企业文化再造的成果。打造统一强势、兼容并蓄、开放包容的跨国公司企业文化，实施文化融合再造是一个长期的循序渐进的过程，是一个相对复杂和难度较大的过程，不能一蹴而就。必须遵循企业文化的建设规律，在理念、制度和物质三个层面，全面推进，协调发展。要将企业文化再造成果，通过制度固定下来，形成统一的标准和准则，规范中外员工的行为。要加强跨国公司企业文化的宣传培训，各级经营管理人员要以身作则，率先垂范，带头宣传和践行企业文化理念，扩大文化认知度，强化文化认同感，增强中外员工践行企业文化的自觉性。要进一步创新载体，丰富手段，通过举办能够充分体现企业文化核心理念的各类文化活动和文化形式，如“三学一创”、表彰先进、公司庆典、主题实践活动、论坛交流等，增强文化的感染力，扩大文化的影响力，有效巩固企业文化的再造成果。

我国外交理念的传承与发展

中共中央对外联络部高级研究员　俞　邃

改革开放30年以来形成的中国特色社会主义理论体系，包含外交方面的内容。

在我国的外交理念中，弘扬传统、与时俱进和务实创新是紧密结合的。这里谈谈个人的认识和体会。

一、中国外交理念的范畴

我国外交理念业已形成体系，其基石是和平共处五项原则，杠杆是独立自主的和平外交政策，旗帜是和平、发展、合作，远景是推动建设持久和平、共同繁荣的和谐世界，道路是和平发展，办法是互利共赢。30年来，我国外交之所以获得如此巨大的成功，就在于把握了时代主题与世界局势的本质，坚持了外交的独立自主性与和平性，适时提出新倡议、采取新举措，从而达到了优化环境，扩大影响，树立形象，趋利避害的目的。这一切，主要体现在世界观、认识论和方法论三大方面。

关于世界观，形成了五个基本观点：一是时代主题观。20世纪80年代初，邓小平首先做出了和平与发展成为当今时代主题的科学论断，后来又告诫说和平与发展两大问题至今一个也没有解决。党的十六大以来，又提出高举和平、发展、合作的旗帜。和平是条件，发展是目的，合作是手段。二是战争和平观。邓小平于1985年6月提出在一个较长的时间内不发生大规模世界战争是有可能的，维护世界和平是有希望的。后来他又多次说过，看来会有个比较长时间的和平环境，要紧紧抓住经济建设这个中心，不要丧失时机。后来党中央又做出总体缓和，局部紧张；总体和平，局部战争；总体稳定，局部动荡的论断。三是世界格局观。世界格局走向多极化，是邓小平在冷战结束前提出的。直到党的十七大，仍坚持“世界多极化不可逆转”的提法，并且进一步强调指出“经济全球化深入发展，科技革命加速推进全球核区域合作方兴未艾，国与国相互依存日益紧密”。四是国际秩序观。邓小平于1988年9月首先提出在和平共处五项原则基础上建立国际政治新秩序的任务。后来，党中央不断丰富国际新秩序的内容，提出了以“必须摒弃‘冷战思维’，反对集团政治，必须以和平方式解决国家之间的分歧或争端，不诉诸武力或以武力相威胁”等为主要内涵的“新安全观”，同时主张和平变革，促进国际政治民主与文明的发展。五是社会制度观。承认社会主义（更不用说初级阶段）必须充分运用人类社会在资本主义发展阶段所取得的各种文明成果，完善自己，发展自己，最终超越和取代资本主义，从而树立了建设有中国特色社会主义的伟大理论与实践。

关于认识论，形成了五个基本论断：一是自我认识论。强调中国处于“社会主义初级阶段”，是一个发展中国家。前者是我国国内发展战略和各项政策的基点，后者是我国制定国际战略和对外政策的基点。二是世界多样化与国际关系民主化论。认为没有多样化就不成其为世界，强调文明互补，主张各国人民有权根据本国国情和自己的意愿，选择社会制度和发展道路。国家不分大小、强弱、贫富，主权一律平等。国家之间关系的正确选择便是根据和平共处五项原则，友好相处，互利合作，促进发展，共同繁荣。三是本国国情与时代特征结合论。党的基本路线是党在社会主义初级阶段的政治路线。我国建设有中国特色社会主义的伟大实践集中到一点，就是毫不动摇地坚持这一基本路线。其中的“一个中心、两个基本点”，就是将本国国情与时代特征紧密结合的产物。四是大国关系互动论。大国之间的竞争与合作同在，摩擦与妥协并存，主张加强对话，形成一种各方受益、互不敌对、彼此借重的新型关系。五是机遇挑战并存论。外部条件也存在两重性，要居安思危，扩大机遇，应付挑战，趋利避害。策略运用得当，挑战可以转化为机遇；反之，机遇也可能变成挑战。

关于方法论，涉及处理五个主要方面的关系：一是维护国家利益与对人类作贡献的关系。中国是一个社会主义国家，从来都是把自身的发展同世界的发展联系在一起。尽管中国是一个发展中国家，仍在力所能及范围内给予国际正义事业以支持。对于一切国际事务，都从中国人民和世界人民的根本利益出发，根据事情本身的是非曲直，决定自己的立场和政策。二是不结盟与战略协作的关系。冷战结束后，我国不拘泥于传统观念，在坚持不结盟的前提下，同一些大国建立了带有战略涵义的各种关系，强调双边关系的健康标志在于不针对任何第三国，三角关系的合理运行在于不打牌，不去做联合一方反对另一方的事情。三是外交布局中大国与发展中国家的关系。中国积极参与大国协调，同时倚重和支持发展中国家，努力促进发展中国家和发达国家之间的联系与合作。四是党际交往与国家外交的关系。按照独立自主、完全平等、互相尊重、互不干涉内部事务的原则，通过加强党际联系和交往来推动国家关系的发展。五是原则坚定性与策略灵活性的关系。两者互为结合，既维护国家利益，又推进国家之间互利合作关系的发展。

二、弘扬传统 务实创新

我国外交早已有过一些经典性的提法，最突出的也是影响最大的，莫过于和平共处五项原则。这就是：互相尊重主权和领土完整、互不侵犯、互不干涉内政、平等互利、和平共处。

我国率先于1953年酿成，于1954年与印度和缅甸共同提出的和平共处五项原则，充分反映了第二次世界大战结束之后，殖民主义瓦解过程中广大新独立国家维护主权成果和建立国际新秩序的共同愿望，融会了各国人民试图运用软实力对抗任何外来侵略势力的卓越智慧，体现了和平与发展开始成为时代主题所产生的强大动力。和平共处五项原则以其内涵的完整性、兼容性和稳定性，以及便于运作的务实性、普适性和动员性，越来越被世人所接受而经久不衰。

和平共处五项原则是中国外交的基石。我国领导人正是在传承和平共处五项原则的基础上，与时俱进，务实创新，不断开拓着我国外交的新局面和确立了我国负责任大国的国际地位。

其一，坚定走和平发展的道路。和平发展，就是要营造一个良好的周边环境与国际环境，在安全、稳定的条件下加速社会经济发展；就是要本着崇高的以人为本的和平目的，造福于中华民族，造福于全人类；就是要采取和平的方式并经过和平的途径，全面建设小康社会，避免来自内外的冲突和对抗；就是要维护世界和平与稳定，促进人类发展与进步，亦即我国几代领导人所倡导的“中国应当对于人类有较大的贡献”。中国之所以选择和平发展的道路，是由中华民族的根本利益决定的，是中国社会主义国家性质决定的，也是当今时代的发展潮流决定的。

其二，奉行独立自主的和平外交政策。“对内和谐发展，对外和平合作”，意味着外交政策是和平性的。这是把和平共处五项原则政策化，其中包括“睦邻友好、互利合作”这样的传统口号。随后的发展是“睦邻”派生出“以邻为伴、与邻为善”；“友好”派生出各种说法的“伙伴关系”，如“战略协作伙伴关系”、“全面合作伙伴关系”等等；“互利”派生出“双赢、共赢”；“合作”被提升到与时代主题“和平与发展”并列的高度。还可以看出，中国外交中注入了富有感染力的文化传统因素，如“和为贵”、“和而不同”、“以人为本”等，反映了当今世界各国人民在维护和平、促进发展和推动合作方面“同声相应，同气相求”的意愿。

其三，确立不同角度对象国的地位，亦即周边国家关系是首要，大国关系是关键，发展中国家关系是基础。中国奉行全方位外交，提出要积极营造和平稳定的国际环境、睦邻友好的周边环境、平等互利的合作环境、互信协作的安全环境和客观友善的舆论环境。处理国家关系的原则完整化，包括国家利益原则、平等互利原则、不结盟原则、反对霸权主义原则、不以意识形态划线原则、共同发展原则、面向未来原则、多样性原则和联合国核心作用原则。我国从原先重视发展双边关系，到后来越来越积极参与多边活动，可以说是外交上的一次飞跃。

其四，提出推动建设以“持久和平、共同繁荣”为内涵的和谐地区、和谐亚洲、和谐世界的主张。

值得一提的是，和平共处五项原则的对立物——霸权主义和强权政治，在冷战结束后也抛出了不少挑衅性的新提法、新花样。例如“有限主权论”、“人权高于主权论”——挑战国家主权原则；“侵略有理论”——挑战互不干涉内政原则；“先发制人论”——挑战互相尊重、互不侵犯原则；“单边主义”、“单极世界论”——挑战主权平等原则与联合国地位；“文明冲突论”——挑战世界多样化与和平共处亦即“和而不同”原则。这些“理论”虽曾风靡一时，但多半是要么遭唾弃，要么夭折，要么不得不用冠冕堂皇的外衣加以包装，仍具有一定欺骗性。

三、锐意精进　排除干扰

我国在对外关系中取得卓越成就从而引起举世瞩目，源于中华振兴的强烈诉求和宏伟目标的外交动力，源于积极推进建设持久和平、共同繁荣的和谐世界的外交潜力，源于登高望远的传承性和与时俱进性的魅力。

我国外交在前进过程中，无论是从认识上还是举措上，都要排除来自各方面的干扰。这里列举几点：

其一，关于和平发展与和平崛起的关系。和平发展是主观既定方针，和平崛起则是客观表现形态。两者本质相同。主观上，使用和平发展的概念更为确切；但是，承认客观上的和平崛起也是天经地义的。那种想借助外文字眼渲染“崛起”的侵略性，来诋毁中国发展的和平性，显然有着险恶的用心，也是徒劳无益的。

其二，关于中国对世界影响的评估。中国离不开世界，世界也离不开中国，这是真理。随着中国成为国际战略体系的重要平衡力量，由顺应时代潮流进入到逐渐引导时代潮流，因而“世界离不开中国”越来越成为人们的共识。正如俄罗斯总统普京2008年2月14日在他任期最后一次大型记者招待会上所说：俄中两国“是世界上最大的稳定因素”。当然，对于中国影响力的评估要适当，既不应过誉，也不必忌讳。

其三，关于“中国威胁论”与“中国机遇论”的比较。如今，

“中国机遇论”要盖过“中国威胁论”，但后者仍有市场，不可低估。针对“中国威胁论”，新加坡政治家李光耀先生前不久说过非常公允的话，他责问“印度过去每年百分之八到百分之九的快速经济成长，为何不仅没引起世界的忧虑，美国、日本和西欧国家反而热衷于到印度投资，以协助这一个重量级国家发展？为何以同样速度和平崛起的中国，却引来西方的忧虑？”扬言“中国威胁”，有的是出于误解疑虑，有的是恶意攻击，情况不都一样。中国有过这样的至理名言：“木秀于林，风必摧之；堆出于岸，流必湍之；行高于人，众必非之。”这也可用来解释“中国威胁论”的诱因之一。

其四，关于建立和谐世界的理念。党的十七大报告以及党和国家领导人的讲话，都十分明确地说是推进建设持久和平、共同繁荣的和谐世界。“持久和平、共同繁荣”是和谐世界的内涵界定，这是从时代主题“和平与发展”引申而来的。“持久和平”和“共同繁荣”是人类的期盼，谁也不会公开反对。因此，提出建设和谐世界，是符合时代精神、切实可行的。如果把和谐世界随意解释为“大同世界”，愿望再好，也只能产生适得其反的效果。

中国战略文化及其政治活力

中国国际问题研究所研究员 刘学成

在过去30年中，中国伴随着亚洲的兴起和世界的变革而迅速崛起。从1978年到2008年，我国国内生产总值从1473亿美元增至3.37万亿美元，年均增长9.6%；我国外贸进出口量从206万美元增至1.42万亿美元，年均增长16%。截止2008年底，中国外汇储备约1.9万亿美元，成为世界外汇最大储备国。据世界银行统计，中国在此期间为世界经济增长做出了13%的贡献。今天，我国已经成为世界上第三大经济体和第三大贸易国，国内生产总值超过了德国、法国、英国和意大利，仅次于美国和日本。然而，中国的快速发展面临着巨大的社会和经济挑战。国际社会也以怀疑和担忧的目光，注视着这个奇迹般的东方大国。

中国无法向其他国家借鉴其历史上发展的成功经验，以此来解决与其快速增长相关的迫切的国内和国际问题。中国提出了新的科学发展观，坚持以人为本和可持续发展。中国试图寻求一种以可持续发展为特点的新的发展模式，和平发展，互利互惠，合作共赢。中国领导人呼吁通过缩小贫富差距，缩小沿海地区和西部落后地区之间的差距，缩小城乡差距，建立一个和谐的社会。中国呼吁建设一个持久和平、共同繁荣的和谐世界。

中国的发展，如同其他任何发展中国家一样，这在后工业化时代是一个伟大的历史性的现代化实验。“和平共处”、“共同发展”和“多边合作”，已经成为我国新的外交和安全政策的核心价值观。“北京共识”、“中国的软实力”、“中国的新外交”和“中国的新安全观”，这些流行语已经频繁地出现在外交文件和安全政策分析中，并与“中华之崛起”共同出现。

自20世纪90年代中期以来，中外学者和政策分析家已经把他们的学术兴趣转移到了研究中国的战略文化、并试图寻找中国奇迹般崛起的原因和探索其未来发展的方向上。在很大程度上，战略文化决定战略选择。战略文化一般可分为两类：冲突的战略文化与合作的战略文化。当代学者们通常引用孙子的战争艺术来支持中国的冲突战略文化，而通过坚持儒家文化来诠释合作的战略文化。事实上，前者是传统的中国军事文化，而后者是传统的政治文化。本文中，我试图从政治角度来评估中国战略文化，并为学术耕耘和政策探讨做一点贡献。

一、中国的新战略文化

战略文化研究是在外交和安全政策领域分析和解释国家决策者治国行为的新努力。在学术界，对战略文化的定义仍难以取得共识。就中国战略文化而言，在其形成和发展的历史长河中，形成了许多学派，可以用“百花齐放，百家争鸣”来形容。

就内政而言，中国的战略文化的形成和发展源于中国传统哲学中的三个基本理念：“和为贵”、“以人为本”和“民以食为天”。至于对外关系，它是国内政治的外延，体现在国家主权平等、互利共赢、和平共处和多边合作四个基本原则上。

中国的战略文化在新外交和新安全观方面体现在四个领域：追求伙伴关系而非领导关系，是友谊而非对抗；致力于平等、相互安全与共同繁荣；把经济置于政治之上；认识世界的多样性，强调和平共处，谋求多边合作。

（一）追求友谊而非对抗，是伙伴关系而非领导关系

中国一直坚持的原则是主权平等和不干涉别国内政。全世界所有国家，不分大小、贫富、强弱，都是平等的国际社会的成员。全世界所有国家都是独立的主权国家，各国事务应该由各国人民自己作主。任何一个国家或国家集团，都无权垄断国际事务或干涉别国内政。世界事务应该由世界各国人民平等协商，国与国之间的争端应通过和平谈判加以解决。在建立新的国际政治经济新秩序过程中，国际社会应该反对霸权主义和强权政治。我们不应该把对方视为潜在的竞争对手，而应把重点放在努力建立伙伴关系上。

上海合作组织（SCO）是一个致力于共同安全的成功范例。自 1996 年创立“上合五国”进程以来，中国、俄罗斯、塔吉克斯坦、吉尔吉斯斯坦和哈萨克斯坦相继签署在边境地区军事领域建立信任措施和边境地区相互裁减军事力量的协议，并通过友好谈判、互谅互让，妥善解决边界历史遗留问题。“上合五国”率先在该地区打击恐怖主义、分裂主义和极端主义三股邪恶势力。自从上海合作组织成立以来，6 个成员国已经签署了关于打击恐怖主义、分裂主义、极端主义和建立反恐机构的上海公约。上海合作组织各成员，积极参与区域打击恐怖主义的斗争，致力于区域经济合作。他们安全合作的方式是基于不结盟、不对抗、不针对任何其他国家或地区的新安全观。其政策目标是谋求会员国组织的共同安全和共同发展。运作的组织原则是互信、互利、平等和

协作。他们把重点放在通过对话建立相互信任和以合作求安全上。

（二）致力于平等、相互安全与共同繁荣

自“9·11”事件以来，亚洲安全格局已经发生巨大而深刻的变化。不稳定和不确定因素明显增强，恐怖主义和其他非传统安全问题越来越突出。在此背景下，亚洲国家已经调整了它们的对内和对外政策，以适应不断变化的形势和应对新的安全威胁与挑战。新的安全挑战对传统安全概念和安全战略提出了疑问。在这种情况下，应对共同威胁使各国求同存异成为可能。新的安全局势强烈呼吁新的安全观念和应对方法，以便应对新出现的威胁与挑战。

安全概念建立在双赢的基础上，而非立足于零和游戏。基于冲突和对抗的传统安全理论，主张一个国家的安全只有在牺牲其他国家安全的基础上才能得到保证。遏制、均势、相互毁灭的威慑以及盛行于冷战时期的其他理论，都是冷战思维的产物。然而，21 世纪的世界不应该再发生 20 世纪的战争和屠杀，21 世纪必须成为一个为人类谋求福祉的和平与发展的世纪。

中国坚持认为，安全合作的新机制应符合合作安全的原则，即应通过对话消除疑虑，建立信任；通过合作确保平等和相互安全；在寻求自身安全的同时也应考虑他国的安全，而且应该通过磋商和协调加强合作，而不应把自己的意志强加于人。在这种新的安全机制下，所有国家都在平等互利的基础上共同谋求发展。

（三）把经济置于政治之上

人类历史反复证明，和平与发展是紧密联系在一起的。安全

和繁荣有其内在的逻辑，和平是发展的基本条件，而共同发展有助于促进地区和平。冷战结束后，各国都在优先考虑他们的经济复苏和增长。在亚洲金融危机后，各国更重视经济安全，加强了经济改革和调整，并更加积极地参与和推动地区多边经济合作。为维护亚洲的和平与稳定，经济因素正日益成为一个重要因素。亚洲是世界上贫困人口最多的地区，并且大多数国家属于发展中国家。在该地区，各国社会和经济发展处于不同的层次，并且财富差距很大。发展是该区域最紧迫的问题，各国政府都把发展置于最优先的地位。如果发展问题不能得到很好的解决，那么亚洲就不可能享有持久的和平与安全。我们应该优先推进发展，促进共同繁荣。我们应该努力探索适应该地区条件的发展战略，减少贫困，提高生活水平。不管是在一个国家还是整个地区，我们都应优化经济结构，转变增长方式，以便实现全面、协调和可持续发展。

长远来看，经济安全是政治安全的可靠基础。成功的经济合作可以促进政治互信，而政治信任又可以成为创造共同安全的有利环境的催化剂。

（四）文明的多样性和多边合作的必要性

随着经济全球化和区域一体化，传统安全和非传统安全问题相互交织，并且国家间的相互依存不断增强。越来越多的安全威胁，如国际恐怖主义，大规模杀伤性武器的扩散，传染性疾病的爆发和蔓延以及生态环境的日益恶化，正日益变得区域化甚至全球化。这些威胁和挑战不是一个或几个国家所能解决的。为了应对这些共同的威胁和促进共同发展，必须促进和加强各国间的相互合作。中国大力支持建立区域安全和发展的对话与合作机制。中国认为，亚洲安全的关键保障来自于一个以对话而非对抗为特点的区域安全框架。

中国认为，世界是多样化的，因此文明多样性应该得到保持，并且发展的各种模式也应得到尊重。世界上的每一种文明都具有悠久的发展历史，其中的每一种文明都有其各自的优点。不同文明和不同发展模式之间应相互学习，通过比较和竞争相互补充，鼓励和支持每个国家根据本国国情采取相应的发展道路。不同民族之间应该提倡相互了解和信任，通过对话和协商，使不同文明之间的互动不断加强，以便实现世界各国和平共处、和谐共处。

二、中国与亚洲各国共享的价值观

中国的新安全观在同冷战思维和强权政治的斗争中逐渐形成。它在继承和平共处五项原则的基础上诞生。1954 年，周恩来总理访问印度和缅甸。中印和中缅发表的联合声明宣布，在和平共处五项原则的指导下发展双边关系，并且主张这些原则应该成为世界上新型国家关系的行为准则，成为建立新的国际秩序的基本原则。1956 年召开的万隆会议重申了这些基本原则。

冷战结束后，当今世界的一个显著的特点是亚洲的崛起及其在国际舞台上日益增长的经济实力和政治影响力。应从更广泛的战略角度来审视亚洲的崛起，应在亚洲合作和一体化的框架内加以解释，亚洲决策者和战略规划者必须超越不同版本的传统威胁论和威慑战略，共同致力于区域合作和一体化进程，建立一个享有共同安全和繁荣的亚洲命运共同体。

中国与东盟在很大程度上已经形成一个共同体，具有同样的安全观。双方都乐于运用非正式协商进程，并在安全对话与合作过程中强调包容和相互信任的重要性，坚持循序渐进、照顾各方舒适度、协商一致的决策原则以及不干涉他国的内政。这是符合中国的外交和安全政策的，是符合中国的新安全观和和平共处五项原则的。这些原则不仅将指导今后的合作进程，而且将为其他区域组织提供参考。这些方式已被称为“东盟方式”。“东盟方式”是建立在由中国和印度在20世纪50年代倡导的和平共处五项原则的基础之上的，也体现在20世纪70年代东盟创始国签署的友好与合作条约之中。

随着全球化和区域集团化的蓬勃发展，亚洲区域合作和一体化的势头方兴未艾，不可阻挡。亚洲区域主义倡导者认为，其合理性不仅体现在区域经济利益上，而且还有政治和安全利益上。亚洲的崛起具有三个特点，它们是在共同价值观基础上的三个决定性的标志。

（一）多边主义

亚洲各种合作进程都是多层次、多方面的，并且彼此重迭，构成相互竞争而又相互补充的局面。东亚峰会不会取代其他次区域对话与合作机制，如南亚区域合作联盟，“10＋3”、东盟地区论坛和上海合作组织。目前，已经出现了几个旨在促进泛亚洲合作的对话机制，如中国发起的博鳌亚洲论坛、印度发起的亚洲安全会议、泰国发起的亚洲合作对话，东亚首脑会议也已超越东亚的地域范畴。

（二）开放的区域主义

开放的区域主义体现在成员的开放性，问题的全面性和协商一致的决策方式上。东盟在加快内部合作和整合的同时，建立了一些对话机制并以东盟作为主导力量，如东盟地区论坛、亚太安全合作理事会、“10+1”对话机制和东亚峰会。亚洲几乎所有主要国家都普遍参与了这些机制，如中国、日本和印度。最近，中国和日本已获得了南亚区域合作联盟观察员的地位，印度也获得了上海合作组织观察员的地位。中国、印度和日本已是东亚峰会的成员国。他们所讨论的问题，既包括传统安全和非传统安全问题，涉及从经济到公共卫生各个方面的问题。在这些对话会议上，决策过程是建立在平等对话、协商一致的基础之上，不允许任何国家垄断决策，把自己的意志强加于人。

（三）共同的亚洲价值观

综观全球力量结构，权力的重心正在迅速向亚洲转移，并且改变着应对国际挑战的框架和模式。由于该地区不同的政治制度和意识形态，不同的宗教、文化、文明以及不同的社会经济发展水平，强调共同价值观无助于促进亚洲合作和一体化。亚洲对话与合作已经形成了普遍认同的“东盟方式”，并且指导着所有这些对话进程。“东盟方式”在区域合作过程中已经逐步形成体系，主要原则如下：

（1）尊重国家主权和领土完整；

（2）不干涉主权国家的内政；

（3）平等互利，和平共处；

（4）用外交手段而非武力解决争端；

（5）平等互利，协商一致；

（6）渐进主义和志愿主义。

所有这些原则，都植根于东方文明，并且在亚洲区域合作的过程中产生，在该地区已经得到普遍认同，并将在亚洲合作共同体的创建过程中得到丰富和发展。亚洲国家在指导自身的双边和多边互动中认同这些价值观念。它们构成了促进地域合作的共同基础。

三、中国当前的政治活力

回顾已经发表的大量文献资料，有关战略文化的定义仍在争论之中，人们以自己的方式和观点对它加以理解。我认为，中国目前的战略文化是深深植根于我国传统的政治哲学，反映了在目前内外环境下中国崛起的需求。此外，它体现在争取民族独立和国家重建斗争中亚洲文明的巨大演变之中，并在过去50年里开创亚洲国际关系的实践中得到了丰富与发展。

外交政策通常是国内政治的延伸。国际关系理论有其深刻的文化渊源。当前流行的国际关系理论，是在国际形势发展的历史进程中形成的，并且有着深刻的民族文化传统的渊源。

（一）儒学复兴的意义

近年来，儒学在中国的复兴已经引起国内外对儒学的空前兴趣。儒学，这一中国的传统政治哲学，在中国经历着新的政治复苏。自1978年经济改革以来，在中国的政治和经济生活中实用主义越来越盛行。随着市场经济条件下物质诱惑的时尚，儒学可以帮助社会提供必须的道德支柱。在和谐社会重建方面，儒学是最务实的。它着重解决不同群体之间、民间社会和国家之间的关系。它还着重于建立以“仁”为核心，以“和谐”为支柱的社会正义和良政。儒学可以作为一个道德基础，以帮助建立一个更加和谐的社会，与中国当前解决各种社会问题的努力相一致，如社会的两极分化、普遍的腐败，以及由于中国迅速崛起所引起的国际社会的担忧。

就构建和谐社会来说，一些传统的儒学观点与中国决策者的意识形态可能是彼此兼容的，如强有力的政府、稳定的社会秩序、和谐的社会关系。有趣的是，在东亚的现代社会中，儒学与民主政体之间没有矛盾。在东亚的民主国家里，儒学与资本主义的有机结合的体制生气勃勃，运作顺畅。它是一个以市场为导向和政府调控相结合的机制。在儒家世界，日本、韩国、新加坡就是典型的例子，其影响已经引起中国的决策者和政治学家的密切关注，这些政治学家还曾试图借鉴在大多数西欧国家发展起来的社会民主的某些原则。

（二）对话外交和合作安全

历史经验证明，如果一味地谋求通过军事手段处置国家之间和国家内部的争端与冲突，常常不能得到根本的解决。建立在武力基础上的安全概念和机制是难以实现持久和平的。国际社会现在就应该抛弃旧的思维方式，以新的概念和手段取而代之，在国际关系中寻求真正的安全。在此背景下，以对话与合作为核心的新安全观已经成为时代趋势，上海合作组织就是一个寻求共同安全观的成功范例。六方会谈是亚洲式的预防性外交，东盟地区论坛是合作安全观的试验场。他们的共同特点就是通过对话与合作谋求安全。新安全观本质上是通过互利合作寻求共同安全，这是一个在共同安全利益基础上形成的概念。

从历史角度来看，在过去的半个世纪里，亚洲的崛起经历了从割裂到整合的过程。印度主办的亚洲会议和印度尼西亚主办的万隆会议，具有历史和象征意义。东盟在扩大化和一体化的进程中，已经成为一颗耀眼的明星。亚洲金融危机和严重的经济衰退，也催生了若干区域合作机制。中国的国际关系理论，在其传统政治文化的基础上得到了发展。我国新外交和新安全观深深植根于它的文化传统，如“和为贵”、“和而不同”、“中庸之道”以及“大同世界”。中国主张建设一个和谐的世界，主张亚洲各国共同培育新安全观，其重点是通过对话增进信任，通过合作促进安全。对话外交已成为中国外交政策的重要组成部分，并以互信、互利、平等、协调作为这种新外交和新安全观的基本原则。

（三）以和平共处五项原则为核心的四个议题

胡锦涛主席提出的“和谐世界”理论包含四个基本议题：在政治领域和谐共处，在经济领域共同发展，在文化领域相互丰富，在安全领域相互信任和协作。他向世界传达的信息是，中国将谋求共同发展，合作安全，和平共处，各种文明相互尊重。正如拉贾·莫汉博士说的那样，胡锦涛的“和谐世界”理论围绕四大主题：国家之间有效的多边主义，创建集体安全机制，通过共同发展实现共同富裕，不同文明之间实现宽容和对话。

指导国家关系行为准则的和平共处五项原则，已被引入国际安全合作领域，开始用双赢的理念取代零和游戏的思维。各国正日益致力于合作安全和共同繁荣，积极开展平等对话和互利合作。中国坚持认为，应该通过对话建立相互信任，减少和消除猜疑；应该通过合作确保相互安全，即在谋求自身安全的同时也应考虑到他国的安全，应通过磋商和协调加强合作，而不是将自己的意志强加于人。在这种新的对话与合作机制中，所有国家在平等和互利的基础上谋求共同发展。新的安全概念和原则，继承和发展了和平共处五项原则。如果和平共处五项原则已经成为基本的国际关系准则，那么新的安全观念将被世界上许多国家所逐渐认同。

中国正在走和平发展的道路。因此，中国需要一个持久和平的国际环境，以便能够集中力量发展经济。与此同时，中国还需要广泛的国际合作。中国将努力实现一个通过对话寻求和平，通过合作寻求发展的持久和平与共同繁荣的“和谐世界”。在新世纪的历史进程中，中国将继续推陈出新，创造出无愧于时代的战略文化，推进中国的现代化事业，为世界和平与发展做出新的贡献。

（原文为英文，由胡晓利翻译）

我国对外战略的文化视野

中国社会科学院美国研究所所长 黄 平

我国近年来明确提出了文化走出去的战略，这是具有时代现实意义的战略思想。

现在我们讨论这个问题，是因为时代走到这一步了，是时代的呼唤。早年冯友兰、费孝通、张岱年、季羡林先生这样的大学者，都曾潜心研究中国战略文化、文化自觉问题。他们坚持了几十年，孜孜以求、持之以恒，无疑为后人奠定了基础。但为什么现在变成了一个全社会都关注的问题？为什么党中央从十六大以来，尤其是十七大报告，都明确提出了这个问题？为什么现在学术界（无论是搞国际关系研究，还是搞国内政治、经济发展）都绕不开这个问题？我自己觉得是中国又走到了一个类似于百花齐放、百家争鸣的时代，一个类似于盛唐时代、康乾时代，一个我们也开始进入的伟大时代。这是问题的关键。如果没有时代的呼唤和要求，个人努力充其量只是打打基础。当然，这个伟大的时代要延续多久，最后文化振兴这个任务怎么完成，最后提出来的核心价值是什么样的，包括文化意义上的自主创新、文化自觉和文明复兴，还需要很多年很多人的共同努力。

我自己的基本想法是：首先，我们一定要把改革开放的成功经验和遭遇到的挑战，都上升到理论高度来总结。中央在纪念改革开放30周年的时候会有最权威的概括和阐释。而对我们学者来说，则要从自己学科研究的视角来思考，为什么有“中国经验”和“中国道路”？怎样阐明这个经验和道路？为什么它不是西方发展模式的简单复制和模仿？其中哪些经验上升到理论的高度以后，即会具有普世的、可供世人与后人分享的伟大价值？

其次，2009年是“五四运动”90周年。这90年可划分成从“五四运动”到建国的30年，建国到开始改革开放的30年以及改革开放的30年这三个30年。我认为，这三个30年之间的关系也是需要我们认真总结和思考的。三个30年之间的连续性、继承性，它们是怎样既反思又继承，既继承又发展，既发展又创新？这又是我们下一步研究战略文化或者从战略意义上研究文化，都很难绕得开的。

第三，今后30年的文化挑战是什么？或者说今后30年，中国的经济社会进一步发展，国际影响力进一步提高，那么在文化上我们的任务究竟是什么？“五四运动”时，我们的前辈想要解决的有很多是文化问题，如白话文还是文言文的问题、西学为体还是西学为用的问题、民主与科学的问题等等。但总的来说，当时的主要问题，用我自己的话说，就是要解决“挨打”的问题。我国在1840年以后，在一个很长的历史时期内，很无奈地陷入了一个割地赔款、任人宰割的地步。1919年以后，当然在此之前也有努力，辛亥革命乃至于三元里抗英。但1919年以后的30年，从“五四”到1949年，主要的问题是解决中国任人欺凌、任人宰割的问题，是要解决独立和主权问题。所以我说那时革命的主要任务是要解决“挨打”的问题。在还没有解决“挨打”的问题的时候，去谈究竟是孔子还是孟子、是道家还是儒家、是兼收还是并蓄、是学日本还是学英国，相对而言，这样的文化讨论就不是当务之急。所以，中国共产党人选择了革命建国或是革命救国的道路，虽然有些学者也在做文化研究，但是这个历史的当务之急是解决“挨打”甚至是亡国灭种的问题。所以“五四运动”虽然也高举民主、进步与科学的大旗，而且提出破除旧礼教，抨击旧文化，提倡新文化，但首先是一场空前的爱国主义运动，是一场为之后的爱国运动从思想上、组织上进行准备的革命。

从“五四运动”到1949年，经过30年的革命和战争，民族的独立解放得到了根本的解决。1949年以后，开始了探索用社会主义解决“一穷二白”的问题，解决建设和发展问题。改革开放以前的30年，虽然有很多曲折、很多坎坷、很多教训，甚至我们自己也犯了很多错误，但是总的说来，由于我们解决了“挨打”问题，我们国家才真正获得了独立主权和民族尊严。

从1949年到20世纪70年代末，经过第二个30年的努力，我们恢复了在联合国的合法席位，重新得到包括美国、日本、西欧各大国在内的世界大多数国家的承认并建立了广泛的外交关系。这30年的成就和经验教训，包括“文革”那样的错误，可以从很多角度来总结。中共中央《关于建国以来党的若干历史问题的决议》，作为一部马克思主义的重要文献，仍然需要我们时时学习和铭记于心。

改革开放以来的30年，我们的成就举世瞩目，经济、社会、政治、法律、文化和国际关系，各个方面都有巨大进步。我觉得，1978年中央果断做出的把全党工作重心转移到经济建设上来并且明确100年不动摇（除了发生大规模外敌入侵），是非常及时、非常关键的。经过第三个30年的发展，我国社会已整体进入小康社会建设阶段，用我自己的话说，是在解决“挨打”的基础上又解决了“挨饿”的问题。甚至不只是解决了“挨饿”问题，而且在30年的时间里，第一是维持了经济的长时间高速增长。第二是实现了人类有史以来最大的脱贫工程，解决了3亿多人的脱贫。第三是完成了人类最大最快的城市化进程，30年里差不多有

3 亿多人或者异地或者就地实现了城镇化。第四是在科技、文化、教育上的普及和提高，培育了一大批人才，为今后的发展奠定了人才基础。而且，在这个经济、社会、文化全面发展的过程中，我们并没有按照当初西方国家那样的道路来走，既没有出现大规模的内部动荡，也没有大规模的对外移民、殖民，更没有发动对外的侵略和战争。所以说，“中国经验”、“中国道路”并不是凭空臆造，我们的文化、历史、心理和面临的压力、挑战与任务，决定我们不能也不想自吹自擂地说已经搞出了个“中国模式”。

现在的问题是，今后下一步的 30 年怎么走？是照着西方的路子，照着西方的历程一步一步地重复他们的教训和错误甚至罪恶，走他们的那种对外殖民、侵略、扩张，对内拉开贫富差距、损坏环境的发展道路，还是走出一条具有我们自己特色的道路，包括文化意义上的既独立自主又自主创新的道路呢？我们要走一条包括经济金融、政治法律、社会文化、科学技术、环境生态，全面、协调、可持续的发展道路，走科学发展观提出的以人为本的发展道路。在文化上，我觉得下一步要解决“挨骂”的问题。今天的中国已经解决了“挨打”和“挨饿”，但在世界上（主要是在西方国家），在所谓的国际舆论中（其实主要是在西方舆论），我们的“作为”好像气不盛、理不直，好像名不正、言不顺。虽然这主要不是我们的问题，而是西方在统治和支配了世界近 300 年后，充满了怀疑和忧虑地看着中国，觉得又起来了，于是制造“中国威胁论”。我们一定要解决正名、正气、正义的问题。而这样一个解决，既包括对过去 90 年，三个 30 年的尊重，对过去经验、教训的认真总结，也包括对三千年来整个中华民族历史的重新认识和重新打点。因此，我非常同意讲整个中国文化的自尊、自信、自主、自强、自立，这是下一步要解决“挨骂”问题的基础。我认为这是一个文化的延续性问题，客观上我们的文化没有中断，但在认知上要充分认识这个文化延续带给我们的价值、意义和财富。由于这个文化没有中断，使得我们今天不仅有能力、有资格来提出类似于有没有中国发展、中国经验、中国道路的问题，而且也有信心通过文化自觉和文化自主来解决安身立命的问题。而其他很多第二次世界大战以后发展起来的国家和地区，包括今天被视为具有更高人文发展指数的一些国家和地区，例如北欧斯堪的那维亚诸国和亚洲的“小虎”、“小龙”们，严格来说多数还是在西方的那个大模式、大框架下走下来的。那么中国有没有可能走出自己的不同于欧美发展模式的道路来？实际上这是一个不言而喻的问题。这个道路怎样来叙述并被人们尊重、理解或接受？文化上有没有自己的底蕴或自信？现在用词比较多的叫“话语权”，其实这个问题在马克思主义的传统里面，除了马克思、恩格斯本人（例如在《德意志意识形态》里）对这个问题有经典的论述外，还有一个共产主义思想家，最后牺牲在监狱里的意大利的安东尼奥·葛兰西，他没有时间来做所谓的经验研究，但他在《狱中札记》里很详细地谈到了，社会主义也好，无产阶级也好，在和整个资本主义体系和资产阶级较量中，如何取得文化斗争胜利的重要性。他提出这样一个概念，以前翻译叫“文化霸权”，其实他本身的意思是“文化领导权”。我理解他的意思主要有四层：

第一，对于无产阶级政党也好，社会主义的事业也好，或者是超越资本主义的共产主义也好，除了在政治上、经济上取得胜利外，还得在文化上有使自己能确立其正当性的一整套叙述，并使这套叙述得到来自社会知识界、精英和广大人民的认同和遵从。当然，不只是葛兰西，列宁、毛泽东等其实都讲得很透彻。如他们早就讲过，如果没有政治上的独立，经济上的翻身是不可能的；但是，反过来，政治上取得独立以后，如果没有经济上的发展，这个政治独立也是不能延续的。按照马克思、列宁、毛泽东和葛兰西等人的解释，光有政治上、经济上的独立还不够，还得有文化和意识形态上的领导权。同时，从事这个事业的人（葛兰西把他们称作“有机知识分子”），本身就要确立这么一个文化上的自信、自觉。要用文化领导权去争取广大的传统知识分子，即传统意义上的学者、文人、艺术家和科学家，让他们也认同这样一个事业和文化的正当性。过去，我们做得最好的就是统一战线，把大量的传统意义上的学者、文人、艺术家、科学家和民主人士，都争取到民族独立和民族解放这样一个伟大事业里面来。在这个基础上，使得我们广大的普通民众和广大的劳动者自觉地遵从、认同这样一套文化叙述和文化价值。要在世界上、国际上，在对外关系上，都去争取发言权、话语权。这样的文化正当性和义理性，中国原本有个传统的说法，那就是“王道”。严格地说，“王道”恰恰不是霸道，不是霸权，不是凭借军事的、经济的、政治的势力把自己的东西强加给别人，而是通过上面几个层面，使人们自觉地认为这样一套文化叙述，确实是具有正当性和义理性的。

那么，现在我们提出了文化走出去，就要求在国际关系、对外关系、对外战略中，要加重文化的分量，而这首先就要求我们自己文化的阐释者和叙述者，从事中国文化复兴这个伟大事业的人，对这个事业本身的正当性、义理性，有一个最基本的认同。

第二，凭借这个正当性，就像当年做统一战线工作一样，能使得广大的社会精英、知识分子、科学家、艺术家们都能够聚集到这个文化复兴的伟大事业上。在这个基础上，如果我们广大人民群众也认同这么一套最基本的文化价值，包括核心价值和主流价值，那么在对外叙述的时候，具体的方式方法上可以是多种多样的。但首先确实还得在哲学层面上形成我们自己的确确实实有别于西方意义上的那样一种和谐文化、和平战略。在这些方面，中央近年来提出了明确的任务，其中很多有待我们经过艰苦努力才能实现。除此之外，费孝通先生晚年曾多次说“多元一体，和而不同”，他也把这一问题提升到“文化自觉”的高度。他讲“文化自觉”确实有一个针对我们缺乏文化自觉这个现象，很多时候跟着西方的话语走，连用词和议题都是人家的。我们自己过去在春秋时代、盛唐时代、康乾时代，自主性很强，开放性也很强，有了自主性才能有兼收并蓄、宽容包容的气度，否则只能是鹦鹉学舌、照猫画虎或拾人牙慧。费老提“多元一体，和而不同”的时候，他心里想的是“天下大同”，而要做到这一点，需要经历“各美其美，美人之美，美美与共”几个境界。首先是所谓的“各美其美”。这是说我们每一个人、每一个民族、每一个社会、每一种文化，都首先得承认自己的价值，要自己看得起自己，就是我们经常讲的自尊、自信、自主、自立。其次，仅此还不够，还得“美人之美”。要学会欣赏别人不同于我们的文化和价值，我们也得学会尊重和理解，甚至欣赏。这方面盛唐做得很好，开发性好，包容性也好。最后，费老讲应该还有一个更高的境界，这是人类现在还没有达到的，那就是“美美与共”。全人类有很多不同的文化，在承认“和而不同”的时候，要能欣赏各种文化蕴含的共同的美，这样才能有所谓的“天下为公”、“天下大同”，或者“天下无他”。

说到文化走出去战略，首先是应该提出一个哪怕西方不接受、不同意，但是能让人肃然起敬、洗耳恭听、认真对待的东西。当然，这首先取决于国内确实要有一个全面协调可持续的发展，以人为本的发展。如果我们的发展不行，说得再好，有思想家严密的论证，高屋建瓴的深刻，别人也不会轻易肃然起敬。在科学发展观这个前提之下，国内政治、经济、社会、文化，包括生态、科技等等的发展，都更全面、更协调、更可持续、更以人为本和更具有中国文化的底蕴，那么就可以说中国确实走出了一条不同于西方五百年的发展道路。我自己觉得，中国以其文化没有断裂，以其覆盖的人口之众、地域之广、时间之长，再看过去的30

年也好，60 年也好，90 年也好，我们所创造的足以让世人认真总结，引以为傲，但还有待于再把它升华，中国在客观上是正在走着一条不同于西方的发展道路。

这条道路被概括为中国经验、中国模式、中国特色的社会主义道路，而这条发展道路也不只是对中国，比如说巴西、印度、南非、印度尼西亚甚至墨西哥、俄罗斯等等，大家都可以走出一条不同于西方以扩张、殖民、移民甚至侵略为前提的发展道路。我觉得，中国这30 年，十几亿人在不懈地奋斗，连续保持着经济的不断增长，还解决了 3 亿多人的脱贫，3 亿多人的非农化和 3 亿多人进入中等收入水平，这在整个人类历史上从来没有过，而且这 30 年还没有导致大的内乱、动乱，也没有对外殖民、对外侵略。当然，现在存在的问题还很多，批评也很多，但这就回到一个对外文化战略延续性的问题。我们的对外延续性，应该从 20 世纪 50 年代提出"和平共处五项原则"开始，到邓小平改革开放之初提出"和平发展"，再到今天讲的"和谐世界"。这三个重大主张是一脉相承，而不是彼此中断的。这样一个对外战略基本是延续的，既有继承又有发展。在这个前提之下，再来谈今天的文化走出去，对外战略中的文化分量、文化因缘、文化元素，是建孔子学院还是去维也纳金色大厅唱一台，都是可以做的。我国的体育项目和人才，姚明和其他体育明星在世界扩大中国影响力的作用当然不可低估，还应该加大。但是，最重要的问题还是三个：一是在思想层面，我觉得把"文化领导权"的问题提到一个高度，至少不亚于经济斗争、政治斗争和军事斗争。在整个的过程中取得正当性、义理性。二是在现有的经济、社会、政治、法律等的繁荣和发展基础上，要把文化自觉摆到更加重要的位置，说它是根也好，魂也好，精气神也好，正当性也好，总之其中的意涵不言自明。三是同别的文化之间怎样开展一种开放的、和谐的、兼收并蓄的、多元一体的对话、沟通与互利、共享。

最后，我还觉得，在摆脱了前苏联的教条以后，我们又有点掉进了西方的教条，尤其是美国的教条。由于掉进了这个教条，使我们丧失了很多原有的文化自觉性和自信心。由于这个丧失，使得我们现在有的人有点像乱了神、丢了魂一样，在很多国际斗争、国际事务和对外交往中，好像给人一种一直在检讨的感觉，一直在承认错误，一直在发现自己这也不行、那也不是，然后每次发现自己不行时，就到西方洋教条中去找答案。我觉得，中国文化有一个好处是学习性、开放性，不断检讨自己，这样不断修正，不断借鉴，不断进步。从这个意义上，我觉得我们国家开放性一直是不断的。但另一方面，西方是不是有一个所谓的“普世价值”，是不是有一套放之四海而皆准的东西，我觉得，真正的问题还不只是说中国、印度，或广义地说，亚洲、非洲、拉美还处在发展中，所以无法简单照搬西方那一套的问题，也不只是第三世界为什么就不能富裕，好像只有西方才能发展的问题。我认为，西方在它们的叙述里面，在相当大的程度上也是不完全符合西方本身的历史发展的。换句话说，就是西方人提出的理念，从文艺复兴到启蒙运动，卢梭、孟德斯鸠、洛克，再回到康德、亚里士多德、苏格拉底，自由、平等、人权、民主等等。但是，这些理念也是一个一个的理论，卢梭、孟德斯鸠讲的并不就是当时法国的现实，杰佛逊、林肯讲的并不就是当时美国的现实，美国那时是独立战争、南北战争，对奴隶的贩卖，对亚裔人长期的准奴隶般的排斥，黑人什么时候才获得所谓的自由？那是马丁·路德·金以后，直到今天才第一次有一个有色混血的奥巴马当选为美国总统。换句话说，那个现实是充满了血腥、残酷、曲折和艰难的。所以，西方从希腊起，到法国革命、英国工业化，再到今天，它们并不就是一条康庄大道，并不就只有自由、平等、人权、民主这么一个简单的过程。所以，只用这几个概念去总结西方本身的历史经验是不够的，他们那一套并不适合我们的具体国情。因此，在讲中国道路时，我觉得不只是说中国比你们大、人口比你们多、水比你们少，所以我们没法学你们。而是说，我们这么厚重的文化，这么长的历史，这么多人在如此广阔的土地上，在这么短的时间内从事着这么伟大的一次千年未见的社会大变革，本身就应该出理论、出模型、出理念。我认为，至少“和谐”这个概念，从《礼记》、《尚书》以来，到今天我们提出“和谐社会”、“和谐世界”，就足以可与古希腊哲学里的自由和平等在同一个层面，而且是更加伟大更富现代意义的理念。至少“美美与共”、“和谐”是我们中国能够贡献给全世界和全人类的文化价值，是值得人们效法和遵从的一种伟大理念。

中国外交战略与外交理念的发展

外交学院国际关系研究所教授 杨闯

中国在冷战后提出的许多新的外交理念，大大丰富了在20世纪50年代与印度、缅甸共同倡导的“和平共处五项原则”。中国独立自主的和平外交方针，在新的时期又有了新的阐释。从邓小平提出的“改革开放”到“韬光养晦，有所作为”，江泽民提出的“作负责任大国”，再到胡锦涛为总书记的党中央对内提出构建“和谐社会”和科学发展观、对外提出构建“和谐世界”的外交理念，实际上都贯穿了一条主线。这种实行独立自主的和平外交的本质没有变，并根据不同时期形势的发展变化加以调整，从而维护了中国的大国地位，也为世界和平做出了贡献。

一、中国外交战略的发展与调整

中国改革开放以后，作为中国国家战略一部分的外交战略，紧密结合国内外的形势变化，大致经历了三次较大的调整。即邓小平时期的全面开放的对外战略、江泽民时期的作负责任大国的战略和胡锦涛时期的和平发展合作战略。

邓小平作为中国第二代中央领导集体的掌舵者，为中国改革开放创造良好的国际环境，提出对中国外交战略的重大调整。他吸收和集中国内学术界和外交界的思想，改变毛泽东关于“山雨欲来风满楼”、“深挖洞、广积粮”和“准备打仗”等对世界大战的看法，在外交政策上则调整了反对霸权主义和重点反苏、以苏划线的政策，为中国实现同东欧国家和前苏联国家关系的正常化扫清了理论障碍。中国的改革开放是全方位的，不仅对美日等西方发达国家开放，也对发展中国家开放。20 世纪 80 年代中期，中国同国际社会的关系发展是积极向上的，但西方某些国家曾期待中国也发生类似东欧的剧变。1989 年北京春夏之交发生“政治风波”之后，西方的这种期待破灭了，他们遂以人权为借口，全面围堵和孤立中国，中断了同中国副部长级别以上的双边往来。在这种国际形势发生剧变的转折时期，邓小平同志尽管已经离开政治领导岗位，但他再次在内政外交上为中国的发展指出方向。他在巡视南方时发表重要谈话，推动对内坚持改革开放，指出“倒退是没有出路的”；对外则提出“稳住阵脚、冷静观察、韬光养晦、有所作为”的 16 字方针，为我国的外交工作指明了方向。

20 世纪 90 年代初，江泽民同志成为中国第三代中央领导集体的核心。正是在邓小平提出的“韬光养晦、有所作为”这一外交思想的指导下，中国维护了国家主权与利益，逐步恢复了同西方国家的相互往来。随着中国经济实力的增强，中国的外交战略与政策得到国际社会的高度重视。江泽民对内提出“三个代表”的思想，1997 年亚洲金融危机发生后，在国际事务中提出“作负责任的大国”。中国没有像日本那样，为保住对外贸易增长对本国货币贬值，而是坚持人民币不贬值，并对回归后的香港采取港币坚挺的政策，反击美国金融大鳄对港币的冲击。这一立场得到国际社会的广泛赞同。

改革开放后，中国经济确实取得巨大发展，但按人均国内生产总值计算，中国要排在世界100名之后。中国的发展任务艰巨，东西部发展不平衡，城市中随着经济体制改革，出现下岗工人即失业问题；农民工进城后的人身保险及待遇问题也相继出现。特别是社会中两极分化问题、官员腐败和环境问题都很突出。面对国际社会对中国国内生产总值高估，并相应提出“中国责任论”、“作负责任大国”这一对外战略就是后来进行的部分调整，就是“有所为，有所不为”。中国并不是对全球的所有问题都能过问，仍然坚持独立自主的和平外交方针。对涉及中国国家利益和世界和平稳定的大事，中国要发挥亚太地区大国和联合国常任理事国的作用。这一精神至今仍在发挥作用，在应对2008年因美国次贷危机引发的全球金融危机中，中国就表现出令人赞叹的大国风范。

20世纪末到21世纪初，美国的单边主义发展到极限，相继发动了科索沃战争、阿富汗战争和伊拉克战争。三场局部战争充分说明，美国不顾国际法准则，未经联合国安理会授权，迷信用武力解决争端问题，对冷战后的国际形势稳定构成严重威胁。在美国推行单边主义政策时，中美关系也发生严重危机，经受严峻考验。科索沃战争期间，发生了1999年5月8日的“炸馆事件”和2001年4月1日的“撞机事件”。这两次严重侵犯中国国家主权的事件，激起全中国人民理所当然地愤慨和抗议。中美关系降到除没有断交外的最冷时期。两次实践考验中国的外交战略与政策，考验中国领导人的政治智慧。中国共产党和政府领导人，在国际形势总体缓和的情况下，在处理中美关系上，再次表现出负责任的立场。一方面要维护国家主权，召回大使，发表声明表示强烈抗议，坚持要求美国公开道歉和赔偿，一方面坚持通过外交谈判的方式解决问题。中国的立场不仅是维护中国人民的根本利益，也是维护国际形势大局。中国虽然在外交上与美国针锋相对，维护国家主权利益，但没有采取“零和游戏”的规则，没有采取“以牙还牙”的做法，不是通过武力手段解决争端。这样就使中美关系处于可控制和积极发展的轨道，最终通过外交谈判达成妥协，使中美关系走出低谷，恢复国家关系正常化。

进入21世纪之后，随着朝鲜核试验的发展，朝美关系在2003年出现最危险的时刻。中国作为朝鲜的周边近邻，适时出手，促成美、朝、中三方会谈和有美、朝、日、韩、俄、中共同参加的六方会谈框架。作为东道主，中国发挥了极大耐心和外交艺术，使一波三折的朝核六方会谈，在实现朝鲜半岛无核化方面取得了积极的进展。美国对中国的政策发生重大转变，提出中美关系是“利益攸关方”的定位理念。应该说，这比起小布什刚上台时将中国定位为“最大的潜在对手”是一个进步。当然，我们应该看到，美国一方面承认世界只有一个中国，另一方面并没有放弃“对台关系法”，依然推行“不独、不统、不战、不和”的政策。2008年，美国坚持对中国台湾出售64亿美元的先进武器就是例证。

党的十六大以来，中国政治权力顺利交接，以胡锦涛为总书记的党中央，提出了科学发展观、构建社会主义和谐社会、加强党的执政能力建设和先进性建设、建设社会主义新农村、树立社会主义荣辱观、建设创新型国家、走和平发展道路等一系列重大战略思想。党的第十六大以后，中国独立自主的外交方针没有变，但中国的对内政策和外交战略却悄悄发生了调整。在对内问题上，提出“以人为本，建设和谐社会”的政治理念和科学发展观，实现经济发展方式的转变；对外则提出构建“和谐世界”和中国“和平发展合作”的外交战略。

21世纪头两年，中国的对外战略理念实际是发生了悄悄的争论，即中国外交战略是提“和平崛起”，还是提“和平发展”。“和平崛起”提法的历史背景是，90年代中期以来，中国积极参与和平解决国际争端，与世界上许多国家缔结了战略协作伙伴关系，促进了世界总体稳定。但是美国仍把中国看作是潜在的最大的竞争对手，把台湾问题作为对中国施加压力的外交牌，特别是美国提出的“中国威胁论”，在国际社会很有市场。“和平崛起”提出者的初衷是消除“中国威胁论”，应对外部对中国发展的误解。但“和平崛起论”引起国际社会，特别是西方的负面解读，外部误读“和平崛起”，引起中国驻外使馆和中国外交部的重视。外交部向外交部政策研究室（现为政策研究司）、中国国际问题研究所和外交学院下达专题任务。上述三个单位的专家、学者，经过认真讨论，汇集大家的意见，由中国国际问题研究所副所长徐坚等执笔，向外交部提出报告，提出应该将中国的外交战略定位为“和平发展合作”，而不是“和平崛起”。报告提出，和平是中国外交的本质，也是中国长期坚持的外交方针，维护中国发展重要战略机遇期，争取较长和平稳定的国际环境，是中国长期的任务。中国主张用和平的手段解决发展与合作中出现的一切问题。发展是中国的长期目标，任何国家都寻求经济发展，中国的经济发展不以损害别国的利益为代价。合作是中国与他国发展相互关系的方式手段，经济合作与安全合作，都要考虑各方利益，实现双赢、共赢。时任外交部长李肇星撰文，公开阐述中国和平发展的外交战略。此后，中国领导人接见外宾时一直提“和平发展合作”的战略思想。这一时期，笔者也先后撰文，在广州外语外贸大学和外交学院学报上发表，阐述我国和平发展的外交战略。

胡锦涛主席在2004年8月25～29日第10次驻外使节会议上，提出中国外交在新形势下的主要任务：要维护我国发展的重要战略机遇期，争取和平稳定的国际环境、睦邻友好的周边环境、平等互利的合作环境、客观友善的舆论环境。胡锦涛主席在2006年8月21～23日举行的中央外事工作会议上再次强调：要高举和平、发展、合作的旗帜，坚持独立自主的和平外交政策，坚定不移地走和平发展道路，全方位开展外事工作，维护和用好重要战略机遇期；维护国家主权、安全、发展利益，努力为我国改革开放和社会主义现代化建设营造良好国际环境和有利外部条件，为推动建设持久和平、共同繁荣的和谐世界作出贡献。

2007年11月召开的党的十七大再次确认了“和平、发展、合作”的对外战略。胡锦涛主席指出：“不管国际风云如何变幻，中国政府和人民都将高举和平、发展、合作旗帜，奉行独立自主的和平外交政策，维护国家主权、安全、发展利益，恪守维护世界和平、促进共同发展的外交政策宗旨。”“中国将始终不渝走和平发展道路。这是中国政府和人民根据时代发展潮流和自身根本利益作出的战略抉择。”

实际上，中国政府根据中国一贯的独立自主的和平外交方针和冷战后国际关系的现实，早就提出“和谐世界”的理念。在2004年10月，中国与俄罗斯发表的联合声明中，就提出建立“和谐世界”的主张。在2005年7月1日发表的联合声明中，共同倡导建立21世纪国际秩序，其内涵为：1. 国际关系民主化；2. 维护和尊重世界的多样性；3. 树立互信互利平等和协作的新安全观；4. 促进全球经济社会均衡可持续发展；5. 尊重和发挥联合国及安理会重要作用。在2005年9月第60届联大首脑会议上，胡锦涛代表中国政府提出构筑“和谐世界”的外交理念，进一步阐述这一思想。应该说，构筑“和谐世界”的外交理念，是中国政府根据冷战后的国际关系现实，提出的具有革命性的外交战略。

党的十七大政治报告，再次阐述中国主张建立“和谐世界”的内涵，即应该遵循联合国宪章的宗旨和原则，恪守国际法和公认的国际关系准则，在国际关系中弘扬民主、和睦、协作、共赢精神。政治上相互尊重、平等协商，共同推进国际关系民主化；

经济上相互合作、优势互补，共同推动经济全球化朝着均衡、普惠、共赢方向发展；文化上相互借鉴、求同存异，尊重世界多样性，共同促进人类文明繁荣进步；安全上相互信任、加强合作，坚持用和平方式而不是战争手段解决国际争端，共同维护世界和平稳定；环保上相互帮助、协力推进，共同呵护人类赖以生存的地球家园。

二、中国外交的布局及内涵

改革开放 30 年，与中国外交战略的发展相适应，中国逐步明确中国的外交布局。主管外交外事的国务院副总理兼外交部长钱其琛提出中国的外交布局，即大国是关键；周边是首要；发展中国家是基础；多边是舞台。这种高度归纳解决了外交重点的争论，既阐明了各类国家在中国外交的重要意义和地位，也解决了要分清外交重点的争论。实际上，与世界主要大国发展关系、与周边国家发展关系、与发展中国家保持稳定的长久关系、在世界多边外交舞台上发挥中国的作用，对中国外交战略来说都是至关重要的，没有孰轻孰重的问题。

1. 大国关系。这是中国争取良好外部环境首要考虑的因素，大国关系也是中国“大周边”的最重要的国家关系。国际法承认国家不分大小，一律平等，具有平等参与国际事务的权利。但在国际关系的实践中，我们看到，国家的实力不同，对国际社会的影响力是不同的。大国关系决定国际关系发展的未来。在大国关系中，中美关系、中俄关系、中日关系也是中国周边外交的重要组成部分。冷战以后，中国与包括欧盟在内的大国关系均取得进展。

2. 稳定周边政策。中国对周边国家提出的“睦邻、安邻、富邻”政策，中国对周边国家的概念有“大周边”的解读，就是包括亚太地区所有国家，把美国、澳大利亚、新西兰都包括在内。中国承认美国在亚太地区的利益存在，没有挑战美国在该地区的地位，中国与美国之间的最大焦点是美国对中国台湾的双重政策，美国既承认一个中国原则，又坚持“与台湾关系法”，向中国台湾出售武器。

中国与东盟国家中的越南、马来西亚、印度尼西亚、菲律宾、文莱等存在南沙群岛岛礁争端，与日本存在钓鱼岛归属和东海大陆架划分争端。中国政府提出“搁置争议，共同开发”的政策，与东盟发表关于稳定南海地区的联合声明。2008 年，中国与日本在东海大陆架的谈判也取得积极进展。

在周边国家外交中，通过上海合作组织发展同俄罗斯和中亚五国的双边与多边关系，取得积极进展与成果。中国已经与俄罗斯、塔吉克斯坦、哈萨克斯坦和吉尔吉斯斯坦都解决了边界划界问题，为稳定中国陆上周边树立了榜样。

3. 发展中国家外交是中国外交的基础。坚持与发展中国家发展双边与多边关系，是中国应该长期坚持的外交战略基础。1971 年恢复中国在联合国的合法席位，是广大发展中国家支持的结果。长期以来，中国都是以发展中国家身份出现在国际舞台上的。中国与西方八国集团进行全球经济问题的对话，是以发展中国家的身份，发挥最大发展中国家的作用。

中国与广大发展中国家具有共同的历史遭遇，具有共同的利益与诉求。在南南合作中与南北对话中，中国都是以发展中国家说话。尽管目前有西方国家要拉中国进入八国集团，但中国的国际身份不应该改变。按照人均国内生产总值计算，中国是实实在在的发展中国家。但是，中国对发展中国家可以提供力所能及的援助。

2005年9月，胡锦涛主席代表中国政府在联合国宣布了中国加强对其他发展中国家援助的新举措：给予所有同中国建交的39个最不发达国家部分商品零关税待遇；在今后两年内免除或以其他处理方式消除所有同中国有外交关系的重债穷国，2004年底前对华到期未还的全部无息和低息政府贷款；在今后三年内向发展中国家提供100亿美元优惠贷款及优惠出口买方信贷；在今后三年内增加对发展中国家特别是非洲国家的相关援助，为其提供包括防疟特效药在内的药物，帮助他们建立和改善医疗设施、培训医疗人员；在今后三年内为发展中国家培训培养3万名各类人才，帮助有关国家加快人才培养。截至2005年底，中国共向110多个国家和区域组织提供了援助，援助项目达200多个。中国已减免了44个发展中国家总计198笔价值约166亿元人民币的对华债务。2005年5月，中国国际扶贫中心在北京正式成立。

中国2006年11月召开中非合作论坛暨第三次部长级会议，53个非洲国家中有48个与中国有外交关系，并都派高级代表团出席北京峰会，有41位非洲国家元首或政府首脑出席会议。中国和非洲的对外贸易额在2005年已经突破500亿美元。近几年来，中国与东盟国家每年都举办贸易洽谈会和高层峰会。

4. 多边外交。在多边外交国际舞台上，中国作为联合国安理会的常任理事国，起到负责任大国的作用，坚持中国独立自主和平外交特色，坚持维护联合国的权威与地位，根据国际事务的是非曲直，决定自己在国际热点和全球问题上的立场和政策。中国与世界绝大多数国家一样，赞同维护联合国的权威，维护现有以联合国为中心的安全与发展机制，同时在各种国际组织中发挥中国的作用。中国2001年加入世界贸易组织后，与现存国际体系完全接轨，按世界贸易组织的规则与世界开展贸易。2006年5月9日，中国在第六十届联大会议上被选为联合国人权理事会理事国。

中国与东盟的10＋1机制和中日韩与东盟的10＋3机制，在推动亚洲经济一体化方面发挥了重要的作用。中国首先启动“10＋1”自由贸易区，扩大了中国与东盟的贸易规模和促进中国西南地区的经济发展。2006年10月，中国与东盟对话15周年峰会在广西南宁举行。

东亚峰会在“10＋3”的基础上扩大到“10＋6”（吸收印度、澳大利亚、新西兰参加）。日本等国原以为中国不会接受印、澳、新参加，但中国政府采取务实的外交政策，完全同意三国参加东亚峰会，表明中国推动亚太经济一体化的决心和实际行动。

三、中国与世界主要大国及集团的政策

1. 中美关系。中美关系之所以处于中国外交布局重中之重的地位，是因为中美关系不仅仅是两个国家的双边关系，同时还因为中美关系对整个世界具有重要意义。中美在国际关系中曾经相互合作，比如在第二次世界大战中，中美是盟国。中美在20世纪50年代曾经两次直接交手，一是抗美援朝战争，二是抗美援越战争。20世纪70年代，随着中苏关系的恶化，毛泽东曾经提出“三个世界划分”理论，形成中美之间针对苏联霸权主义的潜在的战略同盟关系。

冷战结束后，有美国决策者认为，苏联解体，中美之间的战略基础不存在了，中国是美国的战略对手，可以借台湾问题，不断对中国施加压力。无论在克林顿政府时期，还是小布什政府时期，中美关系都曾经发生过两国关系降到最低点的事件，这就是1999年5月8日的“炸馆事件”和2001年4月1日的“撞机事

件”。两次事件最终都以中国政府严正交涉，美国道歉、赔偿损失、双方谈判求得解决。中美关系并不是很稳定，还有很多问题需要解决，特别是台湾问题。马英九上台后，美国虽然欢迎两岸关系的缓和，但提醒马英九，美国的基本立场是“不独不统”，因此两岸关系处于不稳定的动态的变化之中。

尽管美国对我国经济发展、实力增强颇有诸多“中国威胁论”的判断与军事部署，但中国与美国仍存在合作的广阔空间和利益汇合点。中美互为第二大贸易伙伴，2007 年双边贸易额已经超过 3000 亿美元，2006 年的双边贸易额已经是 1979 年建交时的 107 倍，双方在经济上相互依存非常高。在全球反恐问题上，在亚太地区的稳定问题上，中美之间有共同的利益。但美方不顾中方严正立场和坚决反对，接连向中国台湾出售“P—3C”反潜机和“爱国者—2”反导设备升级系统等先进武器，总价值 22.3 亿美元，严重违背美国政府在“八·一七”公报中所作的承诺。

布什政府在台湾问题上也是双重政策，但他比历届美国政府都更为明确地表达“一个中国”的立场，不允许“台独”势力制造“法理台独”或用“全民公决”方式挑衅两岸关系的现状，破坏美国的安全利益。这与中国坚持“一个中国”原则，“绝不允许任何人以任何名义任何方式把台湾从祖国分割出去”具有利益汇合点。在美国处于伊拉克和阿富汗战争中均陷入困境的情况下，美国不希望朝核危机朝着升级的方向发展。同样，美国也不希望台海局势紧张，被“台独势力”拉入与中国的军事对抗中去。美国要保持台海的军事平衡。可以断言，无论是布什政府，还是 2008 年 11 月胜选的奥巴马上台，美国对中国都将是两面下注，防范、牵制与合作仍是美国对华政策的基本政策。

2. 中俄关系。俄罗斯是中国的重要战略伙伴。中俄战略协作伙伴关系是冷战后国际形势发展、对世界多极化发展双方立场相近和具有共同的战略利益推动建立的。中俄在 1992 年建立了互为友好国家关系，俄罗斯继承苏联时期中苏签订的东段边界条约，1994年建立起战略伙伴关系。1996年签订了面向21世纪的战略协作伙伴关系，2001年签订睦邻友好合作条约，总结双边关系指导原则，对未来发展做出全面规划。2004年10月14日，两国签署落实“中俄睦邻友好合作条约”的行动计划。中俄之间4300公里边界的遗留问题已经通过签订条约确定，通过黑瞎子岛和阿巴盖图洲渚划分勘界的完成，为双方政治互信打下了基础。

中俄对国际格局发展和国际形势具有共同认识与立场。1997年签订《推动世界多极化和国际新秩序的联合声明》和2005年的《中俄关于21世纪国际秩序的联合宣言》。2005年7月1日，由胡锦涛主席与普京总统共同签署《中俄关于21世纪国际新秩序的联合宣言》认为，当今世界正经历历史性的变革，建立国际新秩序的过程将是复杂而漫长的。21世纪人类面临的中心任务是维护全人类和平、稳定和安全，在平等、维护主权、互相尊重、互利和确保子孙后代发展前景条件下实现全面协调发展。中俄都主张联合国进行改革，但必须维护联合国在国际事务中的核心地位，维护联合国的权威。

中俄两国领导人已经形成定期会晤机制，就双边关系和国际问题交换看法。在上海合作组织框架内，中俄的合作健康顺利。2005年、2007年两次举行和平使命联合军事演习。2005年以来，俄罗斯降低了对中国装备出售的门槛。2006年双边贸易额达到312亿美元。预计2007年突破400亿美元。中俄贸易正朝着两国领导人确定的，到2010年双方贸易额达到600亿美元的目标前进。2007年普京总统访问中国时说，2008年俄罗斯总统大选后，俄罗斯的对华政策不会改变。梅德韦杰夫4月当选后，首访选择哈萨克与中国，表明对对华关系的重视。但俄罗斯方面仍有某些势力不放心，对中国强大起来感到担心，“中国威胁论”也有一定的市场，困扰中俄两国贸易规模的扩大。

3. 中国与欧盟的关系。欧盟在世界政治和经济舞台上举足轻重，是中国的最大贸易伙伴、最大技术进口来源地和重要外资来源地。中欧关系已进入成熟、稳定、全面发展的新阶段。其表现是：中欧双方高层互访频繁，政治互信增强，多层次对话与磋商富有成果，在重大国际和地区问题上共识增多。2006 年 9 月，中欧双方领导人在芬兰赫尔辛基成功举行了第九次会晤，双方宣布启动商签《中欧伙伴合作协定》和完善 1985 年《中欧贸易与经济合作协定》的谈判。这表明双方愿继续推进合作的积极态度，对进一步充实和发展中欧全面战略伙伴关系具有重要意义。在国际组织以及反恐、防扩散、打击跨国犯罪、消除贫困、保护环境、实现可持续发展等方面，双方保持了密切磋商与合作。双方在科技、教育、旅游、环境、能源等领域的合作不断扩大和深化。

中欧经贸关系既是发展中欧全面战略伙伴关系的重要支柱，也是全球最重要的双边经贸关系之一。2004 年中欧贸易额达 1772.8 亿美元，是中欧建交时的 74 倍，双方合作领域已扩大到 40 多个。2005 年中、欧双边贸易额首次突破 2000 亿美元，提前 8 年实现中欧领导人 2003 年提出的目标。2006 年，欧盟继续保持中国第一大贸易伙伴地位。根据中国海关统计，2006 年中欧双边贸易额达 2723 亿美元，同比增长 25.3%。中国取代美国上升为欧盟第一大进口来源地。2007 年双边贸易额突破 3000 亿美元。

中欧战略关系具有民间基础。在看待美国单边主义这一问题上，中欧有广泛的民意基础。据美国彭博社报道，德国和意大利的两家机构，从 2005 年 5 月 30 日到 6 月 17 日在美、德、法、英、意、波兰、荷兰、葡萄牙、斯洛伐克、土耳其和西班牙 11 国抽样调查，大约有 59%的欧洲人认为美国的“全球领导地位”不受欢迎。

法国 85%的人不赞成布什对国际事务的处理情况。69%的法国人说，美国在全球占领导地位是一件坏事。萨科齐当选法国总统，在西藏问题上立场倒退，以人权压中国，但奥运会开幕式还是来了。德国总理默克尔改变了前总理施罗德的对华政策，2007年9月不顾中国的抗议会见达赖，中国取消两国财长会晤，两国人权对话、法制对话也予取消。德国外长施泰因迈尔公开批评默克尔的政策，主张重建与中国的友好关系。施罗德说，默克尔会见达赖是个错误。

4. 中日关系。中日一衣带水的地缘关系，决定了两国对东亚地区经济发展具有重要意义。亚洲经济一体化的发展，离不开中日之间的合作。2006年，中日双边贸易额达到2073亿美元，是双方建交时的199倍。但日本领导人在历史问题上没有德国人那样对战争的深刻反省、对东海大陆架和钓鱼岛的归属问题上也采取强硬姿态，直接导致在小泉任期内两国关系表现出“政冷经热”现象。过去十年间，中国迅速崛起，日本却陷入经济低迷。在日本看来，根据中国提出的到2020年经济翻两番的战略目标，只要保持7%以上的增长速度，15年后中国经济规模将达4万亿美元，与当前日本经济规模相当。中国将成为亚太地区的“政经双强”。中国经济发展与日本谋求摆脱“经强政弱”，导致中日在政治和经济上的矛盾发展。

当前，中日之间的关系已经越过了小泉任期内的“政冷经热”局面。安倍首相在历史问题上表现出比小泉任内较为积极的态度，中国也加大对日本的工作。2007年温家宝总理访问日本，取得“温旋风”的效应，日本民众第一次近距离接触中国总理，倾听中国政府对中日关系的看法。中国前驻日本大使在多种场合介绍中国政府的立场，推动日本领导人在对待历史问题上的变化。福田康夫比起安倍首相，对待历史问题的态度上更为明确，明确表示不参拜靖国神社。福田突然辞职是国内原因，即将接任的麻生太郎也表示会继续目前日本对华政策。

但中日之间的关系不会一帆风顺，因为日本右翼势力一直对中国台湾怀有不轨之心，对钓鱼岛和东海大陆架采取强硬立场。钓鱼岛自古就是中国的领土。由于二战后美国的扶日政策，美国将其占领的钓鱼岛交给日本，由此留下中日之间的钓鱼岛之争。在东海大陆架划分问题上，中国主张按国际海洋法公约提出的大陆架原则，不承认日本提出的“中间线”的原则。

中日东海资源之争并非始自今日。早在1968年，联合国亚洲及远东经济委员会就在一份报告中指出，中日之间的东海拥有大量石油和天然气之后，中日就东海大陆架的划界问题就一直存在争端。东海大陆架是一个广阔而平缓的大陆架，向东伸延到琉球海沟（水深2940米的断层）。历史上，琉球海沟是中国与琉球王国的天然国界，钓鱼岛在海沟的中国一方，这也是钓鱼岛自古属于中国的强有力证据。如果按日本的“中间线”主张，必然出现一大片“重叠海域”，涉及中国的大陆架。中国在东海中国大陆架上的“春晓”油气田，即使按日本提出的“中间线”原则，也在中国一侧。中日双方在东海大陆架的矛盾激化于2004年6月，当时日本经济产业大臣中川昭一率众部下乘专机对中国的“天外天”、“平湖”、“春晓”三大天然气田进行视察，指责“中国企图独占东海海底资源”。随后，日本政界中的右翼势力也参与进来，要求政府采取行动，“维护本国海洋权益”。四个月之后，首轮磋商便拉开了帷幕，“搁置争议、共同开发”原则没有问题，但具体到划定共同开发海域，中日双方之间的分歧就一直没有达成共识。

对中国来说，已先行开发的“春晓”、“天外天”等油田，位于日方所谓的“中间线”中方一侧，属于“没有主权争议的近海”，不能成为共同开发的对象；而日方则坚持所谓“中间线”原则，将本来就不具“合法性”的“中间线”以西（中国一侧）的已开发油田一并纳入到“共同开发”范畴。日本提出共同的油气构造盆地，说中国在中国大陆架钻探石油，威胁到日本的经济利益。中国提出“搁置争议，共同开发”，实际双方谈判没有取得进展。对日关系既事关中国的核心利益，也涉及中国的长远利益。中国不会拿原则和核心利益作交易。双方应该寻求政治智慧，通过合作的方式，求得在区域一体化中共赢的结果。2008 年胡锦涛主席访问日本，中日达成了一个框架合作协议，拿出一块地区共同开发。中日长期悬而未决的东海大陆架问题取得突破。

5. 中国与印度的关系。中国与印度都是发展中的大国，近年经济都有长足的进步，被称为“金砖四国”的成员国。印度从 1979 年开始经济自由化改革，国内生产总值每年以超过 6.5%的速度增长，最近几年超过 8%。在 2006 财年，印度的经济增长速度达到创纪录的 9.4%，高于前一财年的 9%。作为“金砖四国”之一的印度，是亚洲第四大经济体，并被认为是 21 世纪最具发展潜力的发展中大国之一。2006 年国内生产总值已经达到 1.01 万亿美元。印度的软件出口占世界第二位，出口额占世界软件出口额的 20%。印度报业托拉斯因此报道说，印度已成为全球第 12 个国内生产总值超过 1 万亿美元的国家。

中印关系从 20 世纪 90 年代以来稳定发展。1996 年，江泽民主席对印度进行国事访问。两国领导人共同确立在“和平共处五项原则”基础上建立面向 21 世纪的建设性合作伙伴关系，并就保持高层往来、推动经贸合作、加强在国际领域相互支持等达成广泛共识。1999 年 6 月，印外长贾斯万特·辛格访华，双方确认中印关系发展的前提是互不视对方为威胁，基础是两国共同倡导的“和平共处五项原则”。双方愿推动双边关系继续恢复和改善。2003 年 6 月，印度总理瓦杰帕伊对中国进行正式访问，双方签署《中印关系原则和全面合作宣言》。印度明确承认，西藏自治区是中华人民共和国领土的一部分。2005 年 1 月，中印举行首次战略对话。当年 4 月，温家宝总理成功访印，两国签署《中印联合声明》，宣布建立面向和平与繁荣的战略合作伙伴关系。2006 年 7

月6日，乃堆拉山口恢复边贸。后来中印开设西藏普兰—印度北方邦贡吉和西藏久巴—印度喜马偕尔邦南加两对边贸点。2006年11月，胡锦涛主席对印度进行国事访问。双方发表了《联合宣言》，制定了深化两国战略合作伙伴关系的“十项战略”，并签署了《投资促进和保护协定》等13份合作文件。中印两国在2006年的双边贸易额已经达到248.6亿美元，同比增长32.9%。2007年5月，印度总统纳拉亚南对中国进行国事访问，双方就双边关系和共同关心的地区和国际问题交换意见并达成许多共识。

6. 中印边界争端问题。中印边界全长约2000公里，从未正式划定。双方争议地区约12.5万平方公里。1914年1月，英国殖民主义者炮制了非法的“麦克马洪线”，中国历届中央政府都不予承认。1951年前后，印度军队侵占中国历届政府从未承认过的“麦克马洪线”以南约9万平方公里的英国殖民者所占的领土。此外，印度侵占中印边界中国领土中段2000平方公里和西段450平方公里，1959～1962年中国与印度发生边界武装冲突。中国军队曾将印度军队赶走，后又主动后撤，以便和平解决边界争端。印度逐步蚕食、侵占“麦克马洪线”以南的中国领土，1987年2月在中印边界东段建立所谓“阿鲁纳恰尔邦”。中方多次严正声明，绝不承认非法的“麦克马洪线”和所谓的“阿鲁纳恰尔邦”，并要求印度撤回所有越线设点的军事人员。过去说中印边界分为东、中、西三段，但2003年中国承认锡金是印度的一个邦后，中印边界现在实际是四段，即东段（藏南段）、亚东锡金段、中段、西段（阿克赛钦、巴里加斯段）。除了亚东锡金段外，其他三段都有边界争议，争议地区面积总共约12.5万平方公里。

中印两国在1981～2005年的25年时间里，一直试图解决边境争端，但双方尚未就边界线达成一致。1988年12月，印总理拉·甘地访华，双方表示在寻求双方都能接受的解决边界问题办法的同时，积极发展其他方面的关系，努力创造有利于解决边界问题的气氛和条件。双方一致认为，边界问题应通过和平谈判加以解决。1993年，印总理拉奥访华，两国政府签署《关于在中印边境实际控制线地区保持和平与安宁的协定》。1996年11月底江泽民主席访印期间，两国政府签署《关于在中印边境实控线地区军事领域建立信任措施的协定》。2000年3月，中印举行首轮安全对话。当年6月，印度总理瓦杰帕伊访华，双方重申愿通过平等协商，寻求公正合理以及双方都能接受的解决边界问题的方案，在最终解决之前共同保持边境地区的和平与安宁。双方同意各自任命特别代表，从两国关系大局的政治角度出发，探讨解决边界问题的框架。2000年以后，双方特别代表先后进行了5次会谈。2005年4月，温家宝总理访问印度，中国与印度签订《关于边界问题政治指导原则的协定》。在此之后，双方特别代表举行了5次（第六至第十次）会晤，开始探讨解决边界问题的框架。

当前的国际格局与国际秩序仍在不断变化过程中，这将是一个长期的过程，是各种力量斗争妥协的过程。中国提出的主张构建“和谐世界”的外交理念，只有在国际社会所有成员都赞同联合国宪章宗旨和国际关系准则的情况下，国际新秩序才具有普遍性。21世纪的国际秩序建设，将是就政治、经济、金融、能源、环境和气候等各种问题，展开对话和能否取得共识的过程。中国应该继续发挥最大发展中国家的地位与作用，为构建和谐世界做出自己的贡献。

中国联合国外交理念的发展与创新

——从“三个世界”理论到建立国际政治新秩序到“和谐世界”理念

新华社世界问题研究中心高级研究员 钱文荣

中国是联合国50个创始国之一，对联合国的创建和《联合国宪章》的制定作出了重要贡献。新中国成立后，由于美国的阻挠，中国在联合国的合法席位长期被台湾蒋介石集团窃据，直至1971年才得以恢复。此后30多年来，中国在联合国中始终发挥着独特的建设性作用，对联合国事业以及世界和平与发展作出了重大贡献。

中国对联合国事业的贡献是多方面的，在维护国际和平、促进经济发展、推动裁军进程和加强文化交流等各个领域以及联合国各个机构的运作方面都发挥了重要作用，提出了许多独特的主张和建议。但是，我国对联合国事业最大的贡献还是思想理念方面的贡献。这就是毛泽东“三个世界”的理论、邓小平“建立国际政治经济新秩序”的思想和胡锦涛“建立和谐世界”的理念。这些伟大的思想和理念，不但维护了《联合国宪章》的宗旨和原则，而且发展了宗旨和原则的精神和思想，推动了联合国事业的发展。

一、毛泽东“三个世界”理论，确立和增强了第三世界国家在联合国和国际上的地位和作用

1971年10月25日，第26届联大以76票对35票的压倒多数，通过了阿尔巴尼亚和阿尔及利亚等23国关于恢复中华人民共和国合法席位和驱逐蒋介石集团的第2758号决议。这是我国22年来同第三世界为主的国家共同努力斗争的结果。在决议通过之后，坦桑尼亚驻联合国大使萨利姆等广大发展中国家代表，当即在联合国大厅跳起舞来表示庆祝，将其视为第三世界的一次历史性胜利。所以，毛泽东说，我国进入联合国是第三世界抬着轿子请进去的。他指示我国代表团到联大的第一次演说中，要伸张正义，长世界人民的志气，灭超级大国的威风；要声明中国反对任何大国的干涉、侵略控制和欺负；要支持一切被压迫民族的正义斗争；要强调中国属于第三世界，并首次在联合国的讲台上向世界宣告“中国永远不做超级大国”。中国代表团团长乔冠华在联合国大会上第一次长达45分钟的发言，带给联合国和各国代表团的就是毛泽东的“三个世界”思想。广大第三世界国家的代表听了耳目一新，极为振奋，深感鼓舞。乔冠华发表讲话后，不仅全场报以长时间的热烈掌声，而且有57个国家代表走上讲台致欢迎词，前后占了两个半天。在联合国历史上从来没有用这么长时间来欢迎一个国家代表团的到来，恐怕今后也不会再有这种热烈场面的出现。各国代表强调，这是战后新兴力量有历史意义的巨大胜利。他们认为，中国进入联合国给联合国带来了新生。这种盛况的思想根源，就是毛泽东的“三个世界”理论大长了发展中国

家的志气，壮了他们的胆，给他们增添了在联合国为争取自己合法权益、反对强权而斗争的勇气和力量。我是1978年秋天第一次去联合国担任记者的。当时许多发展中国家的记者和一些进步的美国记者，还纷纷给我讲述当时热烈欢迎的情景。可见这次事件的影响之深远。

关于“三个世界”的提法，在国际上早已有之，但其含义和解释却有很大差异。《大英百科全书》第9卷中关于“第三世界”的解释是，泛指亚洲和非洲的殖民地国家或非工业化国家。毛泽东关于“三个世界”的理论，源于1946年8月他和美国记者安娜·路易斯·斯特朗的谈话中首次提出的“中间地带”理论。根据文献资料，毛泽东是在1970年7月11日接见坦桑尼亚政府代表团和赞比亚代表团时首次使用“第三世界”这个词。[①] 1972年6月22日，在会见马里国家元首特拉奥雷时同时使用了“第三世界”和“发展中国家”的提法，并把两者等同起来。他对特拉奥雷说：“我们都是叫做第三世界，也就是发展中的国家。”但毛泽东明确提出“三个世界”划分的思想是在1974年2月，他在会见赞比亚总统卡翁达时说：“我看美国、苏联是第一世界。中间派，日本、欧洲、加拿大，是第二世界。咱们是第三世界。”“亚洲除了日本都是第三世界。整个非洲都是第三世界，拉丁美洲是第三世界。”[②] 同年4月，经毛泽东批准，邓小平在由第三世界国家发起召开的联合国大会第六届特别会议上的发言中，对“三个世界”的战略划分作了更为确切的阐述，指出：“从国际关系的变化看，现在的世界实际上存在着互相联系又互相矛盾着的三个方

---

① 《毛泽东外交文选》，中央文献出版社，1994年12月第1版，第587页。

② 《毛泽东外交文选》，中央文献出版社，1994年12月第1版，第600页。此前，传统的看法是：帝国主义是一个世界，社会主义国家又是一个世界，新独立的广大发展中国家是第三世界。见凌青：《从延安到联合国》，福建人民出版社，2008年3月第1版，第145页。

面、三个世界。美国、苏联是第一世界。亚非拉发展中国家和其他地区的发展中国家，是第三世界。处于这两者之间的发达国家是第二世界。”这是通过联合国的讲坛第一次向全世界公开宣布和阐明“三个世界”理论，在联合国内外引起了强烈反响，尤其得到广大发展中国家的赞同。正是这次特别联大首次提出了建立国际经济新秩序的主张，并通过了《建立国际经济新秩序的宣言》和《行动纲领》，大大提高了第三世界的声望和在国际事务中的影响力。①

30 多年来，毛泽东的“三个世界”理论一直是我国联合国外交工作的指导思想。这里限于篇幅，不可能详述，仅举两个事例说明之。

事例一：坚定不移地支持第三世界国家竞选联合国秘书长，创造了按各大洲地区轮流挑选秘书长的新惯例。

联合国第四任秘书长瓦尔德海姆（奥地利人）按规定应于 1981 年 12 月 31 日到期。按照《联合国宪章》，当年要推选出下任秘书长。已经担任两届秘书长（共 10 年）的瓦尔德海姆宣布再次竞选连任，引起第三世界国家的不满。从联合国成立到 1981 年的 35 年间，除缅甸的吴丹在前任秘书长、瑞典的哈马舍尔德因飞机失事的特殊情况下，由副秘书长转为代理秘书长而后转正为秘书长之外，其他三位秘书长均来自西方发达国家，占位长达 24 年。因此，第三世界国家强烈希望由一位第三世界国家的人出任下届秘书长。当时非洲统一组织推荐坦桑尼亚外长萨利姆·阿赫迈德·萨利姆为候选人。中国政府决定坚决支持第三世界担任秘书长的原则并明确支持萨利姆为候选人。但美国和西方国家坚决

---

① 这次会议是由阿尔及利亚革命委员会主席布迈丁倡议并得到绝大多数国家支持而召开的一次特别联大。这次会议名为原料与发展问题，实际上是一次加强发展中国家的团结、维护民族经济、推动各国人民反对帝国主义、霸权主义斗争的重要会议。

反对萨利姆，在安理会内投反对票。由于中国立场坚定，与美国对峙，双方先后共投了16次否决票，迫使瓦尔德海姆不得不在12月3日宣布退选。在此情况下，萨利姆也跟着宣布退出竞选。由于中国坚持只能由第三世界的人出任新秘书长，因此，随后在酝酿新的候选人时提出的9个人选全部来自发展中国家，最后推出秘鲁人佩雷斯·德奎利亚尔为第五任秘书长。新秘书长选出后，亚非拉国家代表纷纷指出，这是发展中国家反对超级大国控制联合国斗争的一个重大胜利，同时高度赞扬中国坚决支持发展中国家的原则立场。一些发展中国家的记者对我说："只有中国敢于出来与美国等西方国家抗衡。"中国的这一行动，在联合国内创造了一个先例。从此，联合国秘书长人选就在各大洲间轮流担任，已成为一个不成文的惯例。也是从那时到现在的四任秘书长，均由发展中国家的人担任。这是中国对联合国的一大贡献。

事例二："77国集团＋中国"模式，是毛泽东"三个世界"理论的又一具体体现，从组织上表明中国始终站在广大发展中国家一边的坚定立场。

"77国集团"（Group of 77或G77）是一个由发展中国家政府组成的国际组织。1964年3月，在日内瓦召开的第一届"联合国贸易和发展会议"期间，亚非拉76个国家和南斯拉夫经过连日磋商，发表了《77个发展中国家联合宣言》，提出了关于国际经济关系、贸易与发展的一整套主张。"77国集团"由此成立。1967年10月，在阿尔及利亚首都阿尔及尔召开了"77国集团"第一次部长级会议，并发表了《77国集团宪章》。其宗旨是加强发展中国家在国际经济领域内的团结与合作，推进建立新的国际经济秩序，加速发展中国家经济和社会的发展进程。到中国进入联合国时，该集团已有110多个成员国，如今已增加到134个。每当联合国审议或谈判重大问题时，为了集中表达发展中国家的意见，"77国集团"通常先开会，商定共同的原则立场和表态口径，然后在会上发言。近年来，还不时发表一些立场性文件，在联合国内散发。所以，它是当今在联合国和其他国际会议上与发达国家对阵、为维护发展中国家权益而斗争的一支重要力量。

考虑到中国是一个不结盟国家，中国没有申请成为其正式成员，但中国从一开始就坚定地支持“77国集团”的正义主张和合理要求。后来中国驻联合国代表团以观察员身份参加该组织的活动。进入20世纪90年代后，中国同“77国集团”的关系在原有基础上有了较大进展，并形成了“77国集团＋中国”的新型合作模式。目前，中国已全面参与“77国集团”的所有会议和活动。这样，中国便与广大发展中国家更紧密地团结在一起。近年来，我们经常看到以“77国集团＋中国”的名义，对联合国内一些重大问题发表共同声明和立场性文件，增强了发展中国家的话语权。例如，2007年9月26日，巴基斯坦环境部长费萨尔·萨利赫在联合国气候变化高级别会议上，以“77国集团＋中国”的名义表达了发展中国家在应对气候变化问题上的共同立场，呼吁发达国家履行在气候变化问题上的承诺，继续减排温室气体，并向发展中国家提供资金和技术援助，强调发达国家应按照“共同但有区别的责任”的原则，率先应对气候变化及其所带来的负面影响。2008年9月，我国外长杨洁篪出席“77国集团”第32届外长年会上的讲话中，进一步提出了“77国集团＋中国”今后进一步开展工作的四点建议，即：1. 携手并进，推动落实千年发展目标；2. 协调合作，应对全球性挑战；3. 团结一致，争取和维护共同利益；4. 互利共赢，促进“南南合作”。可以相信，随着这四项工作的开展落实，“77国集团＋中国”将在联合国内，为推动建设一个持久和平、共同繁荣的和谐世界发挥更大作用。

近几年，国内关于中国的定位问题讨论很多，看法至少有10种之多。争论的核心问题是中国是否仍然是一个发展中国家。有些同志对美国提出的“负责任的大国”津津乐道，而对发展中国家定位不感兴趣。有人说，中国已经不是一个发展中国家，甚至说“我们已经是一个全球大国”，若继续自称为发展中国家，“这是在欺骗国际社会”。还有人主张放弃发展中国家，把我国的外交战略重点转向第二世界。我个人认为，这些观点是脱离中国实际的，也是错误的。若按此种主张实施我国的外交，势必把我国引向外交歧途，严重损害我国的根本利益。

从综合国力看，我国在今后相当长的一段时间内，仍将是也只能是一个发展中国家。从国际政治的角度看，今天我国国际地位不断提高主要是由两个因素构成的：一是我国综合国力的不断增强；二是我们始终与广大发展中国家站在一起，又得到广大发展中国家的真诚支持。根据本人在联合国八年的采访经历，深深感到我国最强有力的外交资源就是广大发展中国家。据我所知，美国等发达国家常常私下求我国驻联合国代表团去做发展中国家的工作。大量的事实证明，每当关键时刻，真正支持我国的还是那些被称作穷朋友的发展中国家。邓小平生前反复强调：“中国永远属于第三世界，现在属于第三世界，将来发展富强起来，仍然属于第三世界。中国永远站在第三世界一边。”[①] 并且他还告诫我们：“不要忘记自己是第三世界，不要忘记第三世界所有的穷朋友。”[②] 说实话，如果我们离开了广大发展中国家，我们将在国际斗争中陷于孤立无援的困境。

---

① 《邓小平文选》第二卷，第 56 页。

② 转引自《邓小平外交思想研究论文集》，世界知识出版社，1996 年版，第 277 页。

二、邓小平关于建立国际政治经济新秩序的理论，为全球建立国际新秩序指明了方向

从历史上看，每当国际格局和国际力量对比发生剧变后，诸列强就会提出有利于自己的国际新秩序。第一次世界大战后，由美、英、法等国发起创建了以美国总统威尔逊的《世界和平纲领》14点为基础的国际联盟；第二次世界大战后，由美、英、苏等国发起创建了联合国。从联合国的《盟约》和《联合国宪章》确立的原则和精神来说，似乎都是公正、合理的。但是，实际上迄今为止的国际秩序基本是建立在霸权主义、强权政治和新老殖民主义体系的基础之上的。这就是我们通常所说的国际旧秩序。

20世纪80年代后期和90年代初，国际局势正处于剧变的过程中，世界处在新旧格局交替的转折关头，各国都在思考世界究竟应向什么方向发展，应该建立什么样的国际新秩序以维护和平、促进发展的问题。一时间，美国、苏联、日本、西欧以及包括中国在内的广大发展中国家，都在联合国内外提出了自己的新秩序主张和构想。纵观这些主张和构想，实际上存在着两种对立的新秩序观：一种是美国总统乔治·布什（即老布什）1990年9月11日在国会两院联席会议上首次提出的“世界新秩序”观。在同年10月1日的联合国大会上，他更进一步向全世界重申了建立“世界新秩序”的主张。另一种就是邓小平1988年9月22日在会见斯里兰卡总统普雷马达萨时首次提出的，建立国际政治经济新秩序。

这两种新秩序观从名称到内容实质都是截然不同的。老布什

提出的“世界新秩序”观，是以全球为中心，主张由美国领导支配全球体系内行为体的行为和互动关系。这正是反映了美国在冷战结束，成为唯一超级大国之后，建立美国统治下的单极世界的战略意图。同时，我们还应认识到要从这样的世界秩序真正建立起世界社会体系的和平与公正，似乎是不可能的。[①] 这是因为，迄今为止，“全球化的利益分配很不均衡，而其代价却由所有国家承担”。[②] 因此，甚至基辛格在评论老布什提出的世界新秩序时也认为，老布什提出的世界新秩序“是不可能实现的”。他把这种世界新秩序观称作“虚假的梦想”（false dreams）。事实证明，老布什提出世界新秩序后，虽然曾经在联合国内热闹过一阵，但不久就销声匿迹，再也没有人在联合国内提出讨论老布什的世界新秩序。

邓小平提出的国际新秩序观是以主权国家为中心，主张国际新秩序应建立在“和平共处五项原则”的基础上。这是与老布什提出的世界新秩序完全不同而且是根本对立的新秩序观。1989 年 9 月 19 日，他在会见日中友好议员联盟会长伊东正义时说：“霸权主义和集团政治已经行不通了。现在不仅要建立国际经济新秩序，而且也要建立国际政治新秩序。和平共处五项原则应该成为解决国际政治问题和国际经济问题的准则。”早前，他已指出：“处理国与国之间的关系，和平共处五项原则是最好的方式。其他方式，如‘大家庭’方式，‘集团政治’方式，‘势力范围’方式，都会带来矛盾，激化国际局势。”[③] “现在出现的新的霸权主义、强权政治，是不能长久维持的。少数国家垄断一切，这种形式过去多少年没有解决问题，今后也不能解决任何问题……唯一

---

① ［日］星野昭吉编著：《交动中的世界政治》中译本，新华出版社，1994 年版，第 414 页。

② 联合国前秘书长科菲·安南：《新千年报告》。

③ 《邓小平文选》第 3 卷，人民出版社，1993 年版，第 96 页。

的出路，是不同社会制度国家在五项原则基础上和平共处，相互合作，而不是干涉别国内政、挑起别国内乱。”[①] 邓小平这些观点和主张，为世界进入新时代后究竟应该建立什么样的国际新秩序，指出了正确方向。

因此，不难理解，邓小平的国际新秩序观在联合国一经提出，立即受到广大发展中国家和中小国家的赞同和支持。关于建立国际政治、经济新秩序，除邓小平 1974 年亲自在联合国发表关于建立国际经济新秩序的讲话外，根据邓小平“要反复讲”的指示，[②] 我国国家领导人和政府代表不断在联合国讲坛上系统阐明我国政府关于建立国际政治经济新秩序的主张。早期较全面完整地阐述中国政府关于建立国际政治、经济新秩序的有：钱其琛外交部长 1990 年 9 月 28 日和 1991 年 9 月 25 日先后在第 45 届和第 46 届联大的讲话，以及李鹏总理 1992 年 1 月 31 日在联合国安理会首脑会议上的讲话。现在每年联合国大会和其他相关会议上提出和讨论国际新秩序时，绝大多数国家的发言，都是以邓小平的观点和主张为基础。

1991 年，第 46 届联大在一般性辩论中以“世界新秩序”为主题展开了激烈辩论，会上形成了两种完全对立的新秩序观。多数西方国家的代表站在美国一边支持老布什的“世界新秩序”观，而广大发展中国家支持邓小平的“国际新秩序”观，并且尖锐地批驳了老布什的“世界新秩序”的主张。例如，马来西亚总理马哈蒂尔指出，“国际新秩序决不能建立在霸权和统治的基础上”，不应由在最近世界剧变中“任何特定的受益者”把它强加给这个世界。印度尼西亚、新加坡、所罗门群岛等许多发展中国家，在发言中都强调世界新秩序“决不可使之依赖于个别国家或

---

① 《邓小平文选》第 3 卷，人民出版社，1993 年版，第 360～361 页。

② 《邓小平文选》第 3 卷，人民出版社，1993 年版，第 353 页。

国家集团的军事和经济力量”。加纳外交部长阿·萨莫阿赫代表不结盟运动发言说：“新的世界秩序决不应是要求第三世界向任何超级大国投降……不结盟运动不能容忍那些企图成为超级大国监护人的国家。”强烈呼吁建立一个公正、平等和合理的国际新秩序。[①] 表明邓小平的建立国际政治经济新秩序的主张，在联合国内成为广大发展中国家的共同主张。可有的同志却说中国是现行国际体系“最忠实的维护者”，这是完全违背我国外交战略思想和政策的。看看今天由西方国家掌控和以美元为中心的国际金融体系，把世界经济搞成这个样子，人人都在呼吁改革，我们怎么可能去做这种不合理、不公正体系的“忠实维护者”呢？

当然，正如邓小平指出的，真正要建立这种国际新秩序是不容易的，是一个长期斗争的过程。这是因为霸权主义、强权政治和超级大国称霸全球的战略目标不会轻易退出历史舞台，但只要有了正确的方向，我们广大第三世界所主张的国际新秩序，就有可能一步一步地争取和实现。

这些年来，中国在联合国内就建立国际新秩序问题提出了一系列具体的改革建议。例如，我国首先提出了国际关系民主化的倡议，如今已成为联合国广大成员国的共同追求。在联合国改革方面，我国提出了立场性文件，就改革的指导思想以及发展、安全、人权与民主和联合国机构等各个领域，都提出了明确的改革原则和主张，强调坚持改革“应有利于推动多边主义，提高联合国的权威和效率，以及应对新威胁和挑战的能力”；“应维护《联合国宪章》的宗旨和原则，特别是主权平等、不干涉内政、和平解决争端、加强国际合作等”；应是“全方位、多领域的，在安全和发展两方面均应有所建树，特别是扭转联合国工作‘重安全、

① 详见辛平（钱文荣的笔名）根据当年联大辩论实况撰写的《两种对立的世界秩序观——第46届联大一般性辩论纪实》，刊载于美国《侨报》，1991年10月22日。

轻发展'的趋势"以及"应最大限度地满足所有会员国、尤其是广大发展中国家的要求和关切。应发扬民主，充分协商，努力寻求最广泛一致"。在人权领域，我国提出了保障新建立的人权理事会公平运作、开创国际人权事业新局面的五项主张，即：1. 享受人权需要和平的环境；2. 享受人权需要可持续的发展；3. 享受人权需要和谐包容的社会；4. 享受人权需要建设性的对话与合作；5. 享受人权需要有效的机制保障。同时，在新的人权理事会建章立制的磋商中，中国与其他发展中国家共同提出了国别提案的适用标准，提高了审议国别人权状况的"门槛"（需要获得 15 个成员国联署，才能审议某个国家的人权状况），以防止出现如以往被个别国家滥用国别提案的现象，避免理事会重蹈前人权委员会内经常出现政治对抗的覆辙。所有这些建议和主张，已经并将继续对建立国际新秩序产生积极的推动作用。

三、胡锦涛的"和谐世界"理念指明了新世纪世界发展的道路

2005 年 9 月，在纪念联合国成立 60 周年的首脑会议上，胡锦涛主席首次提出"努力建设持久和平、共同繁荣的和谐世界"的理念和远景。他指出，建设和谐世界必须：第一，坚持多边主义，实现共同安全；第二，坚持互利合作，实现共同繁荣；第三，坚持包容精神，共建和谐世界；第四，坚持积极稳妥方针，推进联合国改革。也就是说，"和谐世界"的内涵包括了国际关系民主化、共同安全、共同繁荣和文化多样性这些基本的理念。胡锦涛主席的"和谐世界"理念是在新世纪对毛泽东"三个世界"的理论和邓小平"建立国际政治经济新秩序"的思想的继承和发展，

全面适应新世纪国际政治和经济发展的趋势和需要，展示了中国特色的新世界观体系的构想。

“和谐世界”的理念源于我国传统文化中的“天人合一”和“和合”思想。胡锦涛主席把我国的传统思想与现代社会主义思想融合在一起，并应用于处理国际关系，成为我国外交的新战略，这是一个伟大的创举和创新。胡锦涛主席的“和谐世界”理念和主张一经提出，立即在联合国内和国际上引起强烈反响。各国尤其是发展中国家的媒体和专家学者以及政治家都给予高度评价。法国国际问题专家卡皮尔说：中国的“和谐世界”理念“提出了国际关系领域一个‘新模式’，对于建设未来更加美好的世界具有非常积极的‘独创’意义。”[①] 韩国“中国经济文化研究院”院长李映周说，“和谐世界”的理念，摆脱了国际关系学中以实力为基础，片面追求国家利益的新现实主义思维，强调各国采取理性、道德和规范的行动。他认为，这一理念为东北亚乃至国际社会的安全与和平提供了新的动力，将对国际关系带来积极影响。[②] 毫无疑问，“和谐世界”理念是与西方的价值观，特别是与美国的强权政治和霸权主义相对立的。但它并不是专门针对某一国的，而是指明世界未来发展的道路，也是联合国未来发展的方向。韩国媒体说，“建立和谐世界”的呼唤，代表了亚洲和整个人类对和平生活与和平相处的向往和追求。[③] 西方国家少数媒体和所谓的“学者”把“和谐世界”理念说成是专门针对美国的霸权主义或认为中国要“重返超级大国俱乐部”，是完全错误的。

当然，建立一个“和谐世界”是一个长期的过程，在这个过

---

① 新华社《参考消息》，2006 年 12 月 28 日第 14 版。

② 新华社《参考消息》，2006 年 12 月 28 日第 14 版。

③ 转引自新华社世界问题研究中心研究员、前新华社副社长高秋福：“对‘建立和谐世界’的几点看法”，载新华社世界问题研究中心《世界问题研究》，2007 年第 39 期。

程中将不可避免地会遇到种种阻力和困难，因此，需要做出长期坚持不懈的努力。但我们应该有信心，因为“和谐世界”理念代表人类的未来。正如德国著名社会学家、杜伊斯堡大学教授托马斯·海贝勒所说，中国领导人提出的建立“和谐世界”的构想，最终将成为人类共享的理念和理想。[①]

结束语

在撰写本文过程中，有两点感想不断浮现在脑海中，现写出来作为结束语，与诸位专家学者切磋。

一是纵览联合国成立六十多年来，各国领导人在联合国讲台上发表了大量具体主张，但没有一个国家的领导人像中国领导人这样给联合国和世界的发展提出远见卓识的战略思想。我们许多研究国际问题的专家学者包括我本人在批评我国外交工作不足时常常说，我国的外交“接招多，出招少”。这在一定程度上是符合实际的。但是，我认为，本文所论述的无论是毛泽东的“三个世界划分”理论，还是邓小平的建立国际政治经济新秩序的思想，还是胡锦涛主席的“和谐世界”理念，恰恰是我国领导人出的最大的招，而且招招都是绝招。至于具体建议和主张确实不如西方发达国家的多，这需要有一个从学习、了解、熟练到创新的过程。若我们仔细去了解和研究我国代表团三十多年来在联合国内提出的各种建议和主张，在数量上也是相当可观的，但更主要的是我国提出的建议和主张独树一帜，可以说几乎无一与西方各国的主张和意见相雷同，但都得到了极大多数成员国特别是广大

① 新华社《参考消息》，2006年12月28日，第14版。

发展中国家的赞同和支持。

二是我国的外交思想和理论根源于马克思主义和我国的传统文化与哲学思想，而不是西方的那套国际关系理论。周恩来曾对外宾说，中国办外交的“这些哲学思想来自我们的民族传统，不全是马列主义的教育”。[①] 从毛泽东“三个世界划分”理论、周恩来倡导的“和平共处五项原则”、邓小平的“建立国际政治经济新秩序”到胡锦涛主席的“和谐世界”理念，都体现了他们对马克主义普遍原理与中国传统哲学思想的创造性结合和应用。

可是，近年来我们经常读到一些文章和著作，用西方国家主要是美国的国际关系理论来解读中国的外交政策和外交实践，现在较多的是用西方流行的构建主义来解释中国的外交。这些文章和书一般都是前面部分介绍构建主义的基本概念和理论，然后生硬地把它套到中国的外交政策上，完全脱离了中国外交战略和决策的思想基础和决策过程的实际。本人完全无意反对学习和研究西方国家的国际关系理论，但我个人的体会是，学习西方国家的国际关系理论可以帮助我们更好地去理解和研究西方国家的外交思想和决策过程，当然也可以开阔我们研究国际问题的思路，但是，我们研究中国外交时，就必须首先从马克思主义和中国的传统文化和哲学思想着手，这才是一条正确的道路。前面提到的韩国学者李映周认为，胡锦涛主席的“和谐世界”理念，将成为建立国际关系重要理论之一。这是值得我们深思的。所幸的是，近年来国内已有部分学者开始从中国传统文化和哲学思想着手研究我国的外交，尤其是在胡锦涛主席提出“和谐世界”之后，这个风气更盛了。这是一个令人鼓舞的好现象。

---

① 《周恩来外交文选》，中央文献出版社，1990 年版，第 327 页。

改革开放30年的中国对外文化交流

中国传媒大学国际传媒学院教授　何兰

1978年召开的中国共产党第十一届三中全会，我们党在批判“两个凡是”错误的基础上，作出了把党和国家工作中心转移到经济建设上来，实行改革开放的历史性决策，实现了党和国家历史上具有深远意义的伟大转折。此后30年间，我国不仅经济走上了快速持续发展的轨道，社会生活发生了深刻的变化，而且对外文化交流取得的丰硕的成果，对于推动中国外交的拓展发挥了战略性作用。

一

我国改革开放事业的总设计师邓小平说：“现在的世界是开放的世界。中国在西方国家产业革命以后变得落后了，一个重要原因就是闭关自守。建国以后，人家封锁我们，在某种程度上我们也还是闭关自守，这给我们带来了一些困难。三十几年的经验教训告诉我们，关起门来搞建设是不行的，发展不起来。”[①]“我们要向资本主义发达国家学习先进的科学、技术、经营管理方法以及其他一切对我们有益的知识和文化，闭关自守、故步自封是愚蠢的。”[②]“我们引进先进技术，是为了发展生产力，提高人民生活水平，是有利于我们的社会主义国家和社会主义制度。”邓小平还强调，“经济上实行对外开放的方针是正确的，要长期坚持。对外文化交流也要长期发展。”[③]

邓小平改革开放理论与实践的重要前提是“解放思想，实事求是”。古今中外历史上大国的强盛，必然伴随着文化的繁荣和广泛传播。中国历史上最强盛的时期，也是中华文化最繁荣、影响力最大的时期。在世界经济全球化的时代，文化的重要作用越来越突出。所谓文化，就是人类通过自己的劳动（包括脑力劳动和体力劳动）所创造的一切精神财富和物质财富的总和。中国要实现和平发展，就必须构建起文化复兴的国家战略。在壮大经济实力、科技实力和加强国防力量的同时，使国家文化“软实力”也有一个大的提高。文化的交流与融合，不应是强势文化取代弱势文化，而是不同文化之间相互尊重与相互理解、共享共同的文明成果、共享共通的精神价值，平等生存和共同发展。

中国拥有五千年的文明史，中华民族的传统文化博大精深、源远流长。中国古代思想家强调“仁爱”、“群体”、“天下为公”、“和而不同”。其中“和而不同”，是极富战略眼光和现实意义的伟大思想。和谐而又不千篇一律，不同而又不彼此冲突；和谐以共生共长，不同以相辅相成。用这一观点观察、处理问题，不仅

① 《实行开放政策，学习世界先进科学技术》，《邓小平文选》第 2 卷，人民出版社，1994 年版，第 133 页。

② 《建设有中国特色的社会主义》，《邓小平文选》第 3 卷，人民出版社，1994 年版，第 64 页。

③ 《党在组织战线和思想战线上的紧迫任务》，《邓小平文选》第 3 卷。人民出版社，1994 年版，第 44 页。

有利于我们善待友邦，也有利于国际社会化解矛盾。这也是中国改革开放的文化底蕴。

改革开放30年来，中外文化交流无论深度和广度，规模和质量，都得到迅速发展，呈现出多层次、多渠道、全方位交流的崭新局面。

在对外文化交流的管理体制方面，改变了自新中国成立到改革开放之前一直沿用的高度集中管理模式。从20世纪80年代中期开始，对外文化交流经过对中央部委一级的审批权限进行分权切割，把一般性交流项目的审批权限下放到各省、自治区、直辖市以及中国文联，再进一步放权到一般城市，经过几次改革、调整，逐渐形成了从中央到地方的三级管理模式，充分调动了从中央到地方、从政府部门到民间组织开展对外文化交流的积极性和主动性，有力地促进了多层次、多渠道文化交流的开展。

在对外文化交流的运作方面，改变以往对外文化交流仅限于官方和民间的方式，实行官方、民间交流与有偿、商业性交流并举。从1979年广东粤剧团赴港澳有偿演出得到中央和文化部肯定后，第二年就派出了20个文艺团组，分赴美国、加拿大、澳大利亚、巴西、阿根廷、日本、新加坡、法国等国家进行商演，取得了社会效益、经济效益双丰收。自此，形成了官、民、商三足鼎立的对外文化交流新格局。这不仅加快了对外文化交流的速度，拓宽了交流的领域，而且提高了交流的效益。

在对外文化交流的参与性方面，从以往偶尔派遣个别文艺团组参加国外举办的文化艺术节的双边平行交流，到主动承办国际性文化艺术节和重大文化赛事的多边立体交流。随着改革开放的深入发展，我国在派遣文化艺术团组和个人积极参加世界各种赛事的同时，以举办“潍坊国际风筝节”为始，陆续举办了“中国艺术节”、“北京国际音乐节”、“上海国际艺术节”、“吴桥国际杂技节”、“中国国际小提琴比赛”、“中国国际声乐比赛”、“中国国际钢琴比赛”等重大国际赛事，有些已成为著名的国际性文化交流品牌，在世界产生了越来越大的影响。

在对外文化交流的媒介发展方面，也呈现出前所未有的繁荣景象。正式出版的报纸由1978年的186家增加到2001年的2000多家；新华通讯社已成为具有国际影响的大型新闻社，在国外设有98个分社，日发稿量达200多万字。[①] 中国外文局每年用20种外文，出版各类图书约1000种，向182个国家和地区组织发行；[②] 中国国际广播电台每天用43种语言对全球进行广播，每天累计播出时间近211小时。[③] 中央电视台国际频道于1992年10月1日开播，通过多颗国际卫星传输，在遍布于亚、非、拉美、北美，欧洲和大洋洲的许多国家和地区，实现了全频道或部分节目的落地播出。中央电视台英语频道于2000年9月25日开播，通过6个卫星向全球发送信号，在亚洲、欧洲、美洲的落地情况良好，共有1400万个用户。互联网的发展非常迅猛。据统计，1997年时上网计算机数仅为29.9万台，上网用户总人数为62万，国际出口带宽为25.4M。截至2008年11月，我国网民数已达2.91亿人，超过美国居全球首位。截至2007年6月，我国上网计算机数达到6710万台，国际出口带宽为312346M。[④] 信息技术的迅猛发展，带来了信息传播手段的变革，这为中国文化传播力的提升提供了有利的机遇。

---

① 刘继南主编：《大众传播与国际关系》，北京广播学院出版社，1999年版，第9页。

② 《中国统计年鉴》，中国统计出版社，2002年版。

③ 《人民日报》2000年08月11日。

④ 中国互联网络信息中心（CNNIC）：《中国互联网络发展状况统计报告》（1998年，2004年）。

二

我国在加入世界贸易组织后，与世界各国的文化交流也随之步入了一个新的阶段。在围绕“入世”而展开的谈判过程中，我国政府所作的承诺中有许多与对外文化交流相关的内容，如对外开放书报刊分销市场，准许外资在我国国内的网络业中占有不超过 49%的股份，允许外资进入我国兴建电影院，同意进口影片每年从 10 部增加到 20 部，教育领域对外国教育机构开放等。虽然“入世”以后进入我国的西方文化产品鱼龙混杂、良莠不齐，增加了我们对西方不健康甚至腐朽没落文化进行抵制和斗争任务的复杂性和艰巨性，但我国的文化产业和文化产品也获得了对外拓展的良机。

胡锦涛总书记在 2003 年 12 月 5 日至 7 日举行的全国宣传思想工作会议上的讲话中说：要适应发展社会主义市场经济、深化文化体制改革和我国加入世贸组织的新形势，立足我国国情，借鉴各国经验，加强宣传文化领域的法制建设，为宣传文化事业的健康发展创造良好的法制环境。胡锦涛在分析新的形势时，特别提到文化是综合国力的重要组成部分，也是增强综合国力的重要力量。当今世界激烈的综合国力竞争，不仅包括经济实力、科技实力、国防实力等方面的竞争，而且包括文化实力的竞争。倘若不能建立自己的文化优势，就难以在经济全球化的大潮中处于主动地位，捍卫自己的战略利益。

党的十七大报告，首次专门用一章来阐述推动社会主义文化大发展大繁荣，第一次在党的代表大会上号召全党推动文化大发展大繁荣，兴起社会主义文化建设的高潮。这充分体现了我们党对繁荣发展民族文化的历史责任感，充分体现了党对文化战略地位和重要作用的新认识、新论断。我们必须深刻领会其精神实质，切实搞好工作落实，为凝聚民族精神，提高民族素质，铸就时代风尚，打造国家软实力，进行不懈地努力。

为了向世界说明中国，让世界了解中国，近年来，随着各方面条件的成熟，我国继20世纪80年代在外国设立中国文化中心，作为宣传介绍中国文化、促进当地人民了解中国的窗口、桥梁和阵地的基础之上，又在国外创办推广汉语和弘扬中华文化的“孔子学院”，受到各国各界人士的欢迎。目前世界各地的“孔子学院”已经发展到230余所。出现全球“汉语热”现象的原因：一是随着中国在世界范围经济实力的增加，使我们的民族自信心增强了；二是中国改革开放的成就，吸引了全球人的目光，世界各地的朋友都希望能够直接来中国发展或从事与中国有关的工作；三是全球化形势下跨文化交流需求与日俱增，中国古老的文化魅力正在重现生机与光彩。

近年来，我国对外文化交流出现了一种密切配合国家领导人出访等重大外交活动、同时派遣众多各类文化团组和展览进行大规模、长时间联袂演展的新形式。如与法国、俄罗斯以及英国、印度、韩国、美国、意大利、希腊等国相互举办“文化年”、“文化月”、“文化节”等，一般都有国家领导人出席开幕式，数十乃至上百个项目同时或陆续展开，内容涉及文化艺术、烹饪、武术、中医、民俗等领域，并开办舞蹈、太极拳、书法、烹饪讲座、放映电影等。这些活动场面隆重，声势宏大，气氛热烈，得到了当地人民的好评和积极参与。这对促进国家间友好关系的发展和人民间相互了解与友谊的进步，有着不可估量的影响。

三

人类社会每一种文化都具有独特的起源、成熟、变迁的动因与过程，任何一种文化都具有不可被另一种文化替代的功能；不同国家、不同民族或群体的文化，都有各自不同的本质特征和价值取向，从而形成以多样性和多元化为表现形态的文化差异。但文化交流扩展了全球不同文化广泛的相互了解与分享，推进了全球不同文化的相互认同与融合，为消除人类文化间的疏离隔膜乃至误解敌对，创造了更加丰富开放的空间，并有利于人类所向往的具有共同利益的“全球治理”的形成。温家宝总理曾指出，进入21世纪，人类面临的经济和社会问题更加复杂。文化因素将在新的世纪里发挥更加重要的作用。不同民族的语言各不相同，而心灵情感是相通的。不同民族的文化千姿百态，但其合理内核往往是相同的，总能为人类所传承。各民族的文明都是人类智慧的成果，对人类进步作出了贡献，应该彼此尊重。我们主张以平等和包容的精神，努力寻找双方的共同点，开展广泛的文明对话和深入的文化交流。2008年的北京奥运会和残奥会对于中国来说，既是一次展示中国软实力的舞台，更是一次进行对外文化交流，让世界更好地认识中国、解读中国的机会。应当说，我们很好地抓住了这次机会，兑现了“人文奥运、绿色奥运、科技奥运、平安奥运”的承诺，不仅还世界一份惊喜，而且给世界一个真实。

奥运会开幕式开场十几分钟的时候，有些外国媒体在解说中感叹场面宏伟壮观的同时，还不忘对中国的其他事情说三道四。但当转播进行到2/3的时候，所有的解说员开口都是“没想到”、“太精彩了”，他们都被现场所感动。他们已经忘了自己的老板给他们的一些硬性规定，即每个外国记者来中国的时候，都带着自己媒体的报道口径和倾向，有的甚至戴着“有色眼镜”，只是没有想到北京会做得这么好。

奥运期间，首都博物馆精心设计了名为《中国记忆——5000年文明瑰宝展》的文物展览。该展览调集了全国26个省市自治区55家博物馆的169件镇馆之宝，按历史顺序，以文物珍宝勾勒出中国五千年的文明。此外，首都博物馆还举办了“北京文物精品展”、“古代奥林匹克文物展”、“紫禁城内外的竞技游戏展”和“长江文明展”；故宫博物院推出“院藏精品书画展”、“院藏精品瓷器展”和“院藏文物精品展”；军事博物馆展出了“孙子兵法展”等，充分展现出中国文化的博大精深、绚烂多彩。

这次奥运会使中国首次有机会如此集中、大规模地向世界传递自己的声音，塑造自己的国家形象。北京奥运会和残奥会让全世界数十亿观众领略到中国的历史、文明与现代化建设的成就；通过赛场内外的展示，让全世界了解到中国的综合国力和开放胸襟，了解到中国人民的热情好客和乐观自信。

北京奥运会的举办，不仅是中国文化的大展示，也是各国文化的大交流，营造出了“和平、友谊、进步”的奥运氛围。2008年4月至9月，在北京举办“2008北京奥运会重大文化活动”，汇聚了典藏中国、圣火传递、创意亚洲、艺术展览、世界经典和国内优秀剧目汇演等丰富多彩的文化内容，包括歌舞、音乐会、戏剧、舞台剧、演唱会等多种艺术形式，260多台演出、160多场艺术展览，来自80多个国家2000多名艺术家共同建构了奥运文化艺术盛会，营造了“同一个世界，同一个梦想”的北京奥运会主题。北京奥运会不仅成为奥林匹克大家庭的大聚会，也成为各国之间文化的大交流，在各国运动员们的激烈竞争、切磋技艺中，既加强了了解，增进了友谊，也成为一种文化的交流。

北京奥运对境外媒体“零拒绝”，成为世界关注的焦点和新闻源。此前国际舆论中对中国举办奥运会的安全保卫、环境与空气污染、食品质量、卫生条件等种种怀疑和担心，都被证明是多余的。多数外国记者说，媒体的天职首先是尊重事实，中国做得实在是让人挑不出问题。很多媒体赛前和赛后对待中国的态度及其报道口吻，出现了180度的大转弯。正如国际奥委会主席罗格在闭幕式上所说："这届奥运会大大改变了世人对中国的看法……世界更加了解中国，中国也更加了解世界。"

总之，改革开放推动了我国国际地位和影响的提高，促进了我国对外文化交流向着广度、深度和高度发展。从而使我们更加坚信，人类可以通过跨文化交流，相互尊重和理解充满差异与变化的多样性文化，共同面对和承担改善人类生存状况和生存环境的使命与责任，在交流带给我们的互通、互融、互济、互动中，共同为人类社会创造和谐美好的未来。这也可以说是对我国外交战略文化的一个重要视角。

改革开放与中国建立信任措施的理论与实践

中国军控与裁军协会副秘书长、博士 滕建群

建立信任措施是国际安全领域里普遍重视的理论与实践。20世纪70年代末中国改革开放后，开始践行这一理论。中国借鉴西方国家建立信任措施的模式，吸收中华文化与思想内涵，从政治、经济、军事、外交、文化等多方面建立国家间、国家与地区性组织或机制的信任措施。到20世纪90年代末期，中国在建立信任措施方面取得成果，确立了一系列信任机制。通过建立信任措施，中国进一步稳定了与大国及周边国家的关系，为建设小康社会和践行和谐世界理论发挥了积极作用。未来，中国进一步强化信任措施建设力度，为营造良好的周边安全环境，树立负责任大国形象和争取更长的战略机遇期提供必要的保证，应是中国外交战略的重要内容。

一、引言

建立信任措施是国家间为相互了解、减少猜疑进而缓解紧张

局势和防止爆发战争而采取的措施，指国家间就武装力量和军事活动的相关信息进行交流与核查所达成的规定，以及促进军事领域合作等。它分为广义和狭义两种：狭义的建立信任措施，是在军事领域里建立的各种直接涉及改善安全环境的各种措施，包括交流措施、透明度措施、限制措施、核查措施等安排。广义的建立信任措施涵盖政治、经济、军事、外交、文化、宗教及意识形态等领域，包括从整体上加强国际安全、改善安全环境、缓和地区紧张局势及提高国家间信任而采取的措施。它强调遵守《联合国宪章》、“和平共处五项原则”等国际准则。如不得以武力相威胁或使用武力分割其他国家领土完整和政治独立；不干涉其他国家内政；和平解决争端和各国主权平等，强调通过密切的政治来往、经济联系、技术交流及军事接触等，加强彼此间信任。

二、中国建立信任措施的回顾

早在古代，中国就有约定俗成的避战措施，如敌对双方不斩来使，以便了解敌方意图或说服对方放弃武力威胁或使用武力的企图，通过建立互通信息的渠道和人员交往化解矛盾，避免危机升级为冲突或战争，这些措施都有建立信任措施的含义。

新中国成立后，中国虽然被长期阻隔在国际社会之外，但仍在社会主义集团和发展中国家中提出带有建立信任措施内容的主张。1954年，中、印、缅共同提出“相互尊重主权和领土完整、互不侵犯、互不干涉内政、平等互利、和平共处”的五项基本原则。1955年4月，在印度尼西亚万隆会议上，中国提出以“和平共处五项原则”为基础的“万隆会议精神”。尽管被排挤在联合国外，但所提主张受到社会主义国家集团和发展中国家的拥护，成为国际社会增加互信和解决争端的准则。

冷战开始后，部分有核武器大国不时挥动核武器讹诈中国，中国第一代领导人下决心发展自己的核力量。1964 年 10 月，中国成功进行核试验后即庄严宣布："中国政府一贯主张全面禁止和彻底销毁核武器。如果这个主张能够实现，中国本来用不着发展核武器。"同时还强调，在任何情况下、任何时候，中国都不会对任何国家首先使用核武器，不对无核武器国家和无核区使用核武器。这在国际上是最早也是至今唯一单方面建立核信任措施的政策宣示。

冷战期间，建立信任措施是欧洲安全制度的核心内容，目的是通过增加开放性和透明度来增进两大对立集团的信任，减少和消除对军事活动的疑虑，反映当时美苏两大集团既斗争又合作的时代特征。欧洲模式建立信任措施对世界其他地区产生深刻影响，成为仿效对象，但对中国信任措施建设的影响甚少。随着融入国际社会程度的加深，欧式理念逐渐走入中国。20 世纪 90 年代，中国突出与其他国家政治、经济、外交、文化和意识形态等方面的双边与多边互信与合作，提出建立信任措施的主张，与有关邻国解决边境争端，实践着中国倡导的新安全观：互信、互利、平等、合作。

1993 年 2 月，中国在加德满都"亚太地区建立国家安全和国家间信任会议"上提出，国家间可采取建立安全与信任措施，作为逐步解决领土边界争端的基础。1995 年 8 月，中国外长钱其琛在第二届东盟地区论坛会议使用"建立信任措施"概念。1995 年 11 月，中国发表《中国的军备控制与裁军》白皮书，多次使用"信任"一词。中国第一次在正式文件中使用"建立信任措施"是 1998 年发表的《中国的国防》白皮书上，指出："国家间建立信任是维护安全的有效途径，中国高度重视并积极推动建立信任措施合作。"认为：相互信任是实现地区安全的政治条件，"安全不能依靠增加军备，也不能依靠军事同盟。安全应当依靠相互之间的信任和共同利益的联系。”建立信任措施是安全合作的主要方法之一，认为威胁来源不是国家间的实力差距，而是一国对外政策的取向。“一个国家对于世界是否构成威胁，不在于它的国力是否强大，而在于它奉行什么样的内外政策。”建立信任措施是一种合作机制。此后，建立信任措施开始广泛应用于官方文件、领导人言论及学者的研究中。

中国近年建立信任措施的理论与实践，大致可从如下几个角度观察和分析。

（一）中国与大国

1. 中苏/俄。1990 年 4 月，中苏签署《关于在中苏边境地区相互裁减军事力量和加强军事领域信任的指导原则的协定》，这是两国第一个包含有建设信任措施机制的协议。苏联解体后，俄罗斯同样重视与中国建立信任措施。1992 年 12 月，俄总统叶利钦访华，双方签署《关于中华人民共和国和俄罗斯联邦相互关系基础的联合声明》，明确规定两国互不首先使用核武器。对两个核武器国家来说，这一协议的政治含义远远超出军事。1993 年 11 月和 1994 年 7 月，两国政府签署《两国国防部军事合作协议》和《关于防止危险军事活动协定》。后者规定，两国军队应避免战斗机或军舰非故意穿越对方国境，避免意外发射导弹，避免在伤害对方情况下使用激光设备等意外事件。1994 年 9 月，中俄又签署《关于互不把核导弹瞄准对方的协定》，重申互不首先使用核武器。

此后，两国把建立信任措施的实践纳入上海五国机制中，双边自此开始发展为多边。1996 年 4 月，中、俄、哈、吉、塔五国元首在上海签署《关于在边境地区加强军事领域信任措施的协定》。规定建立和增强信任的措施，包括边境地区军事力量不相互攻击；不举行针对对方的军事演习；限制军事演习的规模、范围和次数；相互通报在边境地区 100 公里内的重大军事活动；邀请对方观察适当规模的军事演习；采取措施避免危险军事活动；加强在边境地区部队之间的友好交流等。会议虽说有五国参加，但目的是解决中国同前苏联遗留下来的边界问题。通过外交谈判与建立信任措施，中国成功解决同俄及中亚各国长达 7000 多公里的边界划定。

1997 年 4 月，五国举行第二次峰会，在莫斯科签署边境地区裁军协定，即《莫斯科协定》。规定中、俄、哈、吉、塔各方将边境地区军事力量裁减到与睦邻友好相适应的最低水平，使其只具有防御性；互不使用武力或以武力相威胁，不谋求单方面军事优势；各方部署在边境地区的军事力量互不进攻；裁减和限制部署在边界两侧各 100 公里纵深的军队和主要种类的武器数量，确定裁减后保留的最高限额；确定裁减方式和期限；交换边境地区军事力量的有关资料；对协定的执行情况进行监督等。中俄两国通过建立信任措施解决边界领土问题，增进了相互信任，加强了战略协作伙伴关系。两国建立信任措施的经验得到国际社会的认可，被认为是促进东亚地区稳定的成就。

2. 中美。苏联解体，美国从“联华制苏”转向“接触”和“塑造”中国。虽然中国始终以建设性态度推动中美关系发展，但由于两国政治制度和意识形态的差别，美国仍把中国看作其在亚太乃至全球最大的潜在竞争对手。为防范中国，美国加强美日同盟，加紧战区导弹防御体系研发和部署计划，并利用“台独”势力来牵制中国。这种战略调整，加深了中美的安全困境。20 世纪 90 年代，美国多次以人权、新疆问题、西藏问题、售台武器问题、最惠国待遇等问题向中国发难。如何在两国间建立信任措施，成为摆在中国领导人面前的头等大事，也是美国几届政府的头等大事。

1996 年春的台海危机、1999 年美国炸我使馆及 2001 年军机相撞事件，使双方认识到，潜在的军事冲突不但威胁两国安全，也威胁整个东亚地区安全，违背两国的战略利益。中美两国开始把建立信任措施看作缓和安全困境，实现战略稳定的重要条件之一。1997 年 10 月，国家主席江泽民访美，两国表示将致力于加强军事交流，谋求建立信任措施。根据联合声明，双方达成建立加强海上军事安全磋商机制的协议，中美军舰实现互访，双方还就人道主义救援和减灾、军事环境保护及互派观察员观摩对方联合训练演习方面达成协议。

1998 年 1 月，中美签署《关于建立加强海上军事安全磋商机制的协定》。这是两国间第一个建立信任措施的军事协定。6 月，克林顿访华期间，中美两国决定不把各自控制下的战略核武器瞄准对方。7 月，中美两军在北京举行海上军事安全磋商第一次年度会晤，此次会晤标志着中美海上军事安全磋商机制的正式启动。此后，两军关系有了实质性发展，为中美双方加强政治合作关系，维护两国战略稳定提供重要基础。

除强化军事领域信任措施的建设外，近年来两国还在国家层面上建立起信任措施机制。如中美战略对话不仅涉及安全问题，而且还把议题扩展到政治、经贸、文化等多个领域。首次中美战略对话于 2005 年 8 月在京举行。中方表示，中美作为在国际事务中有重要影响的大国，就事关两国利益的重大问题开展对话，有利于双方加深了解，增进互信，扩大合作，妥善处理彼此关切的问题。这不仅有助于推动中美关系稳定、健康地向前发展，也有利于维护地区和世界稳定。2005 年 10 月，美国前任国防部长拉姆斯菲尔德访华，根据拉氏要求，中方安排他参观了第二炮兵司令部指挥所，让他与中央党校和军事科学院有关人员座谈。上述安排让拉姆斯菲尔德看到了他想看的东西，而且也表明中方在与美国建立信任措施上所做出的努力。

2007年11月，国防部长罗伯特·盖茨访华，两军原则上同意建立军事热线。此前，中美已于1998年建立起元首热线。军事热线的建立，有助于两国军事交流制度化，避免因沟通不畅而引发误判等情况的发生，从而避免危机升级或出现意外冲突。尽管军事热线是军事安排，但它的开通更具有政治含义，是两国进一步互信与合作的表现。

（二）中国与周边国家

1. 中印。两国关系在1962年战争后陷入了僵局。建立信任措施的实践一直围绕着解决领土争端和在边境地区建立互信展开。1993年6月，两国达成在中印边境地区建立信任措施的协议，包括双方军事人员在边境定期会晤、在两国边防军指挥部之间建立"热线"、事先通知边界一带军队的部署与调动、通报军事演习等。9月，两国签署《关于在中印实际控制线地区保持和平与安宁的协议》。内容包括：通过和平友好方式解决边界问题。双方互不用武力或以武力威胁。双方在两国边界最终解决之前，严格尊重和遵守双方之间的实际控制线；在中印实际控制线地区，双方各自的军事力量保持与两国睦邻友好关系相适应的最低水平，并逐步裁减；在中印实际控制线内建立有效的信任措施，如预先通报在其附近的演习，双方边防人员会晤与处置意外事件；采取必要措施，确保不发生侵犯对方实际控制线地区空域的事件，建立相应的通讯网络等。

1996年11月，两国签署《关于在边境实际控制线地区军事领域建立信任措施的协定》。规定：不进行威胁对方或损害边境地区和平、安宁与稳定的任何军事活动；在边界问题最终解决前，严格尊重和遵守中印边境地区的实际控制线，任何一方的活动不得超过实际控制线；按共同商定的最高限额裁减或限制部署在实际控制线地区共同商定的地理范围内的陆军、边防部队、准军事部队，以及其他双方同意的武装力量和部分武器装备；不在实际控制线附近地区举行针对对方的军事演习，限制军事演习规模，通报实际控制线附近地区一定规模的军事演习；防止发生军用飞行器飞越实际控制线的侵犯事件；防止实际控制线地区危险军事活动；加强实际控制线附近地区双方军事人员和机构的交往与合作等。

双方领导人曾宣称，两国将在进入21世纪前全面实现关系正常化。然而1998年5月印度核试验后，瓦杰帕伊所领导的政府公开宣称中国是印度的主要威胁和进行核武器试验的主要动因。两国关系遇冷，双方不信任感增加。目前，如何在中印两国之间拓宽互信渠道仍是改善双边关系的重要内容。

2. 中蒙。1999年11月，中蒙签署《中蒙边防合作协议》。规定：双方开展边防合作，致力于保持中蒙边界的和平与稳定；交换有助于维护边界地区正常秩序的信息和其他有关信息；交流守卫管理边界和维护其正常秩序的措施与经验；预防在边界地区发生意外事件和纠纷；制止通过边界非法偷运武器、贩毒、走私、抢劫、盗窃等违法犯罪活动；加强边界代表机构合作，协商处理边境事件，协助寻找并及时移交对方越境人员及其交通工具、财物和越境牲畜；通报可能给对方造成损失的自然灾害、流行病和疫情，采取措施防止其越界等。

3. 中菲。与东盟国家建立互信实践中，中菲最具代表性。两国建立互信措施的起点从南海开始。1999年3月，中菲关于在南海建立信任措施工作小组首次会议在马尼拉举行。双方承诺：遵守继续通过友好磋商寻求解决分歧方法的谅解；根据广泛接受的包括联合国海洋法公约在内的国际法原则解决分歧；维护地区稳定与和平，不使用武力或以武力相威胁；在渔业、海洋环境、气象、海洋科研、海上生命安全、减灾防灾和航行安全领域，改善现有的接触和对话机制；扩大双边军事对话与合作，包括增加高级防务和军事官员的互访，加强信息交流，建立避免海上冲突的措施。针对本地区形势可能出现进一步发展的情况，双方同意保持克制，不采取可能导致事态扩大化的行动。双方认为，召开建立信任措施会议本身就是一项信任措施，增进了相互了解，认为中菲之间的磋商渠道是畅通的。双方同意通过协商和平解决争议，分歧不应影响两国关系的正常发展。双方重申将本着建设性、友好和互让的精神，努力解决悬而未决的问题。目前，中菲关系稳定，在国际事务中相互支持，这无疑与中菲共建信任措施息息相关。

（三）中国与地区组织

1. 中国与东盟。中国与东盟的关系经历过由不信任到信任的转折。1996 年，中国首次以东盟对话伙伴国的身份出席第 29 届东盟外长会议及东盟与对话伙伴国会议，开始与东盟建立信任措施。1997 年，亚洲金融危机成为中国与东盟互信关系的转折点。中国以负责任大国的身份，坚持人民币不贬值，并向受危机影响的东盟国家提供援助，使东盟认识并确信，日益强大的中国对东盟是至关重要，中国愿意在关键时刻向东盟伸出援助之手，表明中国是值得依赖的朋友。

自 1997 年宣布建立面向 21 世纪的睦邻互信伙伴关系以来，中国与东盟的互信关系迅速提升。突出表现有：中国和东盟 10 国分别签署双边关系框架文件或合作计划，推动中国和东盟各国的互信。在安全领域和双方关心的问题上，2002 年双方签署《中国与东盟关于非传统安全领域合作联合宣言》和《南海各方行为宣言》。2003 年 10 月，中国正式成为第一个加入该条约的对话伙伴国，东盟则成为与中国建立战略伙伴关系的第一个地区组织。

2004年12月发生印度洋地震海啸，中国在第一时间提供物资救助，派出多支救援医疗队奔赴灾区。接着又增加5亿元人民币援助，中国社会各界也踊跃捐款。2005年1月，温家宝总理出席东盟地震和海啸灾后领导人特别会议，与有关国家领导人和国际组织代表，就受灾国救援和重建、合作建立区域防灾机制达成重要共识，并承诺增加2000万美元用于多边救援和重建。3月，中、菲、越达成《在南中国海协议区三方联合海洋地震工作协议》，为落实《南海各方行为宣言》迈出关键一步。同时，中国和东盟在打击贩毒、贩卖人口、非法移民、海盗、恐怖主义、武器走私、洗钱、国际经济犯罪等8个重要领域开展合作。

2.中国与上海合作组织。2001年6月，中、俄、哈、吉、塔、乌六国成立上海合作组织。该组织倡导新型安全观、新型区域合作模式和新型国家关系，加强了军事领域的信任与合作，强化在打击恐怖主义、分裂主义和极端主义方面的实质性协作，达成在防止与和平解决国际冲突中相互协助的共识。

在组织框架内，中国严格恪守：相互尊重独立、主权和领土完整，互不干涉内政，互不使用或威胁使用武力；所有成员国一律平等；通过相互协商解决所有问题；不结盟、不针对其他国家和组织；对外开放，愿与其他国家及有关国际和地区组织开展各种形式的对话、交流与合作。上合组织积极倡导并实践以相互信任、裁军与合作安全为内涵的新安全观，以结伴而不结盟为核心的新型国家关系，以大小国家共同倡导、互利协作为特征的新型区域合作模式，并在发展过程中逐渐形成以“互信、互利、平等、协作、尊重多样文明、谋求共同发展”为基本内容的“上合精神”。多年来，尽管也出现过波折，但在中国等国家的努力下，该组织如今充满活力，在维护地区稳定与和平方面正在发挥着重要作用。

3. 中国与“亚信”。亚洲相互协作与信任措施会议是部分亚洲国家讨论加强合作、增加信任措施的组织。它是哈萨克斯坦总统纳扎尔巴耶夫于1992年10月，在第47届联合国大会上提出来的，主要目的是要在亚洲大陆上建立起有效的、综合性的安全保障机制。

2002年6月，中国参加第一次“亚信”领导人会议。江泽民主席指出，“亚信”的出现和发展，从一个侧面反映冷战结束后亚洲地区各国人民渴望保持和平与维护安全的共同心愿。本次会议将要通过《阿拉木图文件》和《关于消除恐怖主义和促进文明对话的宣言》，表明“亚信”成员国坚定不移地倡导和实践以互信求安全的新型安全观。他强调，中国作为亚洲大家庭的一员和哈萨克斯坦的友好邻邦，始终关注“亚信”的进程，积极参与“亚信”的各项活动。中国将一如既往地积极遵循“亚信”关于加强信任协作、增进地区安全的宗旨和原则，与“亚信”成员国开展建设性的友好合作。

中国政府一直对“亚信会议”进程予以热情关注和支持。在“亚信”的发展初期，中国曾向哈政府提出许多中肯的建设性意见，为“亚信进程”的健康发展发挥了重要作用。2006年6月17日，胡锦涛主席出席在哈萨克斯坦阿拉木图举行的“亚信”成员国领导人第二次会议，发表题为《携手建设持久和平、共同繁荣的和谐亚洲》的重要讲话。胡锦涛积极评价“亚信会议”论坛在探讨亚洲安全和合作、促进不同文明对话、增进成员国相互理解和信任等方面发挥的作用。

（四）中国与军事透明度

任何国家军事透明度都是以维护国家安全为前提的。在此前提下，为了维护世界和平和促进国际合作，近年来，中国军事透明度大幅度提高。2007年8月31日，中国常驻联合国代表向联合国裁军事务办公室通报中国在增加军备透明度方面的两项决定：从2007年起参加联合国军费透明制度，恢复参加联合国常规武器登记册，并同时提交《2006年中国军费开支表》和《2006年中国常规武器转让情况表》。外交部发言人就此发表谈话称，此举是中国进一步提高军事透明度的重要举措，充分体现中国致力于增进与世界各国军事互信的积极态度。

从20世纪80年代开始，中国积极参与国际军控条约和机制，致力于循序渐进地扩大军事透明度。近年来，中国不仅连续发表国防白皮书、军控与防扩散白皮书、航天政策白皮书等涉及国防和军队建设及军控和裁军方面的白皮书，还参加几乎所有涉及军控与防扩散的国际机制。解放军同各国军队保持着频繁交流与接触。2002年10月到2007年8月，中国军队共18次参加与其他国家举行的联合军事演习。

增加军备领域的公开性和透明度能提高相互信任，减缓紧张，加强区域及国际和平与安全，并且有助于约束军事生产和武器转让。中国始终不渝地奉行独立自主的和平外交政策，强调坚持防御性的国防政策，坚持走和平发展的道路，主张通过对话和合作解决争端，反对诉诸武力或以武力相威胁，在战略意图上是完全透明的。中国不断采取措施，增加军事透明度，既是与国际惯例接轨的需要，也体现出中国军队面向世界的自信态度。

三、建立信任措施的做法与未来走向

（一）基本做法

改革开放以来，中国借鉴西方所谓的建立信任措施理论，并实践于本国的对外关系当中，起到了“增信释疑”的功能。但中国建立信任措施的实践与其他国家有着诸多不同。因此，有必要分析和解释中国建立信任措施实践的基本做法。

1. 把建立信任措施与维系国家安全结合起来。信任措施与国家安全息息相关。冷战结束以来，非传统安全替代过去两个政治集团以军事对抗和竞赛为主要特征的安全挑战。同时随着技术发展和经济全球化的加强，需要通过新的合作来共同应对所面临的威胁。中美、中俄及与东盟和欧盟的信任措施建设，最大限度地减少国家间的摩擦，增加相互信任，以有利于把更多财力和物力集中于国家经济建设上来。

中国认为，国家间建立信任是维护安全的有效途径，中国高度重视并积极推动建立信任措施合作。近年来，中国与有关邻国达成了一系列边境地区建立信任措施和边境裁军协定，这是中国致力于国家关系的发展和地区和平稳定的重要举措。这些协定反映中国所积极倡导的新型安全观念，体现了一些对亚太安全对话与合作具有普遍意义的原则和精神。包括通过建立相互信任和对话合作谋求安全，安全合作不干涉别国内政、不针对第三国；军事力量不得威胁或损害他国的安全与稳定；实行和坚持防御性国防政策；在边境和争议地区采取适宜的信任措施；军事力量友好交往等，以便有关方面能及时就有关问题进行磋商，采取加强信任措施，消除不安全和可能引发冲突的因素。

2. 把建立信任措施与边海防建设相结合。中国是世界上陆地邻国最多的国家之一，有 2.2 万多公里陆地边界和 1.8 万多公里大陆海岸线，与周边 20 多个国家接壤或隔海相望。中国历史上围绕着先边防，还是先海防有过数百年争论，如今边海防建设成为维护国家安全和领土完整缺一不可的整体。80 年代中期以来，中国先后三次裁军计 170 万。尽管裁军背景是世界大战离我们越来越远，技术发展让世界各国都在重军队质量建设而减数量，在中国国防投入没有大幅度提高的前提下大规模裁军，边海防建设必须走一条不单单靠军队把守边关海防的旧思路，而需要通过信任措施建设稳定周边国家的政治关系，构筑更加稳定的边海防。与单纯追求在边海防上投入大规模兵力相比，与邻国就边界划分和边境地区兵力部署达成相关信任协议，会大大减少军事冲突的可能性。从经济角度看，这种在边境地区建立信任措施的实践，还极大地节省了国防资源，可谓一举多得。

中国主张通过谈判解决悬而未决的边界和海域划界问题，重视在边境地区建立互信机制，反对使用武力或采取激化事态的行动。中国与朝、蒙、俄、缅、越、老等国家分别签订边境管理制度、建立相互信任措施、预防危险军事活动、开展边防合作等一系列条约、协定和协议，在双边或多边的法律框架内共同维护边界秩序，保持了边境地区的和平与稳定。这也保证今天的中国享有建国以来最好的睦邻关系和周边安全环境，这是中国建设和谐小康社会的必要保障。

3. 把建立信任措施与地区安全合作结合起来。冷战结束以来，一方面是全球化趋势的加快，另一方面在全球范围内涌现出一批具有影响力的地区性合作组织。这些组织不论是否标有安全字样，但都与应对地区安全挑战密切相关。经过多年实践，地区性组织和区域合作也逐渐显示出其在维护地区安全的重要性。改革开放给中国走向国际提供了绝好的机会，中国也不以意识形态划线，与多个地区组织通过信任措施建设确立了密切联系，如与东盟关系的演变正说明了建立信任措施给地区合作带来的良性效果。

中国支持在平等参与、协商一致、求同存异、循序渐进的基础上，开展多形式、多层次、多渠道的地区安全对话与合作。中国主张相互尊重而不是恃强凌弱，相互合作而不是彼此对抗，协商一致而不是强加于人，认为这应成为亚太地区多边安全对话与合作的方向和特征。中国参加东盟地区论坛、亚洲相互协作与建立信任措施会议、亚太安全合作理事会、东北亚合作对话会、中美日三边学术研讨会等多边安全对话合作进程，主张通过政府和民间重要渠道，增进各国相互了解与信任，促进地区和平与稳定。最值得关注的是上海合作组织。多年来，该组织成员国对各国所面临的威胁达成共识，提出要合作对付分裂势力、极端势力和恐怖势力，成员国举行的联合军事演习，极大地震慑了三股势力。

（二）中国建立信任措施的未来走向

经过多年努力，中国已形成一整套具有中国特色的建立信任措施的理论和实践。简单说，它包含新安全观、双边与多边合作、固定和非固定机制、相关协定或条约等内容，既有政府行为，也有非政府行为，是丰富的统一体。未来，中国会继续沿着现有轨迹推进与大国、与周边国家、与地区性组织的双边和多边信任措施建设。

1. 深化与大国间的互信合作。在安全领域，中俄两国有着共同的威胁和需要。两国不存在结构性分歧，也没有意识形态冲突，在对付分裂势力、恐怖势力和极端势力方面有着共同的挑战。在处理国际问题时，如伊朗核问题和朝鲜半岛核问题，中俄两国默契合作。在国际军备控制与裁军领域，两国相互信任，在诸如防止外空武器化、防扩散等问题上，有着良好的互动合作。如 2008 年 3 月，中俄两国第六次联合提出防止外空武器化和防止外空军备竞赛的条约草案。

中美建立信任措施是当前两国面临的重要任务，由于政治、文化、历史、意识形态等差异，美国在许多时候用偏见眼光看待中国，担心中国综合实力的增加，中国打破现有国际秩序，挑战美国的霸权地位。多年来，中国一直把对美关系看成其对外关系中最为重要的关系之一。除保持政治领导人的畅通交流外，双方还有安全战略对话和经济合作对话，中美两军的交流也保持在正常轨道上。在朝核问题上，中美两国保持着良好互信与合作，为问题的最终解决做出各自的贡献。这无疑会更好地“增信释疑”，保持两国的战略稳定。

2. 深化与周边国家和相邻地区集团的互信合作。以经济建设为中心，构建和谐小康社会，坚持改革开放以来中国一直奉行的内外政策。要实现小康社会的建设目标，离不开国内国际两个和平环境，而与邻国或集团建立信任措施是保证和平环境的必要手段。近年来，在坚持“和平共处五项原则”的基础上，中国又提出并坚持“与邻为善，以邻为伴”的对周边国家关系准则。不论是在中俄边境地区后撤部署兵力，还是在东南亚金融危机及海啸时提供支持，都是中国坚持与邻国以及相邻地区集团建立信任措施的具体实践。

相邻地区的机制和集团是中国争取和平与稳定周边环境的重要内容。中国积极参与东盟建立互信措施的实践中，发起成立上海合作组织，目的都是为增加与上述集团有关国家的沟通与交流，增加相互信任，减少猜疑。与相邻集团或机制建立互信措施，不但是中国的事情，也是亚太地区各国共同的事业。

3. 深化应付非传统安全领域挑战的互信合作。推动非传统安全领域的互信合作，已成为中国参与地区事务的重要切入点。中国支持地区安全对话与合作，但中国不希望通过地区多边制度来处理涉及核心利益的传统安全问题，而主要推动非传统安全领域的对话，同亚洲国家在地区反恐、打击跨国犯罪、海上安全、武器扩散等安全领域进行对话与合作。

推动非传统安全合作是加强中国与大国和周边国家互信的重要途径。2001 年“9·11”事件后，中美建立信任措施的实践上升到新高度，两国在反恐怖和防扩散等领域的合作成为两国增加相互信任的舞台。在上海合作组织框架内，与俄罗斯的反分裂和反恐怖合作，同样增进了两国的相互信任。而与发展中国家在诸如疾病防治、金融安全、打击走私海盗等非传统安全领域里的合作，加深了中国与这些国家的相互信任，进而成为促进国家政治关系的桥梁。

四、结语

新中国成立以来，中国奉行独立自主的和平外交政策，在国际上树立起良好的大国形象。改革开放三十多年，中国综合国力发生深刻变化，引来这样和那样的猜疑，特别是20世纪80年代末期兴起的“中国威胁论”，成为影响和干扰中国和平发展重要的国际因素。中国一举一动都会牵动国际社会的神经，如食品安全、玩具安全等，这在过去不成问题的问题却成为影响中国与其他国家关系的内容，成为影响中国负责任大国形象的因素。

在这一背景下，中国从20世纪90年代中期开始，积极参与建立信任措施的实践，增进与有关国家和地区集团的相互了解与信任，消除了对中国的怀疑，强化大国以及周边国家的相互信任与合作，帮助改善国家间政治、经济、军事、外交、文化等领域里的关系，使中国所推行的和平外交政策为世界所理解，为中国和平发展提供了良好的外部环境，也为地区稳定与和平做出重要贡献。

由于国家实力的差别、经济发展水平的不同及历史背景、政治制度、意识形态、文化特征等不同，中国建立信任措施尚有许多空间需要开发。中国以“中庸”思想和“和为贵”思想指导对外政策的制订，因此赢得国际社会的信任。中国建立信任措施是具有中国特色的一种外交方式，与西方提倡的建立信任措施有着根本区别。

随着中国与国际社会互动程度的加深，中国将会根据国家发展的需要，积极建立与国际社会的信任措施，为维护地区稳定与和平及树立中国负责任大国的形象做出新贡献。

从俄罗斯对中国改革批判借鉴引发的战略思考

新华社世界问题研究中心高级研究员
国务院发展研究中心俄罗斯外交政策室主任
万成才

俄罗斯对中国改革所持的态度，经历了批判、将信将疑、借鉴这样一个复杂的心理变化过程，值得我们从战略文化的高度予以思考。

第一阶段是20世纪80年代和90年代初，先后从“左”的和右的方向批判中国的改革，先指责中国的改革是“修正主义”，后又说中国的改革“不民主”。

20世纪80年代上半期笔者在莫斯科工作时，经常到位于红场旁的苏联知识协会去听关于国际问题的讲座。主讲人在谈到中国深圳特区时断言，是搞“修正主义”，是“右倾主义”错误。戈尔巴乔夫1985年上台执政后奉行“新思维”改革，把矛头指向执政的共产党，苏联社会上对中国的改革说三道四，认为中国只搞经济改革，不可能成功。1991年12月，苏联解体后的最初时期，更是这样。

第二阶段是20世纪90年代中期和末期，承认中国的经济改革取得了巨大成就，但没有像俄罗斯那样照搬西方的“三权分立”的政治体制，最终将使经济改革的成就化为泡影。因此，尽管中国的经济改革成功，但不适用于俄罗斯。

在上述两个阶段，都不乏有识之士极力主张借鉴中国改革，在政局稳定下从基层做起，采取渐进方式等，但都因为上述两种看法占了上风而对中国改革的经验教训漠然处之。

第三阶段是普京 2000 年出任总统后至今，不仅充分肯定中国改革取得了成就，而且不声不响地从中国改革中吸取不少有益的做法。特别突出的有：

——强调政治稳定是从事改革的前提，普京在第一任期，就使混乱 10 多年的政局稳定下来。

——改革必须循序渐进，不能搞“休克”疗法式的冒进，追求一举成功。

——改革必须给国人带来实惠，不能口惠而实不至。

——改革必须符合国情，不能照搬外国做法。

——改革必须奉行独立自主的外交政策，不能跟西方亦步亦趋，那样，最终将葬送改革，因为西方奉行的是双重标准。

俄罗斯对中国改革的心理历程，笔者与之有交往的左、中、右三位典型人物的态度颇具代表性。一位是 20 世纪 50 年代至 70 年代曾驻中国、日本、英国的记者欧福钦。他曾是《真理报》政治评论员，俄中友协副主席，老共产党员，现为俄罗斯政府报纸《俄罗斯报》政治评论员，可以认为是“左”派的代表。2007 年 11 月 22 日他在答俄新社关于“对中国经济和政治改革有什么看法”时说：

> 中国的改革对其他国家非常有启发意义。首先是对俄罗斯。最重要的是，从中国改革的经验来看，从计划经济转到市场经济轨道过程中，中国把社会代价降到最小。这个过程通常非常艰难，但中国避免了很多俄罗斯 90 年代出现的情

况，比如首先掠夺几代人劳动创造的国家财富。我认为，邓小平提出的改革方案中，以下几点是很重要的：首先，最重要的就是要老百姓有饭吃，消灭贫困，鼓励发展小型经济。这个确实得以实现，解散了人民公社，让农民有生产积极性，结果中国用5年时间，把小麦产量从2900万吨增加到4000万吨，这是世界历史上从没有过的情况。改革之初，中国有25％的居民，也就是2.5亿人生活在赤贫之中，现在只有不到2600万人，也就是说不再是25％，而是不到2％。这就是先让老百姓吃上饭，发展小型个体经济的结果。这个过程我是亲眼看到的。1984年我去中国，这是我25年来第一次到中国，首先发现在北京出现了付费的自行车寄存处，老太太在商店、电影院、车站旁边帮人家看车子收钱，你可以骑车子到这里，交了钱就可以存车。这当然不需要原始资本。所以说首先是要让老百姓有饭吃。第二点就是不要急着把国有企业私有化，包括所谓的自然垄断行业，交通、能源、自然矿产等。苏联急着推行私有化，中国却建立了经济特区，给予外资优惠政策，鼓励外国投资，引入高新技术，这就是第二阶段的改革吧。总体上，我认为中国的改革很成功，首先是用很低的社会代价换取了改革成功。当然，有一个阶段，就是邓小平提出可以让一部分人先富起来，很多人确实已经致富，但是现在的领导人又提出要减小贫富差距，比如现在又提出和谐观念、科学发展观等。比起其他国家，比如俄罗斯，中国在这方面很有优势。因为儒教的传统尊师重教，中国人基因里就尊重教育，很多人都把读书看成是出人头地的重要手段，知识经济在中国将很有前途。比起日本、中国台湾和新加坡，中国大陆还是很有优势的，虽然中国台湾和新加坡也是华人，那里也是儒教传统，但是他们的规模太小。中国大陆这么多人，工程师数量比美国还多4倍，这也值得我们学习。十七大做出了很多重要决定，和谐、法制和科学等词汇进入了中国的政治语言，这就是中国改革在进一步发展的证明。

另一位典型代表是俄罗斯前驻美国大使、俄罗斯国家杜马外事委员会主席和国家杜马副主席、主要右翼政党“亚卢博”党领导人之一、俄罗斯联邦人权全权代表弗拉基米尔·卢金。2008年5月30日他在接受俄罗斯《生意人报》关于如何看待俄罗斯和中国改革的问题时说：

> 在改革年代，我们的任务是推动我们国家，我把其称之为位于教条停滞状态下的国家推向现代化。也就是建立一种机制，当经济然后是社会进程开始快速发展，而不是呈现痛风症状时的一种机制。那个时候我们认为，邓小平的改革是很先进的，可以向他们学习。我至今仍坚信，如果我们当时能够从基层开始改革，而不是先着手行政机构的变动，结果可能要好得多。但是当改革进程向我们都知道的那个方向发展后，那时的任务完全变成另一个样了。
>
> 问题在于，在改革初期，我们确定了模仿现代西方结构的盲目和草率的路线。西方达到这个水平经历了很长时间。不久前在拍卖会上售出了1215年英王约翰签署的《自由宪章》最初的一个版本，这部宪章体现了基本的自由。从那时候起，已经过了7个世纪！我们却认为，我们用几年的时间就能跑完这条路。90年代初，有些头脑发热的人是这样谈论的：我们现在已经是西方国家了，我们的盟友是欧洲和美国，而中国，因为还是共产主义国家，所以我们甚至应该和中国台湾建立关系，反对中华人民共和国。
>
> 我只好积极地向议员们和社会舆论做解释，说意识形态

和国际关系完全是两回事，国际关系是一种特殊的现实情况，有个概念叫作地缘政治。在这个框架内，中国对我们来讲，永远比诸如墨西哥或者危地马拉这样的国家重要。发展同中国的关系不仅要考虑到它的政治体制，更要从中国是国际政治客体和地缘政治现实这个角度来考虑。就这样我们开始积极改善对华关系，给予对华关系更高的级别。我们证明，在所有的形势下都要同中国保持友好关系，因为这个国家对俄罗斯太重要了，和中国吵不起。对此我们还要说，对俄罗斯而言，中国无论如何都不是我们面对的军事政治问题或者威胁。

我再重复一遍：中国，对我们来讲，这个国家太重要了，用不着由我们教人家。还有，为什么我们要教人家？难道我们在世界上比中国还成功吗？我们自己国家的发展，比中国还好，还成功吗？不是吧……

第三位是被普遍视为中国派代表的前苏联政府总理、现任俄罗斯联邦委员会自然垄断问题委员会主席雷日科夫，他曾多次建议戈尔巴乔夫采纳中国改革的一些做法，但都遭到拒绝。2007 年 8 月 10 日他在回答俄新社关于他过去和现在如何看待中国改革时说：

我本人多次去过中国，最近一次是在 2007 年 3 月。2003 年我在中国见到了自己的老朋友李鹏，他送给我两本很好的相册。中国最近 20 年来所做的一切都值得尊重。在 1989 至 1991 年期间，当苏联处在十字路口的时候，在选择经济发展模式方面，当时是错误的观点在我国赢得胜利。对此我感到非常遗憾。李鹏在 1995 年对我说，我在上个世纪 80 年代末提出的改革苏联经济的建议与中国的改革非常相似。我同意他的看法。我说："我们当时应该走中国道路，但令人遗憾的是，另一股势力占了上风。"我羡慕中国人选择了正确的发展道路。现在世界上没有人怀疑中国取得的成就。这是邓小平的丰功伟绩！中国的经济增长速度惊人：10%、12%、14%！中国甚至在控制这一速度，以避免经济过热。

从1995到2007这12年，中国发生了极大的变化。在上海和深圳，我在街上看到许多丰田、奔驰和奥迪轿车。我说："既然你们进口这种昂贵的轿车，你们的国家真富有啊。"而中国人回答说："您错了，这些车不是我们进口的，而是我们自己生产的！"中国现在已经同欧洲人一起组装飞机。我可以说，与中国地方航线的机群相比，俄罗斯的机群，特别是国内航线的机群，经不住任何批评。

中国非常重视发展新技术。我早在1995年访问上海自由经济特区后就谈到过这一点。在1995年的时候，那里只有一个电视塔，周围都是村庄。可现在那里竟生活着250万人！那纯粹是一座城市，那里有学院、展览馆等设施。然而，我国政府却按照离岸区模式开始建立自由经济区。这是与中国完全不同的经济区。我希望，中国建立自由经济区的丰富经验能够对我们非常有用。

上述左、中、右三个代表人物的观点，基本反应了俄罗斯各界目前对中国改革的主流看法。他们尤其佩服邓小平的改革理论。可见，改革理论对于改革实践的成败有何等的重要作用，对于战略文化包括建设中国特色社会主义的指导思想和行为模式的研究和不断完善是何等重要！

我所亲历的中国改革开放

道达尔（中国）投资有限责任公司董事长 戴　杰

作为一名外国人士，以及跨国公司的代表，我非常荣幸能够参加此次意义重大、积极热烈的讨论。本届论坛的举行，对于中国乃至世界而言，都正值一个重要的时期，我认为今天的讨论具有极为深远的意义。下面请允许我以一个国际友人的身份，与诸位分享我的一些想法和见解，我坚信这次对话和交流，对达成共识、加深理解将起到至关重要的作用。

三年前，我第一次来到中国北京，算起来时间比较短，但是在短短的三年里，北京却发生了翻天覆地的变化。记得当初来北京的那个星期天上午，太阳非常好，像今天一样，我在长安街上拍了一些街景。今天再看这些照片时，我几乎认不出眼前的长安街了。高楼林立、鳞次栉比，这些对我来说，足以展现北京城在如此之短的时间里发生的巨大变化。

我在中国生活的时间还是非常有限的，所以呢，我想强调的是：我今天并非是以一个“中国通”的身份站在这里，我更倾向于作为一名具有国际视野的朋友，因为这些也来自于我在世界各地派驻的经历、还有能在中国获得三年有益学习经历的国际友人，这样的一个身份来参加讨论。那么，我更愿意把自己当作一个中国的学生。

回首过去，我们能够看到这几十年当中，特别是最近十年当中，中国经历了全球有史以来持续时间最长、势头最强劲的增长期。这种增长很大一部分动力来自于中国令人震惊的经济和社会发展，我相信这应该归功于中国所采取的极富远见的改革开放政策。中国已经并且必将继续成为全球发展的主要动力。

展望未来，我们都知道，当前风云变幻的世界形势、愈演愈烈的国际金融危机，都将对全球的政治、人口、环境、经济产生影响。

最近几个月内发生的事情使我们每个人都明白，我们对世界的某些方面仍然一无所知。世界在变革，过去是否能够对未来有所借鉴，使我们产生怀疑。要成功地渡过这段困难时期，我们需要具有开放的心态，避免停留在陈旧的，甚至错误的假设之上。

近几个月来发生的种种戏剧性事件表明，国际社会应始终保持谨慎，不能理所当然地认为过去的做法无懈可击。我们不能够认为，以前做对的，将来也将同样奏效，而这些行为所带来的后果也永远不会显现。

这届论坛此时举办极具价值，它不仅能促进信息交流、推动共识达成，而且能够促使我们进行批判性的思考。

对中国而言，我们的言论可能有些矛盾。我刚才提到过往的经验已经不能够为未来提供指引，但与此同时，我也认为，连续性和稳定性对中国在过去 30 年中取得的成功和未来实现的成功都是至关重要的。这些政策的持续性和稳定性，在过去帮助中国渡过危机，我相信这有助于中国应对未来的挑战。当我们踏上新的征途时，我们不应忽视历史的经验。

实际上，在全球体制剧烈动荡之时，我坚信中国过去 30 年改革开放的经验和发展模式，将为世界带来很大帮助。

我是一个热爱历史的人。虽然我在这儿生活时间相对较短，但我一直认为，对中国文化和历史正确的评价和深入的理解，将有助于世界各国在处理中国相关事务中做出更加明智的判断和决策。例如，如果没有对中国历史和文化的了解，哪怕是很肤浅的认识，谁能够真正理解最近“中国土地改革”的意义和重要性，或者是“和谐社会”的真正含义？现在，很多人都认为我们正进入全球发展的阶段。

毫无疑问，中国在塑造新的全球共识的过程中，将继续扮演重要角色。很多人认为，我们此时需要的正是中国式的实用主义、实践主义，以及中国人诚恳、平衡和坚持的品格。当前比以往任何时候，都更需要提倡高尚的职业道德和谨慎的金融观，而这些正是中国人的显著特点。由于全球变化和最近的金融危机，中国在世界的角色不断被重新评估。我在欧洲、非洲、中东等众多地区，都深切感受到，全球都期望中国继续增强在全球事务中的角色和责任。

由此我想到，全球对中国政府最新出台的一揽子经济刺激计划的积极反映，即使该计划更关注中国国内的情况。中国在经济领域有序的发展取得了举世瞩目的进步，但在文化和社会领域，在我看来还需要做更多的努力。虽然中国人民和领导人对世界有深刻的理解，国际社会却没有能够很好地理解中国和中国文化。尽管通过举办奥运会和其他方面的努力，这种状况已经得到了一些改善。作为已经在这里生活了几年的人，我相信持续的互动和开放，将使中国文化的精髓得到更好的理解和传播，进而会使得中国在世界上所扮演的角色得到更好的理解、信任和钦佩。

在中国有句话叫作“祸兮福所倚”，在道达尔呢，我们同样相信，危机是伴随着机会的。或许这次全球金融危机就是中国的机会，让世界更好地了解中国，在应对全球挑战时发挥更大的影响作用；或许在某种意义上，这是一个比奥运会更重要的机会。

为了有效地利用有利时机，中国应逐步让世界各国了解和信任自己。在某种程度上，中国可能必须克服谦逊、保守，甚至某些事务上的封闭倾向，同时世界也需要做出更大的努力，来真正地和真诚地了解中国。作为众多中国企业在全球的合作伙伴，道达尔在中国与世界建立了解和相互信任过程中肩负重任。

中国需要有效地利用国际合作伙伴和朋友，毕竟第三方的认可，通常是最有说服力的。在道达尔呢，我们称之为共同利益。这显然不只是为了得到更多的理解，而是认识到中国和其他国家的利益是一致的，而非冲突的。中国的崛起赢得了全球越来越多的关注，建立和传播共同利益这一概念，也将成为中国今后 30 年将面临的挑战之一。

过去 30 年里中国的这些做法，虽然灵活多变，不断调整以适应发展，但改革开放政策一直是稳定持续的。从商业角度上说，这是建立长期合作和成功运营的商业环境的重要因素之一。确保可靠性、稳定性和灵活性是关键。那么，尽管是这样，在继承和创新，稳定和进步之间，必须达到一种平衡。近期，农村改革中的重大举措，显示了中国领导人已经清楚地意识到了这一点，并且有勇气和决心来引导中国不断前进。同样呢，道达尔也鼓励员工主动大胆地发挥聪明才智和创新能力。

也许，中国过去 30 年和未来 30 年，最显著的区别将是对质量更加关注。根据我在中国工作的经验，我确信中国对质的追求正如对量的追求一样，也必将获得成功。

中国在未来 30 年的继续开放，将为中国人民和世界带来更多利益，那么，中国将需要更多的投入来实现经济可持续性的发展。保持前 30 年 10%的年增长率，已经不是最关键的了，虽然这已经是巨大的成就，中国需要在下一个 30 年实现更加可持续性的增长，与此同样的是，能源的使用也必须是可持续的。想象一下，未来 30 年中国的能源消耗年增长率为 7%，这也就是当前需求率的 8 倍，即相当于 160 亿吨石油这样的一种能源。那么这个数字相当于目前全球能源消耗的 1.5 倍，显然这是不可能达到的。因此，我们必须共同开发另外一种发展模式，而这种模式就是质量必须优于数量。

作为全球领先的石油天然气公司道达尔的代表，我非常荣幸在中国改革开放 30 年之际与各位分享我的感想。道达尔 1979 年就来到中国，从这个意义上说，道达尔一直与中国共同发展。在过去 30 年，为了促进中国的发展，也作为其利用外资战略的重要组成部分，中国吸引了来自全球各地的跨国公司。这 30 年当中，跨国公司已经成为中国经济的组成部分。中国的开放为全球人民和公司带来了巨大的利益，而这些公司在许多领域也为中国的发展贡献了他们的力量。因此，中国改革开放一直是一个真正意义上的双赢的成功案例。

我认为放眼未来，跨国公司将继续发挥重大作用，尤其在知识密集型和技术密集型领域。尽管如此，我认为在未来 30 年里，我相信将有更多的中国公司和品牌出现在世界舞台上；我相信依靠长期积累的国际经验和先进技术，道达尔将积极与中国各方在国内外加强合作并发挥价值，为实现共同利益而努力。随着进入能源经济的新阶段，我们必须逐渐结合我们各自的专业知识和能力，以实现可持续的解决方案。

毫无疑问，随着中国未来在国际能源发展中的角色不断加强，互利互惠的国际关系将发挥更加重要的作用。能源问题已经成为全球性的最大的问题之一，也将是全球各国都面临的问题。在这种情况下，中国正面临着巨大的挑战，也有巨大的机遇，以帮助确定当前和未来的能源战略。在制定可持续发展和清洁能源解决方案方面，以及促进全球能源工业和环境保护同步发展方面，中国有能力起到主导作用。如果国际社会能为未来的挑战、机遇、可持续性真正找到解决方案，坚持共同利益或互利原则，必须继续成为这些工作的重心。对于中国下一个 30 年的改革开放，我满怀希望并充满信心。稳定的政策、灵活的创新，以及被世界理解的中国，将使得中国走向更加辉煌的未来。

论中国戏曲的多样性及其发展

中国艺术研究院戏曲研究所副所长 刘文峰

20 世纪 90 年代以来，世界一体化的进程加快。这种一体化不仅表现在经济领域，而且也反映在文化艺术领域。西方发达国家的文化艺术，借助于现代传媒手段，席卷世界各地。第三世界国家民族的、地域的、民间的文化艺术，在这种强烈的冲击下，正在面临日益消亡的危险。戏曲作为中国传统文化的重要组成部分，也已受到前所未有的冲击。据《中国戏曲志》的统计，在我国历史上曾经出现有 394 个剧种，20 世纪 80 年代，全国尚有戏曲剧种 317 种。但是，近 30 年来，随着生产方式和生活方式的变化，外来文化和现代影视艺术对戏曲艺术的冲击，已有 100 多个剧种消亡，还有一些剧种正在消亡。因此，研究戏曲的多样性，保持戏曲的群体优势，不仅对中国戏曲的生存与发展特别重要，而且对弘扬我国其他优秀传统文化以及维护我国文化安全和促进我国文化发展也有重要意义。本文拟从民族、地域、社会三个方面，阐述戏曲文化的多样性及其发展。

一、戏曲多样性与民族性的关系

戏曲多样性是由中国是多民族国家这一历史背景决定的。中国戏曲除了汉族的戏曲剧种外，还有许多少数民族戏曲剧种。如藏族的藏剧，壮族的壮剧，侗族的侗剧，苗族的苗剧，傣族的傣剧，彝族的彝剧，蒙古族的蒙古剧，维吾尔族的维吾尔剧，朝鲜族的唱剧，等等。这些民族都有自己本民族的语言文字，都有自己不同于其他民族的文化艺术传统，同时他们又与汉族和其他兄弟民族有着久远和密切的交流。受内地戏曲文化的影响，这些民族都相继创造出具有本民族特色的戏曲文化，为多民族、多品种的中国戏曲文化做出了贡献。

戏曲多样性与民族性的关系，首先表现在各个民族戏曲剧种都采用了本民族的语言，唱腔曲调都是在本民族民间音乐基础上，根据抒发感情、塑造人物、渲染环境的戏曲化要求而整合创造出来的。如藏戏的唱腔称“朗达”，它是在藏族鼓舞音乐、道歌和“谐钦”歌舞音乐的基础上形成的，具有雪域佛国浓郁的民族风格。蒙古戏是在蒙古族民歌、说唱曲艺和宗教音乐的基础上形成的，有的早期剧目的名称甚至和民歌完全一样，如《达那巴拉》全剧就采用了科尔沁民歌（达那巴拉）；《诺丽格尔玛》也采用了科尔沁叙事民歌诺丽格尔玛的曲调。后来的一些剧目采用“民歌联曲体”的手法，根据剧情和人物需要，采用多首民歌，如《赛乌素沟畔》一剧是由巴音杭盖、查干宝力格、丹钦扎布、脑门达莱、那仁高勒、白音都民六首民歌的曲调组成，成为比较典型的一支。蒙古戏的音乐唱腔具有高原游牧民族悠扬、豪迈的风格。维吾尔剧的唱腔是以维吾尔族的民歌、说唱音乐和古典套曲十二木卡姆发展而成的，具有嘹亮、欢快的特点。彝剧唱腔是以彝族的民歌梅葛调、过山调、玛嫫若调、嫁调、阿噻调、左脚调等民歌为素材创作的；白剧唱腔吸收了白族的说唱音乐“大本曲”；傣剧的唱腔中，用了大量的民歌，如用琴调表现哀怨、悲伤或思念之情，用婚宴调表现人物的庸俗、轻浮，用孔雀歌表达热烈和欢快的情绪，用鹦鹉调作为剧中的序曲和剧终时的合唱，用芒市城子山歌和坝子山歌作为表达男女主人公感情的对唱。南方少数民族戏曲的唱腔，都具有感情细腻、缠绵、热忱、奔放的风格。

戏曲多样性与民族性的关系，在表演上也非常鲜明。如藏剧中的骑马、放牧、剪羊毛、纺织、挤奶、炼制酥油等表演动作，是从藏族人民的生活动作中提炼出来；彝剧的欢快步、愁烦步、迎客步、送客步、登山步、催马走场等表演动作，是在本民族的生活动作和彝族舞蹈的各种跌脚步法基础上，借鉴兄弟民族戏曲表演技巧创造出来的。云南西双版纳和德宏是大象和孔雀的故乡，傣剧的表演就吸收了许多傣族舞蹈中表现大象和孔雀形象的动作。如“见面礼手”，就是模仿大象形态提炼出来的一种身段。“演员右手垂直向下，握掌，下弯的腰部和微低下的头相配合，造成下垂‘象鼻’的感觉。左手配合膝部弯曲的双腿，身体做大幅度的起落动作，形象地刻画出庞大而笨重的象体行进的形态。”① 傣剧《海罕》中，王子骑象出征时就用了这个身段。傣剧的“孔雀身段”是模仿静静屹立的孔雀形体而来的。“身法是右腿微弯，左脚尖着地，右手向上成三道弯，掌心向上，大拇指成垂直状，左手自然向后，掌心向外，与大拇指成垂直状。动作完成时，要眼神平视，收腹提气，多用于霎间亮相或舞蹈的旋转。”②

---

① 《中国戏曲志·云南卷》，中国 ISBN 中心，1984 年版，第 352 页。

② 《中国戏曲志·云南卷》，中国 ISBN 中心，1984 年版，第 352 页。

傣剧《朗推罕》中的七位公主，就经常使用这个身段。“孔雀碎步”也是傣剧常用的身段步法，这是从傣族民间舞蹈孔雀舞中直接引用的一种表现孔雀快速行进的步法。在傣剧中，常常用这种步法表现少女欢快、愉悦的心情。傣剧正是运用了大量本民族的舞蹈语汇，使它的民族特色非常突出。

戏曲多样性与民族性的关系还表现在类似和相近的剧种，或类似和相近的表演身段，由于民族不同，形成了多样性的表演特点。如同样是花灯，四川和贵州的花灯保留了汉族民间花鼓小戏载歌载舞、生动活泼的特点，演员的舞蹈动作突出了一个“扭”字，主要是靠腰腿的功夫，做出各种舞蹈动作和身段。而云南彝族等少数民族的花灯，则吸收了彝族等少数民族的舞蹈动作，突出了一个“崴”字，“崴”有正崴、反崴、小崴等，其步法有点步、扭步、颠步、大屯步、白云步、鸭子踩水步、双十字步等，靠胯部的扭动，形成婀娜多姿、热烈奔放的表演动作，民族特点非常鲜明。再如，汉族戏曲旦角的手势，多数是用兰花指，掌心向内，表现出一种文静的、优美的风度；而云南的傣剧、白剧、彝剧等旦角的手势，则较多地吸取了孔雀舞的动作，手心向上，表现出一种热情高雅的姿态。再比如，同样是骑马，汉族戏曲中的趟马就和蒙古剧等少数民族戏曲中的“马舞”有明显的区别。为了突出戏曲的民族特色，许多剧种都按剧情和场面气氛的需要，直接插入各种各样的民族、民间舞蹈。如汉族戏曲中的花轿舞、扇舞、鼓舞、灯舞、手绢舞、挑担舞、绸舞、长袖舞，等等；藏剧中的拟兽舞、拟禽舞、面具舞和宗教舞蹈羌姆，民间舞蹈谐钦、果谐、踢踏、热芭等；傣剧中的孔雀舞、象脚鼓舞、刀舞；侗剧、苗剧中的芦笙舞、振铃舞；彝剧中的跌脚舞；朝剧中的长鼓舞等等。

尽管各民族的戏曲在音乐唱腔和表演方面有很大的差异，但有一个共同的特征，那就是戏曲学科奠基人王国维先生总结的

“歌舞演故事”。这是中国戏曲区别于外来戏剧形式最基本、最重要的理论依据。

二、戏曲多样性与地域性的关系

戏曲多样性，还表现在同一民族，由于不同区域、不同语系，而形成的不同特色的地方剧种。中国不仅是一个多民族的国家，而且是一个幅员辽阔、人口众多、语系复杂的国家。有句俗话叫“百里不同俗，十里不同音”，确实是这样。区别剧种的标准很多，但最明显的是语言的不同。秦腔用陕西话，粤剧用广东话，莆仙戏用闽南话，黄梅戏用安庆话，二人转用东北话，豫剧用河南话，山东梆子用山东话。如果各个剧种都统一用普通话，剧种的区别就不明显了，剧种的地方特色和民族风格就很难体现出来了。

为了说明这个问题，我们看一看山西四大梆子剧种的形成以及他们与秦腔、同州梆子、豫剧、河北梆子的关系。梆子戏是由山、陕、豫一带的民间艺术发展起来的声腔剧种，清乾隆年间形成比较完整的板腔体戏曲形式。早期的梆子戏是没有剧种区别的，当地人统称为乱弹。江浙和东南沿海一带的文人墨客，按照他们的习惯和地理概念，给梆子戏起了一个雅号，叫秦腔。因梆子班中的演员大部分来自山西和陕西，北京的观众称梆子戏为山陕梆子。清同治、光绪以前，各地的梆子戏演员无论在北京，还是在上海，都可以互相搭班，同台演出。陕西的同州、山西的蒲州、河南的陕州，三地的戏班、艺人之间的交流更是频繁。如清乾、嘉年间，就有河南祥符（今开封）人张喜儿搭秦腔“永庆部”

的记载[①]；同光年间以演《忠孝宴》享有盛名的蒲州梆子演员白菜心郧三吉为河南卢氏县人；以演《葵花峪》、《明公断》享有盛誉的蒲州梆子名旦杨雨春出自河南怀庆府；以演《牧虎关》声震晋南的蒲州梆子名净刘福奎亦为河南人。蒲州梆子名旦王存才更为典型，他学艺在河南灵宝，后在晋南搭班演出，抗日战争至建国前与王秀兰、阎逢春等在西安献艺。他的《杀狗》、《挂画》等剧，在山、陕、豫都留下深远影响。[②]至于同州、蒲州两地的班社、艺人的交往更是不胜枚举。山西蒲州的梆子戏演员和陕西同州的梆子戏演员，无论在黄河东岸还是在黄河西岸，都可以互相搭班；上党梆子演员也可以和豫剧演员相互搭班演出。清嘉庆年间，晋北出现了本地人开办的梆子科班。虽然晋北的梆子科班也崇尚"蒲白"，但终因语言的差异，有了上路和下路之分。清光绪年间，晋中商人出资开办了许多"字号班"。他们嫌梆子腔过于火爆，就支持艺人改革，吸收了晋中秧歌的唱腔和伴奏乐器，使上路梆子戏有了中路和北路之分。由于演员的本地化，语言和所受民间艺术的影响不同，中路梆子和北路梆子的差异也在进一步扩大。抗日战争时期，蒲州梆子名伶都避难到西安等地演出，受西安秦腔的影响很大。现在，蒲州梆子唱腔与中路梆子（晋剧）和北路梆子的差别较大，而和秦腔比较接近。但蒲州梆子演员无论是与中路梆子演员和北路梆子演员也好，还是与秦腔演员也好，都难以互相搭班，同台演出。河南梆子（豫剧）和上党梆子在新中国成立以后，在音乐上发展很快，差异也越来越大，两个剧种的演员也已经很难同台演出了。河北梆子是山陕梆子流传到河北和京津地区以后逐步衍变而成的。由于地域的接近，河北

---

① 吴长元《燕兰小谱》，见张次溪编《清代燕都梨园史料》（上）30页，中国戏剧出版社，1988版。

② 见《中国戏曲志·山西卷》，文化艺术出版社，1990年12月版，第686～687页。

梆子与北路梆子在唱腔上比较接近。清末民国初年，河北梆子和北路梆子演员很容易互相搭班，同台献艺。天津的河北梆子女演员兴起后，河北梆子的唱腔调门拉高，现在两个剧种的演员很难同台演出了。

为了说明这个问题，我们再来看看京剧在各地的特点。北京是一个有3000多年历史的古城，自元代以来，一直是中国政治文化的中心。徽班将皮黄戏带到北京后，得到社会各界的认可和支持。受北京地域文化的影响，逐步形成了具有北京特色的戏曲剧种。字正腔圆，动作规范，善于表现历史故事和宫廷生活，成为北京京剧的主要标志。京剧在北京形成后，于清末民国初年流传到全国各地。与北京京剧形成鲜明对照的是上海的京剧。上海是19世纪中叶发展起来的一个商业城市，除了原有的吴越文化外，南下的中原文化、北上的闽粤文化、东来的楚蜀文化、外来的东洋和西洋文化等，都对上海文化的发展形成了影响。京剧流传到上海后，为适应上海观众欣赏的要求，编演了许多反映现实生活和现代意识的新剧目，如反映要求推翻清王朝统治的《玫瑰花》，表现富国强兵、抵御外侮的《新茶花》、《潘烈士投海》；歌颂革命志士牺牲精神的《秋瑾》、《鄂州血》；揭露帝国主义侵略罪恶的《波兰亡国惨》、《越南亡国惨》；揭示社会黑暗和官场腐败的《宦海潮》、《黑籍冤魂》、《赌徒造化》；表现资产阶级民主思想的《牺牲》、《拿破仑艳史》等。这些剧目不仅从不同的侧面，揭示了当时社会的弊端，提出了亟需解决的社会问题，反映了人民群众要求民族解放和国家富强的呼声，而且在音乐、表演、化妆、灯光、布景等方面吸取了外来话剧、电影等的艺术长处，逐步形成了上海京剧关注现实、取材新颖、故事完整、服饰艳丽、气氛热烈、以情感人的海派风格。新中国成立以后，京剧在边疆和少数民族地区得到很大发展，形成了有别于内地的风格。如以关肃霜为代表的云南京剧院，编演了许多反映云南少数民族生活的剧目。这些剧目在艺术形式上吸取了大量少数民族的民歌、音乐、舞蹈、服饰，具有浓厚的地域和民族特色。

一个剧种流传到外地后，之所以能形成不同的艺术流派，衍变出新的剧种来，最根本的原因是语言上的差异和地域文化的不同。

过去我们只知道汉族是一个多剧种的民族，后来经过调查研究，发现除汉族外，藏族、蒙古族、壮族等居住地比较分散，人口比较多的民族也存在一个民族有几个戏曲剧种的现象。如藏族，西藏有白面具戏、蓝面具戏、德格戏、门巴戏；四川藏区有安多藏戏；青海藏区有黄南藏戏；甘肃藏区有楠木特戏。蒙古族，有内蒙古的蒙古戏，辽宁的阜新蒙古戏。壮族有广西壮族师公戏、壮剧，还有云南富宁壮剧。傣族的戏曲，德宏的傣剧和西双版纳的章（赞）哈戏就不一样。汉族和一些少数民族出现一个民族多种戏曲剧种的文化现象，也是不同地域文化造成的。

此外，不同地域的民间艺术、民情风俗以及宗教的影响，也是造成戏曲多声腔剧种的重要原因。

长江流域民歌小调比较丰富，在江浙、湖广由民歌小调发展而成的花鼓戏、采茶戏、滩簧戏就很发达。在江南农村，唐宋以来就有闹花灯、唱采茶歌、秧歌、山歌、船歌的习俗。明万历年间无锡高攀龙的《宪约》，就有："花鼓淫戏，诲淫实甚"的记载。清康熙雍正年间，花鼓滩簧已经盛行于江浙一带农村，苏州阊门外广济桥堍所立康熙二十六年（1687年）六月《长洲吴县二县永禁扬花在街头吹唱夺民间吹手主顾哄骗民财碑记》中就记载有"扬花"（扬州花鼓）在街头演唱的情况，所唱剧目有《打花鼓》、《种大麦》、《磨豆腐》、《荡湖船》等。刊于乾隆五十五年（1790年）松江人钱学纶的《语新》记述："花鼓戏不知始于何时，其初乞丐为之，今沿江搭棚演唱淫词、歌谣，丑恶之状不可枚举。初村夫村妇看之，后城市中具有知识者亦不嫌，甚者顶冠束带，俨然视之，殊可大噱。”又据《道光璜泾志稿》卷一记载，太仓“自雍正以来，忽兴压宝，窝主曰宝场。旁列茶肆，延江湖男女唱淫辞，谓之唱滩簧；甚者搭台于附近僻处，演唱男女私情之事，谓之花鼓戏”。花鼓滩簧的曲调，主要由江浙一带的山歌、小曲、时调等民间歌曲逐步衍变而成。当时花鼓戏的演出形式是“男敲锣，女打两头鼓，和以胡琴、笛、板，宾白亦用土语，村愚悉能通晓”[①]。道光年间，花鼓滩簧得到了发展，演员由二人增加为三人，由一生一旦的“对子戏”发展为小生、小旦、小丑的“三小戏”。民国年间，江浙一带的花鼓滩簧纷纷进入都市演出，吸收大戏剧种的表演艺术，受话剧、电影的影响，迅速发展起来。因流行区域和语音等的区别，形成了越剧、沪剧、锡剧、扬剧、苏剧、湖剧、甬剧、睦剧等众多的地方剧种。

湖南、湖北一带的花鼓戏，也在清中叶已经形成。清嘉庆《宁乡县志》有“儿童秀丽者，扎扮男女装，唱插秧、采茶等曲，曰打花鼓”。另据清嘉庆二十三年（1818年）刊印的《浏阳县志》，在记载上元节演唱花鼓时的情况时说：“又以童子装丑旦剧唱，金鼓喧阗，自初旬起，至是夜止。”早期的花鼓戏以民间小调和牌子曲演唱生活小戏，如《打鸟》、《盘花》、《送表妹》、《看相》、《扯笋》、《扯萝卜菜》等。后来湘北、鄂东的山歌、号子和薅歌受高腔的影响，形成花鼓戏的主要唱腔“打锣腔”。源于四川梁山的民间曲调，因使用大筒胡琴伴奏，形成花鼓戏的另一主要曲调“大筒腔”。虽然湖南各路花鼓戏和湖北的郧阳花鼓戏、随县花鼓戏等兼唱打锣腔和大筒腔两种唱腔，因流行区域语音和所受其他戏曲剧种影响的不同，花鼓戏又分为长沙花鼓、邵阳花鼓、零陵花鼓、岳阳花鼓、常德花鼓、荆州（天沔）花鼓、随县花鼓、襄阳花鼓、凤阳花鼓、皖南花鼓、商洛花鼓等。

---

① 杨光辅《淞南乐府》，清嘉庆元年版。

采茶戏是由江南茶区的茶歌、畈歌结合当地民间舞蹈发展而成的。最早的采茶戏产生于粤北一带，明嘉靖年间的《韶州府志》记载："上元喜簇花灯，作龙狮各种戏舞，唱采茶歌。"据陈文瑞《南安竹枝词》"长日演来三脚班，采茶歌到试茶天"记述和《阳山县志》关于"乾隆间三脚戏大兴"的记载，清乾隆年间粤北采茶戏已经相当成熟。粤北采茶戏形成后，很快流入与其比邻的赣南一带并由赣南流传全省。因语音和所吸收的民间曲调差异，江西的采茶戏可分为赣东采茶戏、赣南采茶戏、抚州采茶戏、萍乡采茶戏、吉安采茶戏等。另外，湖北有黄梅采茶戏，安徽有黄梅戏，陕西有紫阳采茶戏。

西北民歌小曲很丰富，由民歌、小曲和民间舞蹈发展而成的曲子戏（眉户）就流派纷呈，各具风采。如陕西曲子戏（眉户）的曲调，号称72大调，36小调，这些曲调都是流行于民间的曲调。清末民国初年，曲子戏在西北蓬勃发展，仅陕西就出现了五路曲子戏：以华阴、华县为中心，称东路曲子，其声调古朴而深沉；以凤翔、宝鸡为中心，称西路曲子，曲调节奏缓慢，过门长而婉转；以眉县和户县为中心，称中路曲子，曲调悠扬，过门短促；流入汉中、安康一带的曲子，称为南路曲子，因与汉水、巴山民歌、小调、佛歌结合，曲调流畅、清扬；流入延安、榆林地区的曲子，称为北路曲子，曲调宏亮、高扬。除陕西曲子戏外，还有甘肃曲子戏，青海曲子戏，宁夏曲子戏，新疆曲子戏等。

华北和西北的民歌和民间舞蹈很兴盛，由民歌和民间舞蹈相结合产生的秧歌戏品种繁多，如祁太秧歌、汾孝秧歌、襄武秧歌、广灵秧歌、繁峙秧歌、蔚州秧歌、陕北秧歌、关中秧歌，等等。各地秧歌戏的演出形式虽然相似，但所唱曲调有较大的差异。

戏曲的多样性还与宗教文化有关。历史上，陕西、山西的道教很兴盛，如关中的终南山、陕北的白云山、晋西的汉高山等都曾是道教的繁盛之地。道教的说唱艺术在陕西和山西发展成了许多道情剧种，如关中道情、陕北道情、洪洞道情、临县道情、雁北道情等；西南一带民间信巫，湖北、湖南、四川、贵州一带的民间宗教戏剧就比较丰富，如傩堂戏、地戏、阳戏、端公戏等；藏族、傣族等少数民族信佛，藏戏和傣剧就比较多地保留了佛教艺术的成分。

三、戏曲多样性与社会性的关系

中国戏曲文化的多样性，除了不同民族有不同的戏曲剧种，同一民族有多种戏曲剧种外，还表现在同一地区存在多个剧种和一个剧种存在不同的戏曲声腔。如戏曲大省山西、陕西、河南、河北、安徽、江西、山东、湖北、湖南、江苏、浙江、福建、广东等省的戏曲剧种都在 20 种以上，其中山西一个省就有 45 种。有的省剧种不多，但在一个剧种内存在着几个不同的戏曲声腔，如四川的川剧，就有昆腔、高腔、胡琴、弹戏、灯戏五种声腔。湖南的湘剧、祁剧，江西的赣剧，浙江的婺剧，广西的桂剧，广东的粤剧等，也都是多种声腔并存。另外，有的剧种形成后，迅速流传到周围地区，与当地民间艺术相结合，又产生出新的剧种，形成一个声腔剧种体系。这种戏曲百花齐放局面形成的社会原因很多，但主要有以下几点：

第一，同一地区不同观众群体不同的艺术欣赏取向，为同一地区不同剧种的生存和发展创造了条件。这种情况多出现在经济比较发达，交通比较便利的大中城市和多种文化背景交汇的三角地带。大的都市，如宋代的开封、临安，元代的大都以及平阳、真定，明清的北京、扬州，近代的北京、上海、汉口等。密集的人口、繁荣的经济、便利的交通，为各种戏曲生存和发展提供了优越的条件，为不同风格剧种得以吸引不同层次观众带来了便利。文化交汇点如山西、陕西、河南交界地带，湖北、安徽、江西交界地带，都曾是中国戏曲文化的摇篮和发祥地。中国近代两大戏曲声腔剧种——梆子腔产生于山陕豫交界地带，皮簧腔产生于鄂皖赣交界地带就是很好的说明。由于这些地区水陆四通八达，新的剧种形成后很容易向四周扩散。

第二，移民为剧种向外传播提供了观众土壤。中国历史上的移民有几种情况：一是内地的军队到边疆戍边和军垦；二是战争中的难民；三是战乱后的大迁移；四是自然灾害后的大逃离；五是国家因经济建设需要而采取的移民政策。海南省的琼剧由明初大陆军队带去的杂剧发展而成，贵州、云南的花灯、傩戏也是明朝戍边将士将内地戏曲带去后与当地民间艺术相结合而形成的。西北地区的蒲剧、晋剧、豫剧、评剧是抗日战争时期，东北、华北被日军占领后，大批难民包括演员在内涌入西北的结果。如《中国戏曲志·陕西卷》在谈到评剧在陕西的发展时说："'九·一八'事变后，东北难民纷纷向西北大后方转移。1935 年，国民党东北军又进驻西北，为评剧在陕西的流传打下了观众基础。1936 年 8 月，新声评剧社首次来西安演出，主要演员有花月琴、孔殿娥、水铃花等。随后明星评剧社来陕，主要演员有曹金顺、孙桂君、张翠芳、筱玉兰等。不久，赵凤宝、赵凤珍的评剧班，马凤兰的评剧班，王崑英的评剧班相继而至。1938 年至 1940 年之间，有新声、明星、德育、新民、春月等 20 多个评剧班社在陕西境内演出，在西安演出班社达五六个之多。一时间评剧班社云集，明星荟萃，并以西安为轴心，向四周扩展，演遍关中城乡，巡回陕南、陕北。"西藏、青海、新疆有秦腔、豫剧、京剧、越剧等，也是解放大西南和进军大西北时解放军文工团带去的，或是新中国成立初期，为支援西北建设，内地工厂迁移到西北后，为满足这部分群众看戏的需要，将内地的有关剧团调去的。

中国历史上每一次改朝换代都要经历战乱。战争使家园毁灭，人口锐减，土地荒芜。战争过后，为重整山河，新的统治者都要实行大规模的移民。移民将故乡的文明包括戏曲文化带到新的居住地。明初，朱元璋曾将山西的居民大量迁移到河南、山东、湖北、安徽等受战乱严重的地区，于是便有了洪洞大槐树后裔的传说。后来山陕地区的梆子戏，能流传全国，在各地扎根，繁衍出新的剧种，都与这些地方的山西移民有很大关系。明初，朱元璋还将江西、江苏一带的居民迁移到云南、贵州一带，弋阳腔、昆腔在云贵川一带的流传，也与这一带的移民有密切关系。

逃荒灾民把演戏作为一种谋生的手段，而将家乡戏传到外地的情况，在中国历史上也是很多的。如光绪初年，山西大旱，泽州灾民将上党梆子带到河北永年和山东菏泽地区，形成了现在流行于永年的西调和山东的枣梆；陕西商洛地区花鼓戏也是光绪年间，由湖北郧县灾民从家乡带来后发展而成的；安徽的黄梅戏是湖北黄梅县灾民把家乡的花鼓小戏带到安徽后发展起来的；山西雁北流行的罗罗腔和阳泉一带流行的弦腔，是由河北灾民传入的。移民是不同地区之间戏曲文化交流的重要载体。

第三，商品贸易为戏曲的传播架起了桥梁。过去江湖上有一个说法，叫作“商路即戏路”，这是很有道理的。前面讲到梆子戏能在各地生根、开花、结果，与它的观众基础——明初的山西移民有关。但梆子戏能迅速传遍全国各地，与山、陕商人的支持分不开。山陕商人是明中叶由边贸发展起来的，从粮商发展成盐商、茶商，又由盐商和茶商发展成票商，在全国形成了一个庞大的商贸金融网。山陕商人一方面为满足自己的娱乐，另一方面也把梆子戏作为联络感情、扩大贸易的手段，经常邀请家乡戏班到他们经商的地方来演出，极大地刺激了梆子戏的向外发展。凡是山陕商人聚集的地方，必定有山陕会馆；有山陕会馆的地方，必定有戏楼；同样，凡是山陕商人聚集的地区，也必定流传过梆子戏。辛亥革命以后，山陕商人势力迅速败落，梆子戏也随之衰落，东南、西南已经没有纯粹的梆子剧种了。但作为一种声腔，却存在于各地的多声腔剧种中。除梆子戏外，皮簧戏在各地盛行也与商人势力有直接关系。清乾隆之前，北京并没有皮簧戏，皮簧戏仅是流行于湖北、安徽一带的地方剧种。乾隆五十五年(1790 年)，安徽大盐商江鹤亭等为给乾隆皇帝祝寿，将唱二簧为主的四大徽班先后带到北京演出，后逐步发展成京剧。在徽商和湖广商人的支持下，皮簧戏盛行于南北各地。

第四，文人墨客的喜好和统治者的提倡，是一些剧种兴衰的重要原因。在戏曲的发展历史上，有三个剧种特别受到文人墨客的喜好和统治者的提倡，成为全国性的剧种。一是北杂剧，二是昆腔，三是京剧。前期的北杂剧反映了被压迫人民和被压迫民族的呼声，但到了元末明初，就成为维护封建统治的传声筒了。朱元璋分封他的子孙，“凡亲王之国，必以词曲千七百本赐之”①，杂剧戏文不可缺少。昆山腔原本是一个地方小戏，经文人墨客革新提倡，成为大剧种。蓄养家班，填词作曲成为明清文人墨客的一大雅兴。昆腔的剧本大部分出自文人墨客之手，其中有不少是大官僚。如《鸣凤记》的作者王世贞，《狮吼记》的作者汪廷讷，《灵宝刀》的作者陈与郊，《燕子笺》的作者阮大铖，等等。许多文人墨客到外地做官或游历，都要带着家班。一时间，家宴堂会，迎送宾客，演出昆曲成为上流社会的风气。在统治阶级的倡导下，万历年间，昆腔已经遍布全国的大中城市。四大徽班入京以后，皮簧戏受到乾隆皇帝的喜爱，王公大臣们自然也附和叫好。在最高统治者的提倡和支持下，皮簧戏迅速发展，在清末民初流传全国，成为第一大剧种。

当然，一个剧种的兴盛和向外发展，最主要的还是得力于它

① 李开先：《闲居集·张小山小令后序》，两江总督采进本。

自身艺术上的优势，但也离不开外在的环境和条件。以上所谈的，主要是自然和人文环境对戏曲文化的影响。

戏曲文化的多样性，不仅是中国戏曲文化的特点，也是中国戏曲文化的优势。文化的品类和自然界的物种一样，其生存发展，不仅要有一定的质量，同时也要有一定的数量。中国戏曲文化之所以源远流长，延绵不断，有其旺盛的生命力，就是因为它家族兴旺，品类繁多。人类创造了丰富的物质文明，也创造了多彩的精神文明。然而随着世界经济的一体化、信息化的发展，不同民族、不同地域之间的文化特色越来越淡化，甚至在消失。物质世界的发展需要生态平衡，需要将一些濒临灭绝的动物和生物加以特殊保护。精神世界的发展也需要生态平衡，也需要将一些濒临灭绝的文化品种加以特殊保护。戏曲作为中华民族的优秀传统文化，要发扬光大，就需要保持艺术水准和群体的优势。联合国科教文组织已经将昆曲列入世界首批非物质文化遗产名录，加以保护。国家除通过"文华奖"、"艺术精品工程"等促进戏曲创作外，还逐步建立起国家、省（自治区）、市、县四级非物质文化遗产保护制度。在国务院公布的两批 1082 项国家非物质文化遗产名录中，传统戏剧占有 126 项，保护的剧种有 210 个。中华民族要自立于世界民族之林，不仅要创造更加丰富的物质文明，而且要保持和创造更加辉煌的精神文明。因此，保护包括戏曲在内的中国传统文化的多样性，理应引起全社会的充分重视。

浅论中国电视传播观念的变迁

中央电视台军事节目中心记者　漆　谦

改革开放30年，不仅使中国的面貌焕然一新，也让中国人的思想观念发生了翻天覆地的变化。30年前改革开放的春风吹散了人们心头的种种迷雾，中国人开始迟疑地迈开步伐，在不同领域探索新的世界。作为一种媒介，中国电视媒体不仅向观众传达着国家的大政方针，同时也以客观、生动、丰富的纪实手段，记录了中国在政治、经济、科技、文化、军事、外交等领域的变迁以及百姓的生活状态。透过电视这扇窗口，人们还认识了外面多彩的世界。中国电视也在这种信息的交互传递中，进行着自身的变革和传播观念的嬗变。

一、电视新闻传播从说教向贴近转变，由信息封闭向信息透明转变

在中国的电视传播史上，最能反映时代变迁的就是新闻节

目。《新闻联播》正式开播是在1978年1月1日，当时，国家电视台还没有从北京电视台更名过来，只在首都地区正式播出电视节目。1978年5月1日起，才正式更名为中央电视台。20世纪80年代前，由于技术手段落后，《新闻联播》的播出时间只有10～15分钟，只有外景片，没有播音间的口播。早期《新闻联播》的地方新闻，大都是通过班机或火车送到北京，加上洗印、编录，快则一周，慢则半月才能跟观众见面。1978年12月，具有伟大历史意义的党的十一届三中全会在京召开，开启了中国改革开放的新时代。《新闻联播》肩负起了记录时代变迁的重任，她以客观、生动、丰富的纪实手段，记录了中华大地30年来每一天发生的变化。从党的总书记，到普通党员；从耄耋老人，到少年儿童；从白领阶层，到蓝领职工……都是她的忠实观众。党政军民学，东西南北中，同一时空下，情系祖国的振兴，关注民族的未来。因此，她是党和政府联系广大人民群众的桥梁与纽带，是中国改革开放最忠实的记录者，是一部真实的历史教科书。

30年后的今天，中国新闻以其迅捷，同步直播向世界传达着中国的声音，展示着国家的形象，也向中国观众传达着世界每一个角落的声音。从国内的突发事件到国际局势，从伊拉克战争到美国的总统选举，凡在世界上发生的大事，中国观众都能在第一时间通过电视新闻看到。2008年8月8日在北京召开的奥运会，CCTV－1、CCTV－2、奥运频道、CCTV－7这四个开路频道，一个高清频道和两个付费频道，四个频道共同转播报道奥运会。开幕式时CCTV－4国际台和CCTV－9英文台也进行了直播。大约有40亿的世界观众，通过电视收看了北京奥运会的开幕式实况。

2008年5月11日，美国选出了新总统。中央电视台在《朝闻天下》、《午间半小时》、中央四套、中央九套的新闻节目中，都播出了美国总统选举的新闻，四套午间的新闻还进行了连线直播，晚间一套的《新闻联播》节目，第一条新闻就是《胡锦涛主席致电视贺奥巴马当选新一任美国总统》。新闻中说，美国已经开始“改变，以变革为主题”，中美两国应加强合作和军事交流。后面还播出了中国其他领导人的祝贺以及奥巴马参加竞选的一些镜头，新闻的长度大概有五分钟。这种集中篇幅报道美国总统选举，在中央电视台报道历史上还是第一次。这说明中国官方媒体的新闻观念在发生变化，中国官方主流媒体的信息透明度在提高，对于公众的知情权更加关注。美国大选无疑是大家都很关注的事，如果大家不能通过电视官方主流媒体了解信息，加以正确引导，那么受众通过凤凰卫视等境外媒体，通过报纸、网络一样可以知情。中央电视台的这种举措在“向世界介绍中国，让中国了解世界”中起到了很好的作用。中国的对外态度更加开放，中国更加自信。

30 年的改革开放，中国新闻的时政报道更加人性化，对于国家领导人的报道更加平民化。新闻联播中，镜头上胡锦涛主席在农家小院与农民促膝交流，胡主席的亲切提问，农民无拘无束的回答，爽朗的笑声回荡在农家小院的上空。这样的画面，这样的新闻塑造了我们国家领导人的亲民形象，与人民群众血肉相连，也向国外受众传达中国政治的平民化。

30 年的改革开放，新闻也对准了很多普通人，产生了许多民生新闻，有效地维护了老百姓的权益。拖欠农民工工资的事在电视上报道后，温总理立即批示解决类似问题。

30 年的改革开放，新闻由过去的封闭信息向公开透明转变。2008 年，在年初的冰雪灾害、西藏骚乱、“5・12”汶川地震等突发事件中，新闻节目的快速和透明，使受众更能看到中国政府的应急机制和民间的一种自信。特别是“5・12”汶川地震中，新闻在地震后的两个小时就发布了地震信息，国内外新闻媒体都做出了快速反应。央视和各地卫视，迅速中断了正常节目播出，采取连续24小时不间断滚动播出灾情及抗震救灾情况，央视派出150多名记者深入一线，在第一时间、第一现场发回最新信息。央视采取现场直播、记者连线、专家访谈、专题插播等传播手段，迅速吸引了受众，较好地满足了受众的心理期待和精神慰籍。信息传播的快捷迅速、公开透明，杜绝了以往虚报、瞒报、谎报的弊端，满足了受众的信息渴求。对这场地震的灾难程度、破坏强度、影响烈度，以及党和政府的应对方针、政策、策略、举措和全球各方面的反映，都有大量充分的报道，起到了很好的以正视听、澄清混乱、化解矛盾的作用。

30年的改革开放，使中国新闻由生硬的灌输和说教变得更加贴近百姓生活，对新闻事实的态度也更加开放和透明。

二、电视受众的变化与传播观念的变迁

（一）受众的稀缺期，电视的宣传品期

20世纪80年代以前，对于中国人来说，看电视还是一种奢侈，那个时候并不是我们现在所理解的大众媒介，电视节目也很单调。每天除了一点新闻就是播电影，而且只是上午播出。我记得我第一次看电视是在1976年，是在辽宁沈阳皇姑区的一个大院里看的，当时是组织观看，电视播放的内容是有关周总理逝世的新闻。电视机是12英寸的黑白电视，放在一个靠近窗口的地方，100多人围在外面的小凳子上，从打开的窗口向里观看，坐在远处的人也许根本无法看清小小电视屏幕上播放的是什么。那个时候，全国的电视机也只有几百台。1978年5月22日，中央电视

台播出的一部农村题材实景拍摄的电视剧，估计看的人很少；1978年起开播的《春节联欢晚会》，也不会有很多的观众；到了1980年5月18日播出第一部系列纪录片《丝绸之路》时，观众就渐渐多起来了，因为电视机的数量增加了，普通人家已经可以买得起12英寸的黑白电视机了。当时，电视机要500多元一台，还得凭票，500元，对于一个普通家庭来说，已经很贵了，因为当时一斤西红柿才八分钱。到了1982年，彩电已经不是什么新鲜事物了，到1988年已经增加到两亿台电视机，也就是说，中国有两亿家庭拥有电视机。

随着电视技术的进步，电视节目也日渐丰富。《蹉跎岁月》、《今夜有暴风雪》、《四世同堂》、《西游记》、《红楼梦》等大家耳熟能详的电视剧，相继亮相银屏，打动了无数观众的心，也影响了无数人。今天的人们看这些经典的电视剧，依然回味无穷。观众当时的情感随着电视剧的情节而波动，几乎没有任何挑剔，因为每一个都是精品。

这期间的电视栏目，有1979年8月中央电视台设立《为您服务》专栏，主要介绍电视节目，回答观众来信。1980年7月，中央电视台开办新闻评论性的专栏节目《观察与思考》，它是《焦点访谈》的先驱。1981年中央电视台开播由赵忠祥主持的《动物世界》，很快成为央视的王牌节目。1983年春节，中央电视台正式推出“春节联欢晚会”。自此，年三十看春节联欢晚会成为中国一种新的民俗。

（二）受众的共赏期，电视的作品期

20世纪90年代以前的这些栏目，大家都能记得住，对主持人也很熟悉。电视栏目没有任何的竞争和压力，只要播出就能获得满堂彩，赢得受众的青睐，因为中国观众的选择权很小，看电

视是当时中国人的主要文化消费，除电视机需要付费外，电视节目是免费的。文化生活的匮乏，使得受众更多地依赖电视，电视播什么，受众就收看什么。这也是为什么电视上播出评书《杨家将》时，会出现万人空巷的原因。到20世纪90年代，电视进入了快速发展期，一个崭新的新闻杂志类节目《东方时空》出现了。《东方之子》、《焦点访谈》、《实话实说》这些崭新的节目样式和表述方式，打破了观众收看电视的固有习惯。它带着对社会的批判和警醒，引导中国的观众进行反思和思考。而《实话实说》这种模仿国外脱口秀的访谈节目，让更多的普通人有了参与感和话语权，可以在屏幕上发表自己的见解，打破了观众被动接受的习惯。《焦点访谈》、《新闻调查》的出现，让受众明白了电视媒体可以维护正义，披露某些社会不合理现象，促进某些政策的出台，电视媒体的舆论监督作用得以实现。受众通过媒体的宣传，有了维权意识。

（三）受众的分赏期，电视的产品期

进入21世纪，市场经济使电视节目不再完全依靠行政拨款，广告收入成了电视节目的主要制作资金。电视节目在节目形态栏目化、频道专业化的呼声中形成了规模效应，进入可以去向受众兜售节目的产品期。

截至2007年，电视的覆盖率已经达到了99.7%。全国电视台有2100多家，电视栏目多得更是举不胜举，包括中央电视台在内的48个卫星频道，以及各省、市、自治区的地面频道以及县一级电视台，都有自己的栏目。仅中央电视台就有16个频道，400个栏目。观众的选择余地大了，可面对着这些眼花缭乱的栏目，观众却无所适从。这时的观众是上帝，收视率的高低决定着广告的投放，也决定着栏目的生存。于是对观众的争夺战愈演愈烈，

低俗化的娱乐节目、猎奇、打斗、向观众售卖廉价笑容的明星，开始充斥着电视媒体。受众忍无可忍，奋起抗争。在舆论的包围中，广电总局急喊叫停，“超女”、“超男”被限制播出，一些影响受众特别是青少年的低俗节目被罚出场外。2007年，公益节目重新回归人们的视野，“2007我们共同关注”、“感动中国人物评选”等公益主题的活动，让人们的心灵又一次受到了震撼。

2008年，“5·12”汶川大地震，重新唤起了中国人沉默的情感。中国的电视媒体第一次在第一时间发出关于地震的信息，全国各地电视台并机直播地震和救援情况。电视媒体此时也成了救援的一部分，观众几乎彻夜围坐在电视机前了解灾区最新情况，关注着生命的奇迹。电视，不仅传递信息，也传递着人与人之间的友爱与真情。敬礼男孩子，喂奶女民警，遇难母亲挚爱女儿的手机短信，舍身救护学生的中学老师，捐献善款的乞丐，冲锋在前的将士，写下遗书冒险跳伞的十五勇士，从废墟堆里救出深埋其中190小时老人的消防官兵……这些都给人留下了深刻的印象。人们关注国防的热情提高了，英雄主义重又回归到人们的价值体系。据笔者在“5·12”汶川大地震期间（2008年5月15日～29日，14天时间共有3726人参与调查）通过新浪网做的关于“受众国防意识”的在线调查显示：有91.2%的人认为自己“关心国防”，81.35%的人认为“国防安全跟我们每个人息息相关”。当问及“地震等突发事件发生后，你收看电视的状态时，有70.02%的受众说“一直打开电视持续关注”；问及“通过报道，您对军人的形象有哪些评价”时，有35.45%的人认为“有了军人的保卫，我们能够安居乐业”；有36.93%的人表示：“一到危难时刻，首先想到的是军人”；有27.62%的人认为，“军人在“第一时间到达救灾现场，就感到放心了”。被调查者中，涵盖了在校学生、三资企业、民营企业、自由职业、国企职员、文教卫生、公务员、军人等不同职业人群。

2008年北京奥运会，让中国人有了扬眉吐气的自豪感。电视的实时直播，使人们坐在家里看电视就像亲临比赛现场，去感受世界各国运动员聚集北京的狂欢。也许，这是电视最后的辉煌。

改革开放30年来，人们生活水平提高了，文化生活丰富了，越来越多的人们寻求新的文化消费方式，旅游、聚会、健身等时尚选择正在挤压人们看电视的时间。网络的普及，手机等新媒体的出现，使越来越多的年轻人离开电视，依靠新媒介去了解信息、了解世界。

改革开放带来了人们思想观念的变迁，也带来了从未有过的困惑与不安。全球化缩短了国与国之间的距离，也加大了文化差异带来的彼此间的隔膜。走出国门的人们更多地从别国的价值标准中去对应自己的价值，在回归中有了失落的叹息。金融危机不再是哪一个国家的事情，它就像海啸一样席卷着整个世界，使深处其中的人们无一幸免。当奥巴马变革的呼声在各大网站流传时，虽远隔万里，同样激起了中国人心中阵阵的涟漪……。这就是今天中国人感受变化的目光，而调整焦距，还原真实的任务，是电视媒体不可推卸的责任。

中国电影业发展问题刍议

——影像语言应成为传播战略文化的有效载体

中央电视台记者 漆琳子

电影自诞生之日起，由于它融合了音乐、美术、戏剧等多种艺术形式的独特的艺术个性和强有力的视觉冲击力，从而成为记录历史、见证历史、反思历史的具有巨大影响力的文化品。它所传达的情感倾向与价值取向影响了个人性情的变化和社会思潮的变迁。各个国家都非常重视电影的教育功能和媒介功能，把本国的电影作为一种文化品，不仅影响本国人民，还成为向世界其他国家输出本国历史文化、价值构建与国家价值观念的载体。

一、中国电影的片断扫描

翻开中国电影的历史画卷，有许多能够被观众熟知并且留存记忆的影片，如《一江春水向东流》、《小城春秋》、《乌鸦与麻雀》、《早春二月》、《冰山上的来客》、《芙蓉镇》、《牧马人》、《高山下的花环》等。这些电影不仅记录了中国不同历史时期的经济、政治状况，还深入反映了当时人们的生活方式和思维方式，透视出社会历史的特定面貌和人们特定的文化心态。这些影片不论从艺术性上，还是从反映现实的深刻程度上都属于精品力作。影片所塑造的一个个鲜活的人物形象，向人们展示了中国不同发展时期的生活图景。这些影片在今天看来，其艺术魅力仍然大放光芒，令人回味无穷。

20 世纪末和 21 世纪初，以张艺谋为代表的新武侠电影粉墨登场，中国电影进入了大片唱主角的时代。《英雄》、《十面埋伏》等大片打开了中国通向世界大门的路径，不仅赚足了中国人的钱，也让外国人掏了腰包。据统计，《英雄》的国内票房达 2.4 亿，海外票房累计已超过 11 亿人民币；《十面埋伏》是 1.6 亿；《无极》超过 2 亿，如果算上海外市场以及音像制品的发售，经济收益就相当可观了。

尽管这些大片市场效益可观，但是社会效益和艺术品质却要大打折扣。观众一边看大片，一边骂大片，虽然场面豪华，演员阵容强大，但是故事逻辑混乱，情节场景媚俗。《十面埋伏》故事简单得近乎廉价，以两男一女的三角关系结构一个"影像的拼帖"："跳了两段舞，跑了几段路，打了几场架，接了几次吻，死了几个人，换了几处景。"（网络评论）为观众留下的只是"灿烂三分钟"。《英雄》不惜背离武侠精神，描写所谓懂得"放弃"的武士，让武士和导演一样认同"集权"和"残暴"，为统治者的不仁不义寻找理由和借口。艺术家的良知和历史观的混乱，到了令人瞠目结舌的程度。

《满城尽带黄金甲》和《夜宴》共同把目光瞄向了中国文化最神秘、最冷血的宫廷争斗，权谋诡计，这是中国文化中最糟粕的部分。靠贩卖历史的血污赚取商业的利润，而缺乏历史的眼光和审美的提升，结果只能是历史和现实一起被放逐！

那么，这些向国外输出的大片，到底反映了中国的什么呢？

争权夺利、勾心斗角、血腥与暴力，难道这就是我们民族的精神，这就是我们民族的品格吗？像这类的所谓“大片”，除了能给一些人感官刺激外，根本谈不上给人们精神文明与道德教育。所以与国际电影大奖（更不用谈奥斯卡奖）屡屡无缘，就不足为怪了。

刚刚逝去的谢晋导演，以一个艺术家的良知和社会责任感，创作的《芙蓉镇》等优秀影片，唤起了中国人强烈的情感共鸣，深深打动了和影响了一代人。而今的大片，看过一遍，就不想再看第二遍，原因何在？是不是因为走向世界，就必须牺牲民族精神？

让我们放眼世界，在中外的电影史上，都有可供参照的反映现实主义的力作。20 世纪 70 年代末达到高潮的新德国电影运动，由于电影艺术家们敢于直面现实，把战后联邦德国存在的物质、精神、道德等方面的诸多现实问题，同纳粹法西斯历史浩劫紧密地联系在一起，深入挖掘现实和人的精神世界的层面，尤其是法斯宾德著名的“德国女性四步曲”，仿佛是一部二次大战及战后德国社会生活的历史长卷，展现整整一个历史时期德国社会的现实问题和德国民众的“深层集体心理”。

再让我们回溯到中国 20 世纪 40 年代，蔡楚生的《一江春水向东流》，影片以家庭悲欢离合为立足点，与广阔社会背景结合到融为一体的程度，代表了中国现实主义影片的杰出水平。影片成功运用了中国电影传统的形式——家庭人伦的悲欢离合故事来透视人生。它的出现既是 1947 年国产片的最佳作品，同时也受到广大观众空前的欢迎和进步舆论的赞扬，更是中国电影艺术的成熟标志。

可是现在每年 400 部国产影片中，却难以产生那种撼动人心和具有深刻内涵的作品。探寻其原因，主要是：电影创作和生产水平不平衡，电影创作者脱离我国社会现实，艺术观念陈旧，电影创作精神境界不高、受众意识不明显造成的。这不得不让我们从中国电影目前所处的宏观背景和微观背景去深刻反思电影在国家价值构建中所应承担的历史使命和现实的差距。

二、中国电影的生态环境

生物学中，生态环境是指由生物群落及非生物自然因素组成的各种生态系统所构成的整体，主要或完全由自然因素形成，并间接地、潜在地、长远地对人类的生存和发展产生影响。在此，我们借用生态环境来剖析电影所处的宏观和微观及内外环境之间的相互作用，以及由此产生的影响。

（一）全球化国际环境与中国的政策环境

全球化的到来，使国家与国家之间交往频繁。信息的全球化以及网络技术的进步，促进了各国的文化碰撞与融合。进入2000年后，由于中国加入WTO和国外文化的不断涌入，使中国民众的视野大大拓宽，看待世界与审视自己的目光变得犀利与理性。加上中国把文化的大繁荣大发展作为国家软实力的重要组成部分被写进十七大报告，而电影是目前所有的文化产品唯一能够进入国外主流市场的产品，其对于中国文化的传播与国家核心价值观的构建将起到重要的作用。电影在文化中的核心地位重新被确立。

（二）市场的经济环境

市场经济条件下，资本的融合和重组得到实现，越来越多的投资者把目光投向文化产业。而电影由计划经济体制下政府全方位的资金扶持转向自筹资金正愁开局无门，企业与民营资本的融入恰如一夜春风来，使电影重现生机。但投资是要求回报的，于是有知名度的大导演获得了更多的资本，于是大制作、大场面、大演员阵容、强势的宣传几乎成了大片的特征，也成了招揽观众的法宝。于是乎，电影的创作流程也发生了改变，不再是按照原著改编剧本，经过仔细推敲后再上马，而是边拍边改，边改边拍。导演不再完全按照艺术创作的要求，而是要服从投资人的商业需要。没有经过深刻的反思与锤炼，其电影的艺术水准可想而知。这是今天电影经不住细细品味的一个原因，再加上在市场杠杆的推动下，人人变得向钱看，变得浮躁，无论是编剧和导演还是演员，都很难沉下心来体验生活，创作都是快餐式的，能填饱肚子却缺乏营养。大牌明星不停走场，大片里的演员就是那么几个熟悉的面孔，却难见当年赵丹、孙道临等老一代艺术家的精湛演技。市场经济下的演员，档期排得很满，没有时间磨练技艺。大片中的资金，大部分消耗在大场面、大牌明星上，投入影片创作层面的就所剩无几了。

（三）文化背景对大片导演创作群体的影响

纵观我国目前活跃的电影界知名导演，他们大都出生在20世纪50年代，当时正是中国的困难时期，物质生活和精神生活都比较贫乏，信息也较闭塞。在他们童年的成长过程中，感受到了社会的动荡不安和人性的迷失与陨落，童年生活的烙印深深镶嵌在他们的人格中，对他们日后认识社会产生了深刻影响，使他们更多地在影片中展现丑的东西，借以发泄童年的压抑。心理学认为，一个人童年的成长环境和教育环境对一个人的人格产生深刻的影响。意大利著名儿童教育学家玛丽亚·蒙台梭利认为，孩子在出生2～3年内，无论在生理和心理方面，良好的育儿刺激对脑力的功能和结构都有重要的影响，这种影响将伴随他们的一生。而当时，教育的单一性和封闭性，使他们无法接触更多的世界，造成了他们成年后视野的局限性，即便世界对中国武侠精神稀缺性的青睐而喜爱他们的影片，但是他们缺少对西方社会思维习惯与教育方式的深刻体会，也难以掌握西方的技巧，将中国的核心价值元素融入到影片中，作为文化产品输出出去，并被西方人所认同。

（四）多元化的受众背景

中国的开放使中国民众越来越多地接触国外文化和生活方式。这种文化的影响更多地体现在文化的消费观念上，旅游、健身、上网、聚会、看舞台演出、电视等，对文化不同的需求造成了选择的多元性。如果没有特别吸引力的因素，很难将观众吸引到影院中来。

无论是国外的大片还是国外热播的电视剧，中国年轻的受众都能从不同途径获得。在这种多元化背景下培养起来的受众，对中国电影的评判有了比较和尺度，有了新的审美趋向。单纯的感官刺激的娱乐电影，已经不能满足受众的需求。艺术的美在于爱，在于情感。而《卧虎藏龙》与《色戒》之所以能够打动人心，是在于人所遵从的爱的本能的力量，而这一点，正是能为西方所接受的。从另一方面来讲，如果我们拿不出可以抗衡西方世界的文化产品，创作不出好的电影，对于颇多受西方文化熏染起来的年轻人，将会潜移默化接受西方所宣扬的价值观。电影受众边看边骂的心态，也在一定程度上反映了没有别的国产片好看的无奈与悲凉。

2008年大赚票房的电影《梅兰芳》，并没有真正把梅先生的魂魄和气度表现出来。电影中梅先生的性格一直显得有些怯懦，受人摆布。梅先生在人物塑造上是虚假的，为了塑造形象，把整个社会的某些史实都篡改了。这对于不了解那段历史的青年人来说，会产生一定的误导，以为历史上的梅兰芳就是这样子。梅兰芳先生是我国传统文化的代表，是京剧艺术的一个标志、一个符号，也是国内外的观众通过影视作品来了解中国文化的一个渠道。如果电影不能够深刻反映当时的历史背景，和由此产生的人物命运，怎能引起国内外观众的共鸣，又怎能用先进的文化应付意识形态领域的复杂情况。

（五）媒介环境的影响

美国著名传播学家麦克卢汉说："媒介是人体的延伸。"媒介的舆论引导和环境监测功能是媒介最重要的职能，人们通过媒介而得到信息与社会规范的满足。而电视媒介近年来的泛娱乐化和低俗化倾向，已经把中国的一部分观众特别是青年观众的价值尺度引向了偏离，网络的随意性倾向更是把明星的花边新闻演绎得轰轰烈烈。媒介所引导的这种低俗文化，又反过来作用于电影的创作者，使他们认为要想赢得市场，就必须迎合受众。于是乎，大片导演便在这样一种媒介环境的影响下，把血腥与暴力表现得淋漓尽致。实际上，这是一种非常可悲的恶性循环，也是电影创作者创作力匮乏的表现。

三、从战略文化角度来思考中国电影的发展策略

战略文化是一个国家战略筹划的精神体现，具有历史传承

性。一个时代的战略筹划中所体现出的思想和意识，只有流传和延续下来并逐渐成为文化之“常”，才能构成一个国家、一个民族的经久不衰的战略文化的一部分。一个国家能否实现繁荣强盛，保持长治久安，在很大程度上取决于其战略文化是否先进。美国非常重视利用文化输出来体现他们的价值观。美国电影《拯救大兵瑞恩》、《重现天日》等，向人们传达了美国对人的生命的尊重和一个德国籍的美国飞行员的英雄主义情结以及对美国价值观的认同。

我们国家的有些电影宣扬的都是勾心斗角，这在一定程度上糟蹋了中国的传统文化。中国商务部的一个司长说，在国外很费力气推荐中医中药，一部《满城尽带黄金甲》让外国人远离中药，认为中国的中药就是害人的毒药。这样的影像作品，给中国带来了严重的负面影响。

电影是世界都能接受的信息符号，影像所传达的应该是中华民族“天下兴亡、匹夫有责”的爱国情怀，不畏艰难、自强不息的民族精神，成为国家价值构建的重要手段，成为我国战略文化的组成部分。我们的电影在创作之初就应该有这样的一种国家利益的意识，通过电影要表达的是我们中国的核心价值观和中国的文化精髓。

要做到这一点，笔者认为，应该着重从以下几个方面入手：

（一）国家出面，举全国之力每年打造一到两部经典电影

据全球知名媒介咨询集团尼尔森在全球38个国家和地区收集的数据表明，全球约有20亿人观看了北京奥运会开幕式，超过了世界人口的三分之一。这对于输出中国文化，提高中国形象起到了巨大的推动作用。作为目前所有文化产品中唯一能够进入国外主流市场的电影，应该由国家出面进行资金上的扶持，举全国之

力打造电影精品，避免创作者由于资金等原因，媚俗、媚洋、降低艺术水准，损害民族精神。同时不要在创作上过多干涉，给创作者充分的自由。如果每年能够打造一到两部经典影片，输出国外，慢慢形成规模，就能慢慢影响世界。获得三项奥斯卡金像奖的《卡萨布兰卡》，就是由美国情报局出资拍摄的，卡萨布兰卡这座摩洛哥的白色之城，也因为好莱坞的这部电影而闻名世界。

（二）打破行业垄断，盘活资源，引入竞争机制

由于投资者大都愿意投资名导演、名演员，以致形成了行业垄断，这对于形成中国电影市场的规模化是不利的。政府有关部门，应按照有利于国家利益的选题进行招标，引入竞争机制。除行业人士外，应该让民间力量也参与进来。这样就会把有才华的人吸引到电影事业中来，盘活资源，让一些有才华的年轻导演脱颖而出。当然，竞争机制的引入需要严格规范。

（三）媒体适时引导，培养电影受众，提高电影受众素养

受众是需要培养的。据 2007 年对北京城区电影观众的调查，25～35 岁的受众占 45.3%，35～45 岁的电影受众占 39.4%；北京城区电影观众受教育程度调查显示，大学本专科生占 67.4%，研究生占 16.0%。从这些数据可以看出，这部分观众都是社会的中坚力量，而中国电影如果能够抓住这些观众，所传达的观念与价值观得到认同，将会对未来的文化产生深远影响。而看电影的习惯单靠电影本身的吸引力是不够的，需要电视媒体和其他媒体的适时引导，这就要求媒体的从业者也要有国家意识，站在国家利益上去评判电影，包括对一个影片的批评与赞扬都应该客观，不能一阵风说好，一阵风说坏，以树立观众正确的电影观，培养

观众看电影的兴趣。当然，首先要有足够吸引人的电影，将电影的可看性转化为必看性。这样，媒体的自律与观众的警醒促进电影创作者的自律，最终形成良性循环。

（四）与国际接轨，培养能够具有国际化表达技巧的电影创作者

某些个别影星与知名国外导演合作，不足以带动整个电影事业，如果能有计划地让电影编剧、导演真正参与到国外大的影片制作中，对于深刻体会国外电影的表达技巧会产生作用。文化的融合与碰撞会让国家之间的交流更加深入，而其本质就是互相渗透。另外，在培养电影方面专业人才时，也应从长远利益着眼，让这些未来的从业者掌握如何进行国际化传播，把中国的形象通过艺术符号表达出去，直接去好莱坞学习，同时也可请好莱坞的知名制片人、导演参与到中国的电影制作中，以便中国人直接学习。当然问题的关键还在于，电影的管理者和培养者是否具有这样的战略眼光和世界眼光。

总之，任何一种艺术，只有被大家欣赏才能产生价值，电影的魅力在于其声画的强烈冲击力和震撼力，在于对人性的直接触摸和由此产生的心灵的感染力。中国电影从业者应该具有这样的战略目标，通过电影这样一种载体去传达国家意志和核心价值观，展现我们中华优秀的文化。当然，意识形态的巧妙隐藏应向西方学习和借鉴。

参考资料

1. 周星：《跨世纪中国电影艺术传统史评》，北京师范大学，2005 年 3 月版。

2. 彭吉象：《影视美学》，北京大学出版社，2002 年 3 月版。

3. 赵子忠、王伟等编著：《中国影视投融资的产业透视》，中国传媒大学出版社，2006 年 5 月版。

4. 玛丽亚·蒙台梭利、马琴、韩明媚译：《3 岁决定孩子的一生》，朝华出版社，2007 年 5 月版。

5. 尹鸿 2008 年 10 月 7 日课堂实录：《当前中国影视剧的生产与创作》。

6. 刘静波：《21 世纪初中国国家安全战略》，时事出版社，2006 年版。

弘扬中医传统
构建和谐社会

解放军总医院 段冬梅 郝爱真

中医药具有东方文化的背景，内涵深厚。数千年的临床实践，证明了中医的神奇与博大。我们尝试着以文化为载体，以生活为平台，来宣传、介绍中医药，用东方传统文化的价值观、人生观来潜移默化地分析、认识中医药，希望各界朋友能够感受到中医药文化的魅力，并由此加深对中华文化的理解，达成对“和谐生命观”的时代共识。

中医学有一套自己的理论体系，以阴阳五行为基础，与中国古代文、史、哲等传统文化牢牢结合，但是这种理论和现代科学是两套体系，甚至现代科技也不能完全解释，因此很难被接受。这也可以说是传统文化认知的下降，好在现在正逐渐回归，现在出现的国学热，就是一种传统文化的回归现象。

如果站在现代科学的角度讲，中医不是完全意义上的现代科学。我们说，中医药是具有科技内涵又有人文色彩的综合性学科。中医的产生、发展和完善，始终都在东方文化这个土壤中，而她的生命力在于临床实践。尽管理论深奥，但是中医药确实能解决疾病问题，包括了解生命与自然，也就是中医的“治未病”理论——未病先防，这在当代社会，乃至世界都是一笔巨大的财富。

实际上，中医学是一门博大精深、超凡卓越的科学，在长期发展过程中形成了自己完整而科学的世界观和方法论体系，在其众多的思想理念中，独具特点而又一以贯之的是“和谐观”。在全面考察中医学的基础上，我们可以得出这样一个结论：“和谐观”是中医学的核心理念。

一、“和谐观”是中医学的核心观念

国学大师季羡林先生在评论中西方文化时，高度评价了中医的综合论。季老认为，中国的东方思维方式从整体着眼，从事物之间的联系着眼，更合乎辩证法的精神。就像中医治病是全面考虑，多方照顾，药分君臣，症治关键，医头痛从脚入手，较西医的头痛治头、脚痛治脚，更合乎辨证论治。我们认为，季老的看法高屋建瓴。

（一）关于中医的和谐统一观

和谐观是中医学的价值取向，整体观是中医学最重要的特点之一。中医学是从整体上认识人体和疾病的：在生理上，中医学认为，人体是以五脏为中心的经络相联、上下沟通、密切联系、协调共济、井然有序的统一体；在病理上，中医学将人体的病变，原则地概括为具有整体失调特性的阴、阳、寒、热、表、里、虚、实等八种最基本的证型。在认识疾病时，中医学从整体着眼，注意人体局部与整体的统一，就是观察局部与整体之间平衡、和谐与否。中医学不仅把人体自身看作是一个和谐的有机整体，还强调人体与自然环境也构成一个和谐的整体。《内经》指出："人与天地相参也，与日月相应也。"这就是我们通常所说的"天人合一"。人体的功能活动与自然环境是和谐一致的，人体的疾病与自然环境也是密切相关的，人体的健康状况与时令气候、昼夜晨昏、地土方宜等因素是紧密联系的。外界环境与人体之间是"和谐"的，就有利于人体健康；外界环境与人体间是不"和谐"的，就有害于人体健康。

在用中药治病的过程中，主要是取中药的整体功效，以药的偏性纠正人体的不正常状态。中药的四气、五味、归经、升降、沉浮等，都是其整体水平的属性、功能和行为。中药方剂学更是如此。医者设方时，以"君臣佐使"为原则，充分考虑各味药的作用、地位及其相互关系，在抓主要矛盾的同时，顾及次要矛盾，在强调矛盾主要方面的同时，不忘矛盾的次要方面，充分考虑诸药物关系中的协和、平衡、层次和秩序。通过"气情合和"、"叫偏纠偏"的相互作用，发挥其"和谐"统一的整体作用，纠正病人的病理状态，重建人体的阴阳平衡状态。

中医学强调人体自身的整体性，包括各个部分的整体性和部分之间的联系性。中医学以整体思维来研究人体，认为任何一个部分的机能都是整体机能的反映。按照中医学的整体思维，来研究人体的某一具体的脏腑经络器官的某一功能，是由整体到部分的研究思路。在疾病治疗方面，中医学以恢复人体的最佳状态为目标，并不特别强调疾病特异性病因的治疗，而是采用十分广泛的综合疗法。西医学所遇到的种种难题，正是由于其研究方法和思路的局限所造成的，而中医学整体的思维方法，显然在当今疾病的防治方面，比西医学更有某些方面的优势，特别是中医学在长期医疗实践中积累起来的治疗疾病的丰富经验，在解决当代医学难题方面的地位和作用，都是不可替代的。所以，继承中医学整体的思维方法，是提高中医在世界医学中地位的一大法宝，而整体观念是中医学理论所遵循的基本原则，是辨证论治施展的基础。这正是中医学相对于西医学最大的优势，西医学的发展越来越向微观化发展，从分子水平到基因水平。而对人体疾病的研究发现，疾病的发展变化却是越来越复杂，而且影响的器官、部位越来越多。因此，中医学的整体观念，应当是走在西医前面的，应当引起足够的重视。

（二）关于中医的辩证法

“和谐观”是其出发点和归宿点，辨证论治则是中医学的又一大特点。中医治病主要不是着眼于“病”的异同，而是着眼于“症”的不同。“症”是中医学的核心概念，是在分析大量现象的基础上，对疾病本质的认识和判断，其本质特点就是具体情况具体对待，而判断的尺度和依据是阴阳之间的平衡与否。在判断基础上的治疗手段，则是追求“和谐”目标下的对症下药。中医总是从人的角度出发，注重生命，体现最大的人文关怀，以人的幸福快乐、健康为最高追求。中医不仅仅治病，不是为了治病而不顾及人的主观幸福感。试想，那种把病治好了而病人在痛苦中苟延残喘的医学，又有什么实质性的意义呢？

中医治疗疾病一贯坚持和谐的原则，主要目的是帮助病人恢复和提高自身固有的调节能力，调动人的内在的生命潜能，充分发挥内因的作用，激发生命的原动力，从而实现祛病健身的目的。中医特别强调人的自我调节能力，“和”的能力，如对自身功能的调节、对外界不利因素的抵御、对自身偏盛偏衰的自我平衡，等等，还有对季节气候的适应、对地区环境的适应、对昼夜晨昏的适应，等等。

中医学辨证论治方法的优势，从整体而论主要是无创伤性获取病理信息；司外揣内的功能观察；整体动态的诊察内容和简便、经济的诊察方法。中医治疗具有安全、有效、低毒等优势，其单味药及复方的药理作用具有多效性，同时存在多个有效成分或部位，而通过辨证论治原则组成的复方，其各个组成部分相互之间产生化学反应又具有新物质及新功能，使得复方形成比单味药更优越的整体调节功能，从而更有力地纠正机体的各种不平衡状态，为有效地治疗复杂疾病奠定了基础。中医非药物治疗使用针灸、推拿等手法，发挥着整体功能综合调节和协助人体自然康复，强调因人施用、辨证施用，注重医患双方的互动性和方法的实用性、有效性。

通过临床调查，中医内科治疗的优势病种以心、脑、肺、肾及糖尿病、肿瘤等为主；非药物疗法适应症及其优势病除外科、骨伤科、推拿治疗的形体病症外，还有同属于内脏慢性病和内分泌病及病因复杂或原因不明的病种。结合文献研究，可见由于诊治多系统、多器官、多组织的综合病变，精神神经、内分泌，免疫系统疾患、病毒性疾病以及功能性、原因不明的病症等，而在形体和器质性疾病、原因单纯而明确等病变的诊治上，则与西医学不可同日而语。中医在治疗心因性疾病、心身疾病以及男性病、妇科病方面也有较大优势。但中医治疗的优势病种并非一切均优，而是有条件的。如对糖尿病的治疗，中药降糖并不占优势，但对并发症有很好的疗效；中药治疗慢性肾功能衰竭，主要是能明显延缓慢性肾衰的病理进程；治疗肿瘤则是从整体提高人体的综合抗病能力与机能恢复能力，减少病痛，提高生活质量，延长存活期，减少放化疗的副作用，增强其疗效。

（三）关于中医治疗的顺势观

从总体上看，中医在治法上主要体现了顺人和、顺天时、顺地利、“顺着治”的“和谐”理念。《内经》在针灸治疗方面提出了“顺势”的思维方法。一是顺生理特性，即做到针灸方法与机体阴阳气血活动的特性相顺应，如顺体质、顺天时、顺十二经气血多少等；二是顺病症特性，强调针灸方法与病症表现的特性相一致，如补泻刺法、寒热刺法等。中医的“顺治”观念，还体现在中医治病更讲求以人体的状况为坐标和晴雨表方面。医者通过四诊合参，做出诊断，对证治疗，逐步调整不正常状态。如调舌质、调舌苔、调脉象、调面色、调汗、调气、调血，使之逐步达到正常状态，这些都是“顺治”的表现。还有，中医在治病方面特别讲求“天人合一”，顺天时治病，治病时考虑季节气候因素，顺应人体与自然的适应方向，加以用药。春季注意调肝，夏季注意调心，长夏注意调脾，秋季注意调肺，冬季注意护肾，等等。很明显，“顺治”的目的是追求平衡、和谐，“和谐观”在此有直接的体现。

二、中医学在疾病防治中的优势

（一）“上工治未病”——养生保健

中医擅长于养生保健和治疗老年病、慢性病、疑难病。中医主张，上医医未病之病，中医医欲病之病，下医医已病之病。也就是说，中医首重养生保健。中医养生保健理论可以说每个人都知道一点，如“冬吃萝卜夏吃姜，不劳医生开药方”就是一种养生方法。过去讲，“要想小孩安，三分饥和寒”——要求小孩不要过饱和过暖，甚至要求成人吃饭也不要过饱。这也是中医的养生方法。早晨起来打打太极拳，同样是中医养生的方法。古典音乐，像宫廷音乐，就是养生音乐。中国的书法也是养生的。

中医学的“养生”、“不治已病治未病”，实际上就是一种前时调节。一元调节，是在五脏功能失调时，只对本脏一个脏的功能进行直接性调节；二元调节，就是在本脏失调时，通过对与之有关的另一脏的调节，而使本脏达到稳态平衡；多元调节，就是通过对两个以上的脏的调节，而使受病之脏达到动态平衡。国务院原副总理吴仪在一次中医药工作会议上，针对中医药工作特别强调中医学关于“上工治未病”的理念，也就是重视预防和保健，防患于未然。并指出，随着疾病谱的改变，医学模式由生物模式向生物、心理、社会和环境相结合模式的转变，以及现代医学的理念由治愈疾病向预防疾病和提高健康水平方向的调整，“治未病”的重要性将会进一步凸显出来，要求我们加强这方面的研究，充分发挥“中医治未病”的优势。

（二）中医治疗急性疾病

中医另一大优势是治疗外感热病。所谓外感热病，按照西医的说法就是病毒性传染病。中医只能治慢性病，而西医可以治急性病，这种说法对不对？不对。中医治疗慢性病有优势，中医治疗急性病也有优势。中国历史上自西汉以来发生过数百次瘟疫，然而没有一次瘟疫像西班牙流感那样死亡几千万人，为什么？因为我们有中医。1956 年石家庄发生乙脑大流行，死亡率达 30%。周恩来总理让请教蒲辅周先生，蒲老说可用白虎汤治疗，果然应用以后临床效果非常好，死亡率降到 10%以下。蒲老先生治疗 167 例乙脑患者没有一例死亡，但有关人员却说这样的治疗效果不能算医疗成果。原因很简单，167 例患者用了 98 个方子，平均每个方子用不到两个人，没有统计学意义，所治疗的患者都是个案。1957 年北京和唐山地区又发生乙脑流行，医疗人员应用白虎汤治疗效果却不佳，于是有些人又说：“今年中医不行了吧。”周总理又让他们请教蒲辅周先生。蒲老说今年湿气重，需在白虎汤方里面加一味燥湿的中药——苍术。这样又解决了问题，把死亡率从30%又降到10%以下。后来出现的流行性出血热，江西的万友生和江苏周仲瑛采用完全不同的辩证方法，但都解决了问题。广州曾流行小儿麻疹，患儿死亡率非常高。广州中医药大学的老师带领学生下乡，用中药治疗后患儿死亡率马上降低。因此可以说，中医治疗病毒性疾病有绝对优势，现代医学和各国的传统医学根本无法与中医抗衡。

我们再看看中医治疗SARS的效果。广州中医药大学邓老说：我同钟南山院士看法不一样。中医历来无“病毒”之说，不需要知道敌人长什么模样，只需把它当作“痴气”从人体里赶出去就行。广东省中医院一开始也不知道该如何治疗SARS，用了一段时间的西药，邓老告诉他们不能这样。广东省中医院就主要用中医的办法，所以后来的治疗效果非常好。广州中医药大学第一附属医院一开始就用中医的办法，实现了三个零的奇迹：零死亡、零转院、医护人员零感染。这些都应该能证明中医的治疗效果，因为有中医介入，广东省的死亡率是3.8%。中医治疗病毒性传染病有绝对优势，这是世界上任何其他医学都无法比拟的。

（三）中医在国外的影响越来越大

中医药在世界范围得到丰富与发展。目前中医药服务遍布世界各地，有130多个国家和地区设有中医医疗机构。我国已与70多个国家签订了含有中医药内容的协议，中药进出口贸易持续增长。同时，国际上对中医药的认识也发生了积极地变化，美国总统的医疗顾问方励培先生到科技部时讲过：慢性病西医没办法，中医治得好。他说下一届美国总统竞选时，谁能提出解决美国的医疗保健财政问题的方案，谁就可以当选总统。现在美国医疗保健费用直线上升，很快就可能使美国的财政不堪重负。美国每年的卫生事业费达3万亿美元，而我国的国内生产总值是3.5万亿美元，美国几乎把我国一年的生产总值全用在医疗保健上。所以美国如果坚持原来的医疗保健体系，国家财政很快就会崩溃。方励培先生说，美国应用中医的情况表明，中医介入以后，住院时间缩短一半，医疗费用也缩减一半，这是美国人自己讲的。有许多疑难杂症西医看不好只好看中医，最后还是中医解决问题。美国人用33年时间、花费了2000亿美元研究肿瘤，共发表了156万篇学术论文，可到现在美国人5年的肿瘤存活率只有62%。而中国中医师治疗的肿瘤患者，5年存活、10年存活和20年存活的人大有人在，疗效远远高于美国。

总之，中医强调“中和”，其思维的基本特征是注重事物的均衡性、“和谐”性。隋唐医家杨上善提出了“和性”的范畴，认为“和性”是“至真之道”，是医学的最高原则。“针法存身和性，即道德者也……故理身理国，动摇应和，尽和群生之性，斯乃至真之道也。”[①] 这一论断再次印证了本文的基本观点——“和谐观”是中医学的核心理念。中华文化是“和”文化，中医是中华文化的重要方面。在中国的古籍中，有1/3以上是医籍。中医把天文、地理、化学各个方面全都囊括在一起了，是一个大熔炉——这是中华文化的主要载体。中华文化是“和”文化，讲求和谐相处，“万物并存而不相害，万道并行而不相悖”。大家和谐相处，社会才能发展。不仅是人和人之间，国家和国家之间，民族和民族之间是这样，人类和微生物之间、和病毒之间都要和睦相处，所以中医治疗病毒性疾病并不是要杀灭病毒。事实上，病毒早于人类多少亿年就存在了，而且共存了多少亿年；没有病毒，没有细菌，人类会有免疫系统吗？病毒的数量在地球上比人类的数量多得多，能把病毒全消灭光吗？不可能！人类与它们要和平相处。

---

①《黄帝内经·设方》。

正是因为中华文化是“和”文化，所以在国际社会只有我们的总理周恩来才能首倡“和平共处五项原则”。

三、弘扬传统、改革创新、造福人民

（一）中医也要在改革中发展

在历史上，中医也是不断发展的。新中国成立后的“赤脚医生”，在广大农村的疾病防治中发挥了重要作用。21 世纪人类面临四大健康忧患，生活条件、物质条件、医疗条件大大改善，使人类身体素质下降、体质日益衰弱；过分讲究卫生、讲究舒适，使机体接触病原体的机会减少，抵抗力下降；环境污染，生态失衡，威胁到人类的生存和繁衍；交通便捷，来往频繁，使疾病扩散机会明显增大，新的病原体不断出现。的确，当代人类的疾病谱发生了结构性变化，人类受到现代综合征、癌症、心身疾病、医源性疾患等的困扰。现代医学的局限性显示出来，中国传统医学往往可以补充一些现代生物医学的缺陷和不足。中国传统医学基本符合新世纪“保护生态，回归自然”的要求。中医理论体系，既包含有文化社会的因素，也包含有自然科学的因素；既反映了人体五脏之间不可分割的复杂关系，又反映了人体内“藏”与自然万物外“象”的对应关系。中医体现了综合、全息的“象”思维特征，“藏象”、“脉象”、“证象”反映了生理功能和病理（病因、病性、病位、病势）等人体各种信息与自然生态信息的总合。因此可以说中医学是一门顺应自然环境的大生态医学。

（二）关于中国改革发展的几点想法

中西医要相互学习。中医学在对人的自然属性、社会文化属性、精神心理属性的认识方面，在对人的健康、疾病的认识方面，都有西医所不及的优势。当然中医也有自己的劣势和短处。特别值得指出的是，中医的劣势和短处，往往同优势和长处混在一起。如中医的大生态医学、功能调节治疗学的优势中，往往又包含缺乏量化、细化、形态化的劣势。可见中医的优势不是指某一领域的优势，而是指某一领域中某一方面的优势。也就是说，中医学思想和医疗方法中，既有优势的一面，也有劣势的一面。中医发展应当采用扬长弃短的态度，应当“有所为有所不为”，不必全面开花，更不要处处与西医争短长，处处与西医相抗衡。应发扬自己的优势方面，对自己的劣势方面直接用现代医学来弥补。如在疾病治疗上，中医在代谢性、免疫性、功能性疾病以及多组织、多系统、多靶点性疾病或特定病程的治疗方面，在调整亚健康状态、养生摄生、防老抗衰以及保护生态、回归自然等方面有着优势，应当“有所为”，而对一些明显处于劣势的疾病则可以“有所不为”。但要注意的是，中医的优势发展应当始终以中医为平台，而不是以西医为发展平台和发展目标。当然，如何在思维方式层面发扬中医大生态医学、功能调节治疗学方面的优势，修补其缺乏量化、细化、形态化方面的不足，比临床操作层面要复杂得多、困难得多，需要多学科、长时间地研究。但唯有如此，才能真正实现中医的现代化（而不是简单的现代科学化），才能真正实现中医学的复兴。在建设医疗保障体系、造福广大人民、构建和谐社会的光辉伟业中，中医的长处和优势一定会发扬光大，使之成为中国特色社会主义传统文化中更加绚丽的奇葩。

中国国防科技工业探索改革的金融支持

中央财经大学国防经济与管理研究院博士 范肇臻

党的十一届三中全会以来，国防科技工业的改革发展走过了整整30年的旅程。

30年来，尽管中间遇到过一些曲折和困难，国防科技工业还是取得了举世瞩目的成就，极大地增强了我国的国防实力、科技实力、综合国力和民族凝聚力。回顾30年的历史，国防科技工业取得的每一项成就，都与党中央、国务院的正确领导和各方面的大力支持密不可分。党的十七大作出的一系列战略部署，对新时期国防科技工业改革发展具有十分重要的指导意义。对未来国防科技工业的发展，胡锦涛同志在十七大报告中明确提出，要“调整改革国防科技工业体制和武器装备采购体制，提高武器装备研制的自主创新能力和质量效益”。围绕这一核心思想，国防科技工业必须统筹发展和改革，更加注重做强做大军工集团，着力推进军工体制机制创新，形成一个适应新形势的新型国防科技工业体系，推动体制机制实现转型。2007年是我国军工政策出现重大转变的一年，国家先后出台了七个文件，积极加快推进国防军工市场化改革的步伐，基本确定了股份制改造、引入非公有制经济和发展民品这三大路线。相信今后几年内，将是国防军工出现重大变革的时期，国防军工将迎来一个股份制改造和资产证券化的大变革时代。

一、调整转型与改革发展

1978 年党的十一届三中全会以后，我国国际环境趋于缓和，决策层对国际形势产生了新的认识和判断。据此提出了国防建设新的战略指导思想，即从临战状态转到和平时期的建设轨道上来。这就为国防科技工业全面实行战略性转变奠定了基础。为适应社会发展的要求，我国确立了以经济建设为中心的国家发展战略。国防科技工业从服从和服务于国家战略出发实行了军民结合的发展方针，由单一面向国防建设服务转向面向四个现代化服务。尤其是在由计划经济体制向社会主义市场经济体制转轨过程中，中央军委适时提出了“缩短战线，突出重点，狠抓科研，加速更新”的方针，从规模上开始压缩国防科技工业的生产能力，并集中优势兵力重点搞好科研。

20 世纪 70 年代末和 80 年代初，邓小平根据日趋缓和的国际形势，提出国内工作重新转移到经济建设上来，中国的国防科技工业发展随之进入了一个新的阶段，1982 年 1 月，邓小平在总结国内外国防科技工业发展经验后，提出了“军民结合，平战结合，军品优先，以民养军”的十六字方针。要求军工除完成国家规定的武器装备科研和生产任务外，还要全力以赴地搞民品科研和生产，在军民结合问题的认识上有新的突破。为贯彻这一方针，国家制定了《军工企业生产民品管理办法》，组织各国防工业部门制定了 26 类 240 种民品的发展规划，还制定并实施了“六五”计划的 18 大类 275 种民品的发展规划。1983 年 8 月，国家三部委联合召开“军民结合、发展民品”会议，讨论“六五”后两年和“七五”期间民品科研生产的规划。1983 年 9 月，国务院召开专题会议研究军转民问题，明确指出，军工企业搞民品生产、技术转让，不是为了找饭吃，而是要为国民经济服务；不是权宜之计，而是长期方针；不仅要为国防建设服务，更要为整个社会主义建设服务。根据这一重大战略调整，中央对国防科技工业发展采取了一系列重大措施：一是大幅度减少国防投入；二是收缩国防科技工业规模，进行“保军转民”战略调整；三是对一些困难较多的三线军工企业开始调整搬迁改造，解决其生存和发展问题；四是围绕建立军品合同关系、政企分开、军工企业股份制改造等问题，开始探索新的管理体制和运行机制。在国际国内环境向和平与发展方向转变的时期，国防科技工业开始了企业制度改革，改革的方向是社会主义市场经济，形成适应市场经济要求的新的企业组织形式。市场经济改革要求企业的生产、管理、销售等环节都纳入市场轨道。1986 年 7 月，调整军工管理体制，将原核工业部、航空工业部、航天工业部、兵器工业部改为由国务院直接领导，为军工企业发展民品纳入国家统筹规划和国民经济发展规划，创造了有利条件，解决了国防科技工业在上层管理体制上长期存在的军民分离的弊端。军工企业面对的不是过去高度集中的体制和相对封闭的环境，而是一个更加开放的体系和千变万化的外部世界。1989 年 4 月，国家计委、国家科委、国防科工委联合成立了三委军转民联络组。同年 10 月，经国务院批准，三委联合在京召开“全国军民结合工作会议”，总结和交流十年军民结合工作的经验，提出了进一步推进军民结合工作的十条措施。我国经过十多年的改革调整，取得了明显的经济效益：1. 形成了一个高效精干的军工企业体系。我国过去规模庞大的军事工业和人员数量逐渐减少，经过军工企业机构和产业重组，更加符合市场的要求和经济全球化的挑战。2. 已初步建立起适应市场经济发展要求的政企分开、产研结合、供需分离、精干高效的管理体制。3. 大部分军工企业成为自主经营、自负盈亏的经济实体。4. 为我国武器装备发展，满足军队需要，在武器装备研制、生产、保障水平方面打下坚实的基础。改革开放以来，特别是党的十四届三中全会以来，军工产业融入国民经济和进入社会主义市场经济体制的进程明显加快，产品结构、产业结构、组织结构以及军品科研生产的运行机制，都发生了相当大的变化。我国军工改变了军品单一结构，民品得到了较大发展，从20世纪80年代开始，我国进行的“军转民”工作，取得了巨大成就。国防科技成果在技术市场的贸易额每年递增60%以上，创造了数以百亿计的经济效益和巨大的社会效益，既支援了国民经济建设，又进一步增强了我国的国防实力和综合国力。

改革开放以来，高技术发展中的强大活力是金融界的介入和支持，促使形成科技、金融、产业部门三位一体的态势。这已成为高技术产业发展中有目共睹的关键因素，马克思在吸收和批判古典经济学理论的基础上，科学地分析和考察了货币的起源和本质问题，解开了“货币之谜”。他在分析货币的属性和职能的基础上，通过分析资本的循环和周转理论，阐明了货币资本的“第一推动力”和“持续推动力”的理论。马克思认为，商品生产以商品流通为前提，而商品流通又以商品为货币，以货币流通为前提。在服务于商品流通过程中，在一定条件下，货币就有可能转化为资本。货币转化资本，以预付的形式出现，去购来生产商品所需要的劳动工具、对象和劳动力。商品生产，无论是社会考察，还是个别考察，都要求以货币形式的资本或货币资本作为每一个新开办企业的前提条件，因此，马克思在此意义上，将货币称为“第一推动力”。按照马克思资本“第一推动力”和“持续推动力”理论，金融是与科技并列的经济发展的第一推动力，它与科技的密切结合，释放出巨大的推动经济发展的能量。从我国融资制度变迁与经济增长的过程考察，融资制度的每一次变革都疏通了社会储蓄向社会投资转化的渠道，提高了社会资本形成的能力，为经济增长提供了有效的资本支持。我国 1979 年实行了以“放权让利”为主线的经济体制改革。这一改革导致我国融资体制背景发生了根本性变化，并形成了与之相适应的银行主导型企业融资制度。企业融资结构已由过去的财政拨款形式被国家预算内资金、银行贷款、利用外资、自筹资金和其他融资如股票、债券、票据等多种方式所取代。社会资金融通逐渐形成了多种融资方式并存的融资体系，企业融资结构发生了巨大变化。这一转变，不仅使全社会金融资产总量增长、金融资产结构得到调整，而且使我国金融制度发生着根本性变革。传统体制下的财政主导型融资逐步让位于银行主导型融资方式。银行信贷融资成为社会固定资产投资的主源泉。

随着我国一系列改革措施的相继实施，过去计划经济体制下财政包揽资金供给，企业无偿使用资金的局面已一去不复返了。货币已不再是一种核算工具、价值符号，开始被当作商品看待，资金市场开始在企业资金供给中发挥作用，多元化融资渠道的出现为企业面向市场、自主融资创造了条件。国防资金形成的渠道和机制多元化了，它不仅仅限于国民收入的再分配这一条渠道和计划这一种机制，国民收入的初资分配也成为国防资金形成的重要渠道，市场机制也成为国防资金形成的重要机制。这一变化的实质是将过去国家国防投资的部分权力转给了企业，在计划的主导下，充分发挥市场机制作用，以更好地提高国防投资的效益。企业融资制度改革的目的，从宏观上说，是要强化资金制度的有效性，促使资金合理配置，从而优化经济结构；从企业角度说，就是通过融资结构的改革，使企业建立起一套有效的激励和约束机制，使企业的管理者真正关心资金的使用效率，克服效率低下的痼疾。经济持续增长的前提条件，是技术创新与经济资源的最优配置。我国 20 多年经济高速增长的事实表明：资本是经济持续增长的基本推动力量。在高储蓄的条件下，通过融资制度创新推动资本形成，实现储蓄向投资的有效转换并保证资金的高效率运用，有力推动了结构升级和经济稳定增长。我国经济体制改革的不断深入和国家对军工的投入，军工企业自我生存能力普遍增强，宏观经济增长强劲进一步提高了整个行业的改革承受力，国防科技工业加强对高技术武器装备的研制生产，使武器装备的研制生产和国防科技得到了进一步发展，军工经济形势出现明显好转。国防科技工业研制的新一代武器装备，威武雄壮地接受过党和国家领导人的检阅，扬了国威，振了军威！

二、迈入新世纪的国防科技工业

1997 年，在我国胜利实现现代化第一个目标、社会主义市场经济体制框架初步确立的情况下，党的十五大提出了把邓小平理论作为党的指导思想，确立了科教兴国、可持续发展、科技强军等重大战略，并把国防科技工业作为国家战略性产业，以促进在新世纪实现跨越发展。我国军工全面贯彻国防建设与经济建设“两头兼顾、协调发展”的战略思想，进入了以建立适应社会主义市场经济体制要求和装备现代化建设需要的国防科技工业新体系、新体制和新机制为目标的发展新阶段。

为加强集中统一管理，引进竞争机制，实现政企分开，对军工管理体制进行了重大改革。1998 年将国务院、中央军委领导下的原国防科工委改为中央军委领导下的总装备部，新成立国务院领导下的国防科工委作为国家国防科技工业管理部门。顺应新军事变革和市场经济的发展，1999 年我国国防科技工业实行战略性重组，将原军工总公司改组为军工集团公司，2002年又组建了中国电子科技集团公司。经过调整，在产业组织结构调整方面迈出了可喜的一步：使总装备部归口的军队装备使用部门与国防科工委归口管理的军工科研生产单位，构成装备订货和组织生产、需要与供应的关系；军工集团公司按照国家确定的“分工协作、发挥优势、各有侧重、有序竞争”的原则，对各军工生产经营企业进行调整、重组，共同发展我国的国防科技工业；按照国家军品科研生产能力调整和企业、科研院所改革的总体部署，军工企业按“保军骨干、开放搞活、关闭破产”三种类型进行调整重组，各科研院所开始进行不同形式的调整改革，有的进入企业集团成为科技开发中心，有的转制为科技型企业，有的改为非营利性机构。这一阶段，国防科技工业抓住积极推进中国特色军事变革的机遇，积极发展高新技术武器装备，使武器装备建设迈上了一个以全面自主研制为主、引进为辅的新阶段。同时，国防科技工业的产业技术水平、武器装备供给能力和军民结合高技术产业发展都取得了较大成绩，实现了历史性跨越；军民两用技术的发展，是改革开放形势下，国防科技工业适应国际形势的变化和国内工作重点的转移，“结束另外一个小天地时代”而实施的战略举措，也是国防科技工业推动国民经济发展的切入点和必由之路。伴随着国防科技工业这一战略性产业的调整，国防科技工业的军品科研生产能力将按“小核心、大协作、寓军于民”的新体系进行建设，充分利用国家工业和科技基础，形成核心能力、协作能力和动员能力的总体格局；而产业组织的调整，将重组团队，形成一批具有国际竞争能力的大型集团公司和一批专业化公司。对军工企业的调整，将在目前企业总数的基础上，使一批企业成为保军骨干企业，对一批企业实施关闭破产，对一批企业采取多种形式放开搞活。相应的，国防科技工业的经济结构，特别是所有制结构，除少数保军骨干企业继续保持国有独资外，其他企业将尽可能实现投资主体多元化。

面对新世纪新阶段，总结我国国防科技工业发展的历史经验和改革开放后全国经济与科技发展的水平，党的十五届四中全会把坚持“军民结合、寓军于民、大力协调、自主创新”确立为国防科技工业的发展方针，国防科技工业开始了“军民结合、寓军于民”的伟大实践，使武器装备研制生产向依托于整个国家工业基础的方向发展，军转民进入“军民结合、寓军于民”发展的新阶段。进入新世纪，江泽民依据新的国际国内形势，提出经济建设和国防建设是我国现代化建设的两大战略性任务，并据此强调了新的历史条件下国防科技工业的战略性地位。

改革开放以来，国有企业改革一直作为我国经济体制改革的中心环节，特别是党的十五届四中全会，就国有企业改革问题作了专题研究并专门做出决定，除了进一步明确了国有企业改革的方向是建立现代企业制度外，还拿出了包括“债转股”在内的一系列重大举措。这为包括军工企业在内的国有企业的改革指明了方向：军工企业只有按照建立现代军工企业制度的方向努力，并最终实现这一目标，才能实现与国民经济在体制上的相互协调和良性循环。随着资本市场的发展，我国企业的融资方式趋于多元化，许多企业开始利用直接融资获取所需要的资金，直接融资已成为企业获取所需要的长期资金的一种主要方式，融资制度由银行主导型向现代市场转变，多元化融资方式成为市场型融资的重要特征，尤其是证券融资在全社会固定资产构成中的比重不断上升，有利于军工产业的产权变革。我国军工长期采用单一的国有产权形式，极易造成政企不分和行政垄断。采用证券融资后，可以改变军工的产权结构，为消除政企不分和行政垄断创造条件。截至2005年5月，军工企业先后有43家股份制企业分别在上海、深圳、香港成功上市，尤其是2006年底以来，各军工集团公司和军工企业采取股份制改造、重组、上市等一系列措施，深化改革谋发展的步伐明显加快。2007年有18家上市公司申请定向增发，十家企业申请首次公开发行上市，计划募集资金总额已远远超过历年募集资金的总和。

2007年军工企业股份制改造上市具有几个明显的特点：第一，涉及资产规模大、质量优、募集资金量大。如船舶工业集团公司利用沪东重机增发，重组外高桥船厂、澄西船厂和马毛船厂，注入净资产90多亿元；中船重工、南方汽车等IPO项目拟募集资金分别达70亿元和50亿元。第二，上市资产由原来的以民品为主，逐步向军民结合、军民并重转变。募集资金主要用于提升军民两用产品研发能力，如军民用飞机、军民用发动机、军民用船用配套、军民用微电机、军民用接插件等上市，在大幅提升上市公司赢利能力的同时，也促进了军民良性互动格局的形成。第三，以资本为手段，通过市场化运作推进专业化重组格局初步形成。如火箭行业股分重组七家企业，航天电器重组国内四家民用微电机事业单位等，改变了原来行政性“拉郎配”的重组模式。以上都说明集团公司和军工企业对加快股份制改造、重组、上市的认识大大提高。证券融资比例的提高，有利于提高社会融资效率、分散投资风险、改善公司治理结构和转变企业经营机制。证券市场的发展较好地满足了投资者与融资者的不同需求，使居民的金融资产结构发生了很大变化，提高了居民的投资意识，从而促进了我国的金融深化。资本市场融资本身就是一种非官方性融资，有利于淡化政府力量在融资体制中的作用，使企业根据融资成本、风险和收益，自行选择融资形式和时机，并通过股份制改革促进现代化公司治理结构调整。金融是现代经济的核心，是引导经济资源配置的重要动力机制。军工的发展离不开金融的支持，作为与军工产业特征相适应的金融运作方式，证券融资对军工产业的支持作用是十分巨大的，可以说，证券是军工发展的推进器。邓小平指出：“金融很重要，是现代经济的核心。

金融搞好了，一着棋活，全盘皆活。”这为包括军工企业在内的国有企业的改革指明了方向。军工企业只有按照建立现代军工企业制度的方向努力，并最终实现这一目标，才能实现与国民经济在体制上的相互协调和良性循环。金融之所以具有如此重要的作用，是因为社会的投入要素及其产出的商品和劳务都必须用货币来表征其价值，都离不开资金的融通。

三、前进的道路和目标

党的十七大报告对中国特色社会主义事业的总体布局作出新的部署，对国防科技工业改革发展提出了新的更高的要求。我们必须按照十七大的战略部署，从国家安全和发展战略全局的高度，从整体上考虑和设计国防科技工业发展战略，建立和完善与社会主义市场经济体制相协调、与武器装备建设规律相适应的国防科技工业新体制，走出一条具有中国特色军民融合式的发展新路。

第一，坚持科学发展观，推进国防科技工业转型升级。一个国家高技术发展战略的核心问题是发展重点的选择问题。正确选择发展重点，就能充分利用有限的资源、人力和财力，促使对自己最重要的领域迅速得到突破，这就要求军工建设必须在国家宏观指导下，“加强经费的使用管理，切实做到科学决策，统筹安排，精打细算，保证重点”，确立军工建设要发挥最大效益的指导思想。一是加快发展先进的的装备制造技术。二是坚持以高技术改造传统国防科技工业。三是增加国防科研经费和武器装备采购经费的比重，大力推进军品科研生产能力结构调整。

第二，坚持制度创新，保障国防科技工业转型升级。当前，制度创新已成为深化改革的根本要求，要结合国家投资融资体制改革，以投资主体多元化为突破口，大力推进企业产权制度改革，优化资产重组，探索军工企业公有制的有效实现形式，建立现代军工企业制度，构建军工的微观主体，进行军工股份制改造。

第三，坚持技术创新，促进国防科技工业转型升级。国防科技工业要走新型工业化道路，需要充分发挥技术创新的源动力作用，使技术创新在新型工业化推进中扮演越来越重要的角色。

第四，坚持以人为本，引领国防科技工业转型升级。培养造就一批能够站在世界国防科技前沿、政治素质高、创新能力强、善于攻关、敢打硬仗的“复合型”行业管理人才、“智囊型”科研管理人才、“创新型”科研技术人才和“技能型”专门人才，为国防科技工业的持续、快捷、健康、协调发展注入新的活力。

参考文献

1. 邓小平：《邓小平文选》，第三卷，人民出版社，1993 年版。

2. 吴远平、赵新力、赵俊杰：《新中国国防科技体系的形成与发展研究》，国防工业出版社，2006 年版。

3. 孔祥毅：《百年金融制度变迁与金融协调》，中国社会科学出版社，2002 年版。

4. 范肇臻：《论国防科技工业发展的金融支持》，中国国防经济学，2006 年 1 月版。

5. 范肇臻：《国防科技工业金融支持的政策设计》，军事经济研究，2008 年 5 月版。

6. 范肇臻：《中国国有商业银行制度创新》，经济科学出版社，2005 年 6 月版。

中国国家利益拓展与和平发展理念

军事科学院博士研究生 张啸天 申晓晨

一、中国国家利益拓展奉行和平发展理念，坚定不移地走和平发展道路

近代历史上，西方国家在利益拓展的过程中，无一例外地选择了战争，走的都是一条通过武力扩张、侵略和战争改变原先世界格局和国际秩序，进而建立新的霸权地位和国际秩序的道路。可以说，战争在西方国家走向强大的道路上发挥了决定性作用。一是战争催生了西方国家的诞生；二是战争削弱抵抗势力使国家内部趋向整合；三是通过战争获得国际资源的优先使用权；四是战争促生有利的发展环境，维护利益拓展；五是通过战争获得国际关系制度的制定权和主导地位；六是通过战争获得国际事务的主导权和调配权。例如：18 世纪末，美国通过战争赢得独立；18、19 世纪，英、法、俄等欧洲大国，通过战争争夺殖民地和欧

洲霸权；20 世纪，德国通过战争谋求西欧主导权，德、日崛起导致第二次世界大战爆发等等。[①] 与它们不同，中国国家利益拓展坚持走和平发展的道路。这既是中华民族热爱和平传统的延续，是新中国发展建设的经验启示，也是中国政府和人民根据时代潮流与世界各国利益作出的战略抉择。

二、中国国家利益拓展坚持合作互利共赢思想，努力维护世界共同发展

近代以来，西方国家在利益拓展阶段无不是极力追求自身利益最大化，在武力和商业活动中以满足自身需求为目的，不顾及其他国家的正当权益，走了一条损人利己的道路，其突出体现就是对世界各国的殖民统治。近代西方殖民主义活动始于地理大发现，最初的目标是探寻通往东方的新航线，但其本质仍然是为了从事有利可图的贸易和掠夺东方国家的财富。在西方国家利益拓展过程中，殖民主义者赤裸裸地宣称对新发现的地区享有专属权，它们不顾及新发现地区土著人民的意愿，将当地财富据为己有。在此过程中，西方国家自己实现了发展、富裕和幸福，而所到之处为世界其他国家带来了落后、贫困和灾难。新中国成立以来，主张在和平共处五项基本原则基础上与所有爱好和平的国家发展平等互利关系。中国国家利益拓展既不是海外殖民，也不是争夺霸权，而是走和平、合作的发展

① 参见江凌飞主编：《高举和平、发展、合作的旗帜》，国防大学出版社，2007 年版，第 19 页。

道路。在国家利益拓展中，中国主动在力所能及的范围内承担相应的国际责任，加大对贫困国家的援助，以投资、无息贷款、技术传授、建立经济发展特区等方式，帮助一些国家实现发展，为维护世界各国的共同利益作出积极努力，使世界各国共享发展机遇。

三、中国国家利益拓展不以领土和势力范围扩张为目标，不谋求地区或世界霸权

历史上的霸权国家，在其利益拓展的过程中，无不以领土和势力范围扩张作为目标。西班牙与葡萄牙曾经以佛得角群岛向西大约600公里处的子午线为分界线，将整个地球划分为两个国家的势力范围；英国在扩张过程中，其殖民地面积曾达到3380万平方公里，比英国本土大150多倍；强盛时期的法国和德国，都曾经先后占有整个欧洲面积的绝大部分；美国通过购买、瓜分与侵占多种手段，先后取得路易斯安那、佛罗里达、得克萨斯、俄勒冈与其他一些地区，50年间扩张领土5525959平方公里[①]；日本是亚洲边缘的一个岛国，从1895年实施扩张开始至第二次世界大战期间，曾侵占了约半个亚洲。与它们不同，中国国家利益拓展从不损害其他国家的利益，不侵占他国领土，不谋求势力范围的扩张，不谋求地区或世界霸权，而是基于中国自身内涵式的发展为主，在与世界各国友好交往中加

① 赵丕、李效东主编：《大国崛起与国家安全战略选择》，军事科学出版社，2008年版，第44页。

深联系，在互利共赢的基础上维护世界各国的共同发展，致力于建设一个和平、共同繁荣的和谐世界。新中国成立之初，由于历史遗留以及各种现实原因，中国与周边许多国家存在领土争议。为了解决这一现实问题，中国从地区稳定的大局出发，提出在和平协商、公平公正的基础上，共同解决存在争议的地区，并作出了相当让步。至2008年底，已经彻底解决与俄罗斯、哈萨克斯坦等在内的绝大多数边界的划定问题。对于海上权益的问题，中国主张在维护正当权益的基础上，提出“主权归我，搁置争议，共同开发”的原则，以和平方式谈判解决，而不是诉诸武力谋求势力范围的扩张。

四、中国国家利益拓展以经济发展为主，不干涉别国内政，不附加任何条件

西方国家在利益拓展阶段，通常是武力开道、政治干预、经济跟随，采用武力侵占、政治敲诈和商业剥削等多种方法，牟取巨额利益。例如，西方国家向亚洲殖民的过程中，从1498年开始，葡萄牙、荷兰、英国、法国陆续到达印度，在印度政府同意或不同意的情况下建立了各自的商馆，实际上是征服印度和亚洲的基地和堡垒。随后，这些国家纷纷组建印度公司，并授予对公司职员的立法、司法权，建立要塞、武装防卫、任命官员的管理特权，建立军队的权利，铸造货币的权利，对非基督教国家宣战媾和的权利——即对东方国家发动战争侵略的权利，自行处理所占领土的权利等。这一过程几乎是西方国家利益扩张的通例。即使在20世纪中叶世界各地民族解放运动取

得胜利以后，西方国家在与非洲、拉美甚至亚洲一些国家的交往中，也往往以经济制裁相威胁，并在经济活动中附带一系列政治条件。与西方国家不同，中国在和世界各国的交往中，经济关系占有很大比重，从不干涉别国内政，不对交往的国家附加任何条件。

五、中国国家利益拓展对地区和世界的作用是建设性的，不是破坏性的

西方国家利益拓展的传统道路，给人类带来巨大破坏和灾难。伴随着它们每一次的奋起，不仅是对殖民地半殖民地人民的疯狂掠夺、血腥屠戮和奴役，以及压迫民族和人民一次又一次的反抗和战争，而且还给世界的和平与稳定造成巨大灾难。与它们不同，中国国家利益拓展对地区乃至世界的发展都起到建设性的作用。实行改革开放，特别是进入21世纪以来，中国依靠自身的发展解决了13亿人口的温饱问题，为周边地区的经济发展注入活力，已经成为东亚地区经济发展的主要引擎，并在2008年超越美国拥有世界经济发展的最大贡献率，还在非洲、拉美等一些重要地区援助当地发展。可以说，中国在利益拓展的同时，为地区和世界带来了新的经济增长机遇，并以此维护了地区的稳定和发展。中国的利益拓展是一种内在的完善过程，不具有外部扩张性。中国始终是维护世界发展建设的中坚力量。英国外交政策中心研究员司马安洲撰文指出：当今世界的和平亟需有助于稳定的新生力量注入和有别于西方的新领导模式涌现。“最近发生的一系列国际争端与冲突，从伊朗核问

题到黎以冲突，都从某种程度上暴露了近年来西方战略的失败。人们在企盼世界和平的时候，越来越多地把目光投向崛起的中国。”①

① ［英］司马安洲：“中国也是西方的政治机遇”，《环球时报》2006 年 7 月 27 日。

图书在版编目（CIP）数据

改革开放与中华战略文化——纪念中国改革开放30周年（第二届中华战略文化论坛文集）/徐根初主编. —北京：时事出版社，2009.7
ISBN 978-7-80232-257-8

Ⅰ. 改… Ⅱ. 徐… Ⅲ. 文化—中国—文集 Ⅳ. G12-53

中国版本图书馆CIP数据核字（2009）第094629号

出版发行：时事出版社
地　　址：北京市海淀区万寿寺甲2号
邮　　编：100081
发行热线：（010）88547590　88547591
读者服务部：（010）88547595
传　　真：（010）68418647
电子邮箱：shishichubanshe@sina. com
网　　址：www. shishishe. com
印　　刷：北京百善印刷厂

开本：787×1092　1/16　印张：18.75　字数：235千字
2009年7月第1版　2009年7月第1次印刷
定价：46.00元